여행사경영론

박시범 · 이병열 · 최윤근 · 김시원 공저

개정판

Travel Agency
Business Administration

SEROMI

CONTENTS

CHAPTER 05 여행업 마케팅

CHAPTER 06 여행상품의 이해와 개발

CHAPTER 07 국외여행업무

CHAPTER 08 국외여행인솔 업무

CHAPTER 09 인바운드 업무

부록 01 여행업 관련기구

부록 02 소비자 피해보상 및 여행표준 약관

CHAPTER 01

여행의 이해

SECTION 01. 여행의 개념과 체계
SECTION 02. 여행의 역사
SECTION 03. 여행환경과 형태

SECTION

01 여행의 개념과 체계

01. 여행의 개념

인간의 역사는 이동의 역사라고 할 수 있다. 원시시대에서의 이동은 생활권을 완전히 옮겨 다니는 이주의 형태이었으며, 점차 거주지를 형성하고 사회문화가 발전하면서 이동의 형태가 거주지를 떠나 생활권으로 돌아온다는 회귀성의 원칙이 전제되는 여행의 개념이 형성되었다. 여행의 어원은 동양과 서양에서 다소 차이가 있으나 근본적인 의미는 같다고 볼 수 있다. 동양에서 여행(旅行)이라는 단어가 최초 사용된 것은 중국 고대 유가(儒家)의 경전인 「禮記」에 “三年之喪 錬不群立不 旅行君子 禮以飾情 三年之喪而 弔哭不亦震平”의 대목에서 처음 쓰여 졌으며, 이 문장은 ‘삼년상을 당하여 무리와 함께 이동하는 것은 예에 어긋난다’는 의미로 해석되었다.

여기에서 ‘旅’는 ‘나그네 려’의 뜻으로 표식이나 방향을 상징하는 ‘깃발 언’(方 人)의 변형체에, 人人(따를 종)의 변형(氏)을 받친 회의 문자로서, 표지를 따라 떠나는 자가 나그네란 뜻이다. 또한 ‘깃발 언’은 방향을 타나내는 方(모 방)에 人(사람 인)을 짝지은 글자로서 방향(方)을 사람(人)에게 알려주는 것이 깃발이란 뜻이기도 하다. 여기에 이동의 뜻인 ‘갈 행’(行)을 첨가하여 ‘나그네가 이동 한다’는 의미로 여행이라는 용어를 사용하였다. 중국 고대 부족시대에서는 여행객들이 거주지에서 다른 곳으로 이동할 때 도적들의 습격과 약탈로부터 보호하기 위하여 집단을 형성하여 이동할 때 항상 그 부족의 깃발을 앞세워 소속을 확실히 했다고 한다. 이는 오늘날 단체관광에 있어 여행안내자의 여행깃발을 따라 여행객이 이동하는 모습과 흡사하다고 할 수 있다.

오늘날 가장 일반적으로 사용되고 있는 여행은 'Travel'로서 원래 '문제', '일', '고뇌' 등 고통을 뜻하며 라틴어 'Trepalium'에서 유래되었다. 여기서 'Trepal'은 '셋'을 의미하는 'Triple'의 어원이며, 'Trepalium'은 세 개의 기둥을 박은 고문 도구이다. 이것이 나중에 프랑스어 'Travail'을 거쳐 영어 'Travel'이 되었다. 과거의 여행이 위험과 고역이 따르는 여행이었다는 점에서 오늘날의 개념과 비교된다. 그리스·로마시대의 귀족이나 산업혁명 후 신흥 부유층의 호사를 위한 여행은 즐겁고 안락한 행위였으나, 그 외 대부분 서민들의 여행은 먼 길을 떠남에 있어서 안전과 숙박 등에 대한 고통과 위험, 그리고 고역이 따르는 행위였다. 이러한 배경으로 출발된 'Travel'이라는 단어는 1947년 IUOTO(International Union of Official Travel Organization)라는 단체에서 공용의 용어로 사용하게 되었다.

반면 'Tour'는 라틴어의 'Tornare(녹로, 선반, 원)' 와 희랍어의 'Tornos'(축이나 중심점을 중심으로 회전함)에서 파생하였으며, 이는 여러 곳을 두루 다닌다는 뜻으로, 단기간의 여행을 뜻 한다. 이와 같이 여행의 어원을 살펴보면, '인간 이동'이란 공통된 개념과 '회귀'의 의미가 포함되어 있음을 알 수 있다.

여행은 인간의 이동을 바탕으로 한다는 점에서 인류의 역사와 함께 해왔다. 원시생활에서 인간은 살기 위한 방편으로 자연에 순응하면서 이동을 시작했으며, 그 시대의 이동은 생활권을 완전히 옮기는 이주형태가 대부분이었다. 사회·문화가 발전하면서 중세시대에는 이민·이주(Immigration)의 형태를 나타냈으며, 근대에는 일상의 생활권을 벗어나 돌아올 것을 전제로 다른 곳의 사회·문화 등 다양한 경험을 추구하는 형태를 띠고 있다.

인간의 이동형태는 생활권내에서의 일상적인 이동과 생활권을 벗어나는 이주와 여행으로 나누어 볼 수 있다. 먼저 일상 생활권에서 벗어난다는 점에서 이주와 여행은 공통점을 갖고 있으나, 이주(移住)는 돌아올 것이라는 전제가 없는 것이고, 여행(旅行)은 거주지로 돌아온다는 것이 전제된 이동을 의미한다.

인간의 이동은 다양한 동기에서 이루어지며 보다 근본적인 배경은 인간의 욕구에 기인하는 것으로 보아야 할 것이다. 즉 인간은 그것이 본능적 욕구 또는 사회적·경제적·문화적 욕구든 자신이 가지고 있는 욕구를 충족시키기 위해 이동한다는 것이다. 따라서 이동을 전제로 하는 여행은 인간의 욕구충족 행위라고 할 수 있다.

Dictionary of Travel Industry(1984)에 의하면 여행이란, ① 출발지점에서 어떤 목적을

위해 또는 어떤 수단에 의해 한 곳에서 다른 곳으로 이동하는 행위 ② 일상생활을 제외한 어떤 목적을 위해 생활권 밖으로 이동하는 행동이나 활동 등으로 정의하고 있다. 이와 같이 여행이란 이동과 비 일상성을 전제로 이루어지고 있음을 알 수 있다.

국내 다수의 학자들은 여행을 '인간이 일상생활을 하는 정주지에서 떠나 돌아올 예정으로 일정한 기간 동안 이동하는 소비행위'라고 정의하거나, '일상 생활권을 떠나 돌아올 예정으로 다양한 욕구 충족을 위해 이동하는 행위'라고 정의하고 있다. 따라서 여행은 "인간이 일상 생활권을 떠나 돌아올 예정으로 다양한 욕구 충족을 위해 타 지역(국)으로 이동하는 일시적인 행위"라고 할 수 있다.

1) 여행의 성립조건

여행 용어로서 한자의 '旅行', 영어의 'Travel' 또는 'Tour'는 모두 인간의 이동이라는 의미를 담고 있으므로 여행은 인간의 이동을 본질로 하며 일시적으로 정주지 내 생활환경을 변화시켜 보려는 욕구를 기원으로 하고 있는 것이다. 따라서 여행의 개념이 성립되기 위해서는

첫째, 이동의 전제성이 있어야 한다. 즉 여행은 인간의 거주지를 떠나 타 지역(국)에서 이루어지는 활동의 특성을 가지고 있다. 여행행위의 주체로서 인간의 이동(移動)을 전제하지 않는 여행은 존재하지 않는다는 점에서 여행의 중요한 전제조건이 되고 있다. 또한 인간의 이동은 회귀성(回歸性)을 전제로 하므로 여행은 일상 생활권을 떠나 돌아올 예정이어야 한다는 것이다. 그러나 이주는 일상 생활권을 떠나 타 지역(국)에 정착하는 것을 의미한다. 인간의 이동 역사(歷史)는 이주에서부터 출발하였고 수렵사회에는 생활권 자체가 이동행위 위주이었기 때문에, 오늘날과 같은 의미의 여행이 시작된 것은 농경생활을 시작하면서 영위하게 된 정주생활로부터 시작되었다고 하겠다.

둘째, 직업적이고 반복적인 이동(영리적 이동)이 아니어야 한다는 것이다. 직업적 이동이라는 것은 직업상의 여행(상용여행)과는 구분되는 개념으로, 인간의 이동이 직업적이고 반복적인 것은 그 자체가 일상의 생활권이므로 생활권을 떠난다는 조건에 부합되지 않기 때문이다. 즉 여행인솔자, 가이드, 관광버스 운전기사, 항공사 승무원, 유람선 승무원, 직장으로의 통근, 해외취업, 장거리 통학 등의 이동은 여행이라고 볼 수 없는 것이다.

셋째, 자유의지에 의한 이동이어야 한다는 것이다. 인간의 이동은 여러 가지 동기에

의해 이루어지지만 최종적 행위는 자신의 자유의지에 기인하는 것이다. 예를 들어 군대의 진주나 범인의 호송 등 이동은 여행이라고 할 수 없다는 것이다.

종전에는 여행 개념에 필수적으로 소비행위를 수반하여야 된다는 조건이 제시되었다. 이는 거주지에서 취득한 화폐를 여행지에서 소비하는 것이 여행의 요건이고, 여행 목적지에서 소비하는 화폐가 그 여행지에서 여행 중 취득한 경우 여행이 아니라고 보는 견해이었으나 이는 여행의 경제적 효과에 근거한 것이다. 그러나 최근 다양한 여행의 변화를 감안할 때 숙박이나 소비지출을 반드시 수반하지 않아도 된다는 주장도 제기되고 있다. 그러나 관광은 소비지출이 수반되어야 하고, 방문목적도 관광 활동은 물론 레저 및 레크리에이션, 친구 및 친지방문, 비즈니스, 건강 및 치료, 종교순례 등과 같이 뚜렷해야 한다.

또한 이동거리에 관해서도 1년의 기간을 기준(F. W. Ogilvie)으로 하여 그 이상의 기간은 여행이 아니라고 보았으나, 이 논리는 취업이나 이주가 통상 1년 이상의 체재를 요건으로 하고 있는 것을 감안하여 이와 구별하여 여행 조건으로 제시한 것으로 볼 수 있다. 최근 여행 추세가 점차 1년이 넘는 여행도 얼마든지 추구하고 있으므로 이동거리와 기간에 관한 제약은 큰 의미성이 없다고 할 수 있다.

2) 여행 유사용어

여행과 관광을 개념적으로 볼 때 일상의 생활권을 벗어난다는 점과 돌아올 예정이라는 공통점이 있어 동일하게 취급하지만, 이론적으로 약간의 차이를 두고 있다. 여행에 관한 개념을 보면 공통적으로 나타나고 있는 것은 '회귀를 전제로 한 이동'이다. 여행(Travel)이란 목적이 광범위한 부분까지 포함하는 것에 비하여, 관광은 그 목적이 즐거움(Pleasure)을 수반하고 그것을 추구한다는 의미를 담고 있어 일반적인 여행과 구분하고 있다. 그러나 사회현상을 고려할 때, 여행업계에서도 같은 개념으로 사용하고 있으며 대부분 여행 자체가 어느 정도 즐거움(Pleasure)을 수반하고 있어 양자를 동일하게 생각하는 데에 이의를 제기할 수 없다. 따라서 사용상 동의어로 보는 데 큰 무리가 없으나, 관광(Tourism) 분야가 학문적으로 먼저 정착되어 발전을 하였고, 관광이 모든 여행을 포함하는 것으로 인식되어져 여행업계에서도 여행이나 여행자를 'Travel', 'Traveller'보다 'Tour', 'Tourist'로 흔히 사용하고 있다. 즉 현상적인 개념에서 관광이 여행보다 상위개념으로 인식될 수 있으나, 이론적 개념으로 접근하면 여행이 관광을 포함하는 것으로 이해될 수 있다.

여행은 광의적 개념으로 이동 그 자체를 의미하여, 협의적 개념은 오늘날의 관광과 비슷한 개념으로 인식되고 있다. 흔히 짧은 여행의 용어로서는 'Trip'을 사용하며, 비교적 먼 거리 여행을 'Travel'이라 표현한다. 그리고 Trip과 Travel의 중간을 'Tour'라 표현하고 있다.

그림 1-1 I 용어의 범위

본서에서는 여행이라는 용어를 중심적으로 사용하였지만, '관광여행' 혹은 '관광'이라는 용어도 특별한 부분을 제외하고는 구분을 두지 않고 사용하였다. 영어용어측면에서 '여행'이란 뜻을 가진 단어가 많이 있으며, 각각의 의미를 살펴보면 [표 1-1]과 같다.

표 1-1 I 여행과 유사용어

구 분	구체적 개념
Travel	가장 넓은 의미로 먼 곳이나 외국으로의 여행을 의미하며, 이동의 목적에 있어서 제한적이지 않고 광범위한 의미를 포괄함
Tour	자신의 즐거움(Pleasure)을 추구하는 의도적인 목적의 체계적 여행으로 선택적이며 자기 후생적인 성격이 강함. Travel보다는 단기간, Trip보다는 장기간 의미를 내포함
Trip	비교적 짧은 여행으로 상용 또는 유람여행을 의미하며, 교통수단 및 이용횟수를 단위로 한 성격이 강함
Tourism	관광을 표현하는 포괄적 의미를 담고 있으며, 관광현상이나 기구·조직 등 표현 시 사용되며, 학술적 용어로 주로 사용된다
Sightseeing	어떤 구역 내에서의 여행을 의미하며, 의도적 또는 비의도적으로 가볍게 하는 여행으로 구경 또는 관람의 목적이 강함
Journey	목적, 기간, 수단 등에 관계없이 여러 지역을 여행하는 의미로 주로 육지여행에 사용
Excursion	짧은 유람여행으로 주로 단체할인여행을 의미하며, 교통업계에서 주로 사용하는 용어
Voyage	탐험, 관광, 이동 등 다양한 목적의 해로를 이용한 선박여행으로 비교적 긴 여행

사례 | 한국인 여행지도가 바뀐다… 2020년 해외여행 트렌드는?

한국인의 여행지도가 크게 바뀌고 있다. 일본의 경제도발과 홍콩의 치안불안으로 인해 전통적 인기 여행지인 일본·홍콩으로의 발걸음이 줄어든 대신 베트남·태국 등지의 '숨은 명소'가 대체 여행지로 급부상하고 있다. 이런 가운데 국내 최대 여행사인 하나투어가 새해를 맞아 2020년도 여행 트렌드를 제시해 눈길을 끈다. 이는 하나투어가 자사의 36개 글로벌 네트워크를 활용한 시장조사와 약 700만 명의 고객 데이터를 분석해 얻은 결과라 신뢰도가 높다.

■ 재충전이 필요해, 웰니스 투어 인기

2020년에는 온천·스파·요가 등 웰니스 여행이 더욱 각광을 받을 전망이다. 주52시간제 확대 시행으로 일과 삶의 균형을 찾는 '워라밸' 문화가 기업 전반에 자리 잡으면서 장기연차를 내고 재충전 휴가를 떠나는 직장인이 증가하고 있기 때문이다. 주목할 만한 웰니스 여행지로는 대만·인도네시아·스위스 등이 꼽힌다. 하나투어에 따르면 2019년 '대만 온천' 키워드 검색량이 '일본 온천' 검색량을 넘어섰고, '스위스 스파&힐링 테마여행' 상품 예약량은 전년대비 70% 급증했다.

■ 숨은 여행지의 발견

지난해 일본·홍콩 등 스테디셀러 여행지의 예약률은 감소한 반면 '숨은 여행지'들이 주목받았다. 하나투어의 2019년 항공 예약 데이터에 따르면 베트남 푸꾸옥(307%)과 나트랑(118%), 태국 치앙마이(130%), 대만 가오슝(103%) 등 숨은 명소들의 예약률은 전년보다 급상승했다. 이는 TV 예능 프로그램들이 다양한 개성의 새로운 여행지들을 집중 조명하면서 대중의 호기심을 자극한 때문으로, 이런 흐름은 올해에도 이어질 것으로 보인다.

■ 여행지 선택의 새로운 기준, 인스타그래머블!

인스타그래머블(instagrammable)은 '인스타그램에 공유할 만큼 멋지고 가치 있다'는 뜻의 신조어다. 밀레니얼 세대의 핵심 소비 가치로 부상하면서 올해 여행사들의 상품 추천 서비스에도 이 기준이 적극 반영될 것으로 보인다. '인스타그래머블 여행지 베스트 5'로는 페루 마추픽추, 말레이시아 스카이 미러, 호주 레이크 맥도넬, 싱가포르 창이공항 주얼 분수, 5위 이탈리아 알레로벨로 등 주로 신비로운 풍광과 독특한 색감이 인상적인 곳들이 꼽힌다.

■ 원데이 클래스의 확장판, 어른들의 배움여행

퇴근 후 자기 개발 및 취향 공유를 즐기는 '원데이 클래스'붐이 일면서, 여행지에서도 '새로운 배움과 경험'을 추구하는 이들도 증가하고 있다. 예를 들어 '영국 맥퀸즈/지타엘츠 플라워 클래스' 상품은 세계적 플로리스트들의 단독 클래스를 들으며 단기간에 자격증까지 취득할 수 있어 20~30대 직장인들 사이에 화제를 불러모았다. 축구 마니아를 겨냥한 '영국/스페인 축빠의 길' 상품도 스포츠 커뮤니티를 중심으로 입소문이 퍼지며 호응을 얻었다. 50대 이상 장년층 사이에서는 예술·역사·인문학 분야의 명사가 동행해 해박한 지식을 나누는 '그랜드투어' 시리즈가 꾸준히 인기를 끌고 있다.

■ **여행 소비의 양극화, 상위 1% VVIP 여행**

지난해 소비 양극화 현상이 두드러졌다. 상위 1% 고객층을 겨냥한 하나투어의 럭셔리 브랜드 '제우스월드' 이용객은 전년 대비 55% 증가했다. 핀란드 유리 이글루에서의 오로라 감상, 칠레 파타고니아 빙하 크루즈 탐사, 몰디브 해저 리조트 숙박 등 '특별한 여행'의 가치를 찾는 고소득 시니어층이 증가한 것이 주요 원인이다. 올해에는 여행사들의 VVIP 마케팅이 본격화할 전망이다.

■ **긴 연휴 없는 2020년, 짧게 자주 떠난다**

윤년인 2020년은 총 366일로 하루가 더 길다. 하지만 유독 주말과 겹치는 공휴일이 많아 긴 연휴 찬스가 줄어들 수밖에 없다. 이 때문에 단거리 지역으로 자주 해외여행을 떠나는 여행객이 늘고, 유럽 등 장거리 지역을 여행하더라도 구간을 쪼갠 짧은 일정의 상품이 인기를 끌 것으로 예측된다.

■ **이젠 여행도 '맞춤형 주문' 시대**

일정 변경이 어렵고 단체로 다녀야만 했던 기존 패키지 여행의 단점을 보완한 '프라이빗 맞춤여행'이 뜨고 있다. 항공·숙소·투어 등 여행의 모든 요소를 고객이 원하는 대로 주문하면, 여행사가 최적의 '맞춤 코스'를 제공하는 식이다. 하나투어에 따르면 이러한 맞춤 여행은 3대 가족과 동호회 여행을 준비 중인 이들을 중심으로 월평균 4만5000건의 조회수를 기록하고 있다.

■ **원하는 만큼만 이용하는 부분 패키지 '투어텔' 인기**

자유여행객이 증가하고 있지만 여전히 패키지 서비스가 필요한 순간들이 있다. '의사소통 장벽'과 '여행지 치안' 등 때문이다. 이에 따라 자유여행을 하면서 원하는 구간만 패키지 그룹에 부분적으로 합류하는 일명 '투어텔' 상품이 출시됐다. 투어텔은 항공권을 제외한 '투어'와 '호텔'이 결합한 형태로, 자유여행 중 가이드의 해박한 설명이 필요한 핵심 관광지나 교통 접근성이 떨어지는 소도시를 1박 이상 여행할 때 유용하다.

■ **여행에도 때가 있다, 시즌 한정 여행**

여행 적기에 떠나지 못하면 감동의 깊이와 만족도가 달라지는 곳들이 있다. 예를 들어 6~8월 몽골 고비사막과 북유럽 피오르드, 9~11월 캐나다(단풍 시즌), 12~3월 호주·뉴질랜드(따듯한 겨울여행) 등이다. 시즌에 따라 이들 여행지가 주목을 받을 전망이다.

■ **환경친화 여행지에서 순도 100% 휴양을!**

일상 속 미세먼지 악화로 '환경 친화 여행지'에 대한 관심이 나날이 커지고 있다. 특히 아이와 함께하는 여행은 대자연 속 청정 여행지를 목적지로 정하는 경우가 많다. 올해 최고의 에코투어 여행지로는 필리핀의 숨은 진주 '팔라완'이 눈길을 끈다. '생태계 최후의 보루'라 불릴 만큼 천혜의 자연환경을 간직한 섬이기 때문이다. 연중 300일간 돌고래를 볼 수 있을 만큼 동물과 교감하기에 좋은 섬이기도 하다.

자료 : 경향신문, 2020년 1월 2일, 엄민용 기자

02. 여행 체계

여행은 여행 중에 일어나는 여러 활동을 말하며, 기본적으로 여행을 하는 주체인 여행자와 여행자가 여행을 위해 필요한 여행대상인 다양한 여행자원이 있어야 하며, 여행자와 여행자원을 연결해 주는 여행매체가 있어야 한다. 그리고 여행주체, 여행객체, 여행매체는 정치·경제·사회문화·기술·환경·법 등의 여러 요인에 의해 많은 영향을 받게 된다. 이러한 요소를 여행의 체계라 할 수 있다. 1962년 베르네커(P.Berenecker)의 연구[1]에서 관광구조 3 체계론을 바탕으로 다음과 같이 정리하였다.

1) 여행주체

여행행위자로서 여행자(旅行者)를 말한다. 여행자는 여행주체로서 여행 구매 욕구에 대한 의지와 욕구, 소망, 기대와 관념에 대하여 여행활동이 구체화 된다는 점에서 여행수요 또는 여행시장이라고도 할 수 있다.

2) 여행객체

여행자가 보고 이용하며 즐길 수 있는 대상체로서 각종 여행시설과 여행목적물 및 여행행동의 목표가 되며, 여행객 욕구를 충족시켜 주거나 여행행동을 유발하게 하는 매력성(Attraction)과 신기성(Novelty)을 갖춘 유·무형의 자원을 말한다. 여행객이 시간과 비용을 들여서 보고 즐길 만한 매력과 평범하거나 일상적인 것이 아닌 독특하고 차별화된 신기함을 지녀야 한다.

3) 여행매체

여행주체와 여행객체를 원활히 연결시켜 주는 것으로 다양한 교통·숙박·식음료·유흥

---

1) P. Bernecker(1962)는 '관광연구'에서 관광학을 개별과학에 기초를 두지 않고 종합학문으로서 체계화를 시도하여 관광현상을 이해하던 주도적 관점에서 관광을 주체(관광욕구의 형성과 동기)와 객체(관광지) 그리고 매체(관광정보)를 관광구조로 일반화 하였다.

및 오락·편의시설 등을 들 수 있으며, 특히 여행사에서 제공하는 여행정보 및 안내와 같은 서비스는 여행 동기를 자극하거나 여행자 상호간의 의사소통을 위한 표시나 정보를 들 수 있다.

그림 1-2 | 여행의 3체계

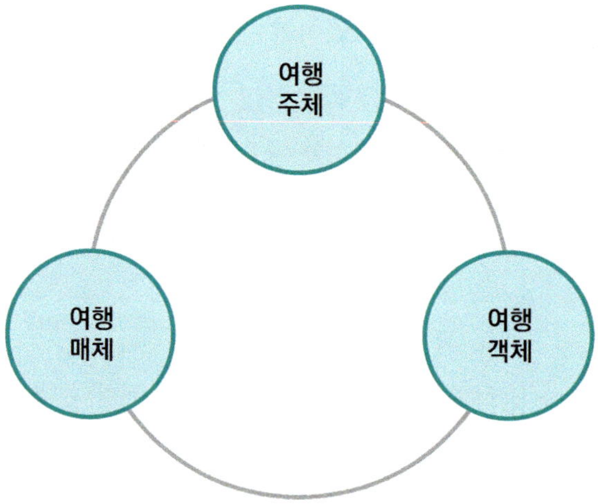

SECTION 02 여행의 역사

01. 여행의 시대적 환경

1) 선사시대의 여행

인간은 활동하고 끊임없이 이동하는 존재이며 여행은 이러한 인간의 이동과 밀접한 관련성으로부터 출발한다. 인류의 역사가 시작되면서 이동거리의 반경에 상관없이 이동은 시작되었다고 볼 수 있다. 선사시대에는 수렵과 채집생활을 하였고, 타제석기 및 골각기를 사용하며 군거유목 및 동굴생활을 하였음을 우리는 익히 알고 있다. 유목이라는 것이 가축의 먹이인 풀과 물을 찾아 이동생활을 한다는 것 자체에서 생활을 위한 이동이 이루어졌음을 유추해 볼 수 있다.

이 시대의 이동은 주거지를 옮겨 다니는 이주에 가까운 이동이었다고 볼 수 있으며, 점차 정착생활을 하고 거주지를 형성하게 되면서 목적과 의미는 상이하지만 형태상 여행과 가까운 모습을 띄게 되었다. 원시적인 이동은 물물교환으로 인한 이동과 신의 숭배로 인한 순례의 이동 등 여러 가지 이유로 관광적인 요소를 포함한 형태로 진전하여 왔으며 이때까지의 이동은 현대적인 개념의 여행과 구분되는 생존을 위한 이동으로 위험과 모험이 수반되는 여행의 초기형태를 띄게 되었다. 현대적 의미의 관광이동에 비하여 사회적·경제적·문화적 그리고 교통의 측면에서 미숙한 이동이었지만 이동이라는 의욕을 싹트게 한 여행의 시작이었다는데 의미를 둘 수 있다.

일부 학자는 인간에게는 낯선 곳을 다녀보고 싶은 미지 세계에 대한 동경의 본능이 있어서 이것이 여행의 최초 동기가 된 것이라고 말하고 있다. 결국 여행은 인류의 역사에서 비롯되었다고 볼 수 있다.

2) 고대의 여행

고대 그리스·로마시대에는 국가 간 교역에 필요한 수단과 도구들을 발전시킴으로서 사람들의 이동을 용이하게 하였고 여행 또한 활발하게 진행된 계기를 만들었다. 고대에는 오늘날의 여행과는 비교할 수 없을 만큼 환경적으로 제약이 많았으며, 그 범위도 협소하여 여행에 참가할 수 있는 사람은 극히 일부로 제약되었으나 근대적 여행의 형태가 존재하였다.

초기의 여행형태가 유럽에서 등장한 것은 그리스 시대로 기원전 776년 올림피아(Olympia)에서 열렸던 경기대회에 참가하거나 요양을 목적으로 사람들이 여행을 한 것으로 전해지고 있다. 그리스신화에서 알 수 있듯이 종교적인 목적으로 신전에 참배하기 위해 많은 사람들이 운집하기도 하였다. 이 시대의 주요 여행목적은 스포츠, 요양, 종교로서 당시 여행의 성장과 발전을 가져다주었으며, 성장의 주요 요인은 노예들이 그들의 노동을 대신해 줌으로서 귀족이나 부유층에 해당되는 특권층들은 일로부터 해방을 만끽할 수 있었고, 충분한 여가시간을 확보할 수 있어 여행 참여기회를 증대시킬 수 있었다.

로마시대에 와서 여행이 한층 번성하여 종교, 요양, 식도락, 예술감상, 등산 등과 같은 여행이 활발하게 이루어졌다. 로마신화에 나오는 여러 신전들이 곳곳에 세워져 신을 참배하기 위해 방문하는 이들이 유럽 각지에서 모여들었으며, 신을 대상으로 제례(祭禮)들이 성황을 이루었다. 또한 이들은 식도락에도 관심이 많았고, 온천요양도 즐겨 요양관광의 형태가 그 시대부터 나타나기 시작하였다. 그리고 명승고적 탐방을 위해 카프리 섬이나 이집트 피라미드 등지로 여행을 다니기도 하였다. 로마시대에 여행이 가능했던 것은 기원전 4세기에 건설되었다는 아피아 가도(Via Appia)를 비롯하여 로마의 중심 포로(Foro)로부터 일곱 개의 가도가 동서남북으로 뻗었고, 남쪽으로는 멀리 그리스로 뻗어나가는 해상교통으로 연결되어 있었다. 이와 같이 고대 로마의 도로 정비는 주로 전략상의 이유였으나 향후 여행 발전에 기여 하였다고 볼 수 있다. 당시 교통수단은 육상교통과 해상교통을 이용한 다양한 유형이 등장하였다. 육상교통수단으로서는 주로 마차가 이용되었다. 마차의 유형은 사람의 수와 목적에 맞추어 2인승 단거리용의 2륜마차 끼시움(Cisium), 3인용의 2륜마차 까렛세(Calesse), 4인승 장거리용 4륜마차 프레토리움(Praetorium), 포장과 침대가 붙은 4륜마차 까루까 도미토리아(Carruca Domitoria) 등 여러 종류가 있었다. 해상교통수단으로는 소형의 트라게또(Traghetto)나 바르까(Barca), 대형의 나베(Nave)에 이르기까지 다양한 해상교통수단이 있었다. 대형선으로 로마의 오스티아(Ostia)항구에서 스페인의 카디즈(Cadiz)까지는 7일, 나폴리 근처의 포즈올리(Pozzuoli) 항구에서 그리스의 코린터스(Corintus)까지는 5일 정도 걸렸다.

숙박시설의 경우 주로 민가를 개조한 수준이었으나 관광활동이 활발해지면서 오스티아(Ostia) 등지에는 4층 건물로 내부에 리셉션 데스크(Reception Desk)와 아케이드 숍(Arcade shop)까지 완비한 여관이 생겨나기도 하였다. 그밖에 그리스에 있었던 것과 같은 간이식당 타베르나(Taverna)나 식당 겸 숙박시설인 포피나(Popina)가 각지에 세워져 영업을 하기도 하였다. 그러나 로마제국이 붕괴되면서 치안 문란, 도로 황폐, 경기침체 등으로 여행의 공백상태가 되었다.

3) 중세의 여행

로마제국의 붕괴 이후 지역 간의 분쟁과 정치적 불안정으로 여행의 안전성 확보 및 서비스가 적절하게 이루어지지 않아 장기간의 여행은 위험한 모험으로 인식될 정도로 여행 발전이 침체된 시기라고 할 수 있다. 그러나 여행이 부활하게 된 계기가 된 것은 십자군전쟁(11세기 ~ 13세기)이었다. 종교심과 모험심, 호기심으로 십자군전쟁에 참여했다 귀국한 병사들이 들려 준 동방의 풍물에 대한 귀향담 이라든가 베네치아나 제노바의 선주들이 병사들의 수송 귀로에 들고 온 인도의 향료나 페르시아의 융단 등 동방산물은 한층 더 동방에 대한 호기심으로 여행에 대한 꿈을 키워온 계기가 되었다고 볼 수 있다. 십자군 전쟁으로 인해 동·서간 문화교류가 지속적으로 이루어져 유럽을 가로 지르는 여행과 모험이 시작된 시기이었다.

3~14세기경에 순례여행이 대중적인 현상으로까지 발전함에 따라 순례자들을 대상으로 한 숙소가 발달하였고, 이들을 위한 안내 책자도 발간되었다. 이후 르네상스(14세기 ~ 17세기)시기에 한 층 여행이 고조되기 시작하였다. 유럽의 상류계층에서부터 보편화된 여행의 징후로 나타난 최초의 대표적인 현상 중의 하나가 '그랜드 투어(Grand Tour)'라 할 수 있다. 그랜드투어는 귀족의 자제들을 위한 현장체험의 교육프로그램으로 출발하였는데 이는 영국을 중심으로 발생하기 시작하였으며 귀족층의 청소년들이 가정교사와 함께 하인들을 데리고 이탈리아의 여러 주요도시를 방문한 후 네덜란드와 독일을 경유하는 여행이 주류를 이루었으며, 1500년경에서 1820년경에 이르기까지 존속되었다.

초기에는 여행 동기가 주로 귀족층 자녀들의 견문과 지식을 넓히는데 있었으나 후기에는 작가, 예술가, 철학자들의 여행으로 이어지게 되었다.

4) 근대의 여행

16세기에서 18세기의 유럽은 정치적으로는 절대주의 시대이며 경제적으로는 초기 자본주의 시대라고 할 수 있다. 근대 유럽은 상공업과 화폐경제의 발달, 장원의 해체, 자영농민의 증가, 도시의 발달, 왕권의 신장 등 유럽 근대화의 기운이 싹트기 시작하였고, 이를 배경으로 임금노동자 등장, 중상주의 정책, 적극적인 식민지 경영으로 인한 자본의 축적과 시장의 확대를 가능하게 하였다. 산업화가 진행되면서 물질 문명의 발달, 도시화, 부의 축적을 가속화시켜 사람들로 하여금 자신의 건강, 즐거움, 호기심에 대한 욕구충족을 할 수 있는 여행의 기회를 확대시켜 주었다. 또한 산업혁명이 가져온 기술혁신으로 철도가 발달하여 철도망 확대, 선박과 자동차기술 발달과 같은 교통수단 발달 등이 향후 여행의 대중화에 크게 기여하게 되었으며 이는 관광을 대중화시키는 중요한 역할을 하게 된 시기가 되었다.

철도 발달과 동시에 영국인 토마스 쿡(Thomas Cook)은 1841년 철도를 이용한 단체여행을 창안하여 금주대회에 참가하는 사람들을 대상으로 단체 기획여행을 실시함으로서 '근대관광의 아버지'로 불리게 되었다. 한편 19세기말부터 20세기 전반에 걸쳐 유럽과 미국간의 교류가 활발해짐에 따라 대서양을 왕복하는 호화여객선이 등장하였고, 이와 때를 같이하여 미국에서는 스타틀러(E. M. Startler)에 의해 상용호텔산업이 발전하게 되었다. 물론, 근대 호텔산업의 터전은 영국에서 마련되었으나 미국의 숙박업자들은 유럽에 비해 보다 진취적이고 적극성을 가지고 있었으며 유럽의 귀족적인 성향보다는 대중적 취향에 부합되는 특성을 지니고 있었다.

20세기 초 스타틀러는 중산층 여행자가 투숙하기 용이한 상용호텔인 버팔로 스타틀러 호텔(Buffalo Startler Hotel)을 탄생시킴으로서 호텔산업의 새로운 전기를 마련하였다. 뉴욕의 펜실베니아 호텔(Hotel Pensylbania), 왈도프 아스토리아(Waldorf Astoria), 피엘(Pierre)등의 호화로운 호텔과 시카고에 3,000객실을 갖춘 세계 제1의 호텔로 불리는 스티븐스 호텔(The Stevens Hotel, 현재의 콘래드 힐튼호텔)등은 모두 이 시기에 출현한 호텔들이다.

5) 현대의 여행

산업혁명 이후 비약적인 산업 발전으로 인간은 물질적 풍요와 편리함을 만끽하게 되었다. 산업사회의 발전과정에서 여가소비활동의 증대, 노동시간 단축, 자유재량시간 확대, 기업의 여가관리제도 도입, 의식구조 변화가 생겨나기 시작하였다.

현대의 여행은 그 동기나 형태, 규모면에서 과거와 크게 구별되는데 이러한 현상은 여행객의 욕구를 자극하고 이동을 신속하고 안전하게 보장하며 이들을 편안하게 수용할 각종 관광산업의 발전과 무관하지 않다.

오늘날처럼 여행을 위한 이동이 확대되고 발전하게 된 배경은 현대사회의 특징과 관련이 있다. 즉, 공업화, 대중화, 정보화에 따른 개인 가처분소득의 증대와 더불어 여가시간의 증가, 다양한 정보탐색 등으로 여행에 대한 인식변화를 가져오게 되었다. 이러한 변화는 현대인들이 여가시간을 즐기는 방법, 생활공간에서의 이동방법, 그리고 경제적인 여력을 사용하는 방법등 결정과정에서 자유재량의 폭이 더욱 증대되었음을 의미하며, 그 결과 현대사회의 한 특징인 대량수송수단을 이용한 여가활동으로서의 관광대중화(Mass Tourism)와 복지관광(Social Tourism)이 널리 확산되게 되었다.

관광대중화는 미시적인 측면에서 볼 때, 일반 대중들이 보편적으로 관광에 참여할 수 있는 기회가 부여되었음을 의미하는 동시에 관광산업에 대한 잠재적 소비시장이 확대되었음을 뜻하며, 거시적인 측면에서는 관광목적, 활동유형, 이용수준 등의 다양한 질적 변화와 관광 소비의 증대가 나타나게 되어 관광의 경제적 효용성에 주목하게 되었다. 또한 관광을 통한 상호교류로 이해의 폭을 넓힘으로서 국가 간의 갈등을 해소하고 국제평화에 기여하였으며, 더 나아가 자국민의 복지증진의 수단으로 저소득층과 소외계층을 대상으로 한 관광 참여기회를 제공하게 되었는데 이를 복지관광(Social Tourism)이라고 한다. 즉, 저소득층에 있는 사람들의 여가선용, 정서순화, 건강증진과 같은 국민복지와 계층 간의 갈등을 해소시키기 위해 국가 정책적으로 저렴한 비용으로 누구나 관광에 참여할 수 있는 기회를 부여해 주는 것을 말한다.

국가의 정책적 차원에서 이루어지는 복지관광에 대한 지원은 선진산업국가의 복지형 사회에서는 이미 정착된 제도이다. 이러한 개념은 더욱 확대되어 영리를 추구하는 개별 기업에 있어서도 기업의 이익을 사회로 환원시킨다는 의미에서 비 참여계층에게 기회를 제공해 주고 있다.

02. 여행의 발전단계

여행현상은 사회적 환경 및 발전단계와 함께 복합적인 양상으로 나타나기 때문에 인위적인 기준으로 그 경계를 명확히 설정하는 것은 무리가 있다.

여행의 발전단계를 구분할 수 있는 특징적 상황은 국가마다 시기적으로 다르게 나타나므로 유럽 환경에 기초한 시대적 구분을 일반적으로 다음과 같이 분류할 수 있다.

1) Tour 시대

고대로부터 1830년대에 이르는 시기를 'Tour의 시대'라 칭하고 있으며, 이 시대에는 주로 귀족, 승려, 기사 등의 특권계층과 극소수의 일부 평민만이 여행 참여 대상이었고 주로 종교적 목적의 신앙심 향상을 위한 여행이었다. 여행의 조직은 주로 교회 중심으로 이루어졌으며 여행의 범주가 이동수단이나 여건의 제약으로 일상 생활권을 크게 벗어난 활동이 아닌 특정목적의 초기적 여행형태의 모습으로 나타났다.

2) Tourism 시대

1840년대에서 제2차 세계대전까지의 시기로서 유럽의 산업상 발전과 변혁으로 산업사회로 발돋움하기 시작하면서 여행현상에도 많은 영향을 끼치게 되었다. 산업 생산방식이 기계화, 분업화로 전환되었고 생활형태의 새로운 양식이 나타나기 시작하면서 생존을 위한 생활과 생활의 재창조 및 노동의 재생산을 위한 여가 개념이 등장하게 되었다. 공간적 이동수단과 조건이 발전함에 따라 지역적인 범위에서 벗어난 여행행동의 전환과 생활양식 변화로 여행수요가 증가하게 되었다. 여행 참여대상도 특권 계급뿐만이 아니라 부를 축적한 일부 계층으로 확대되었으며, 여행 동기도 종교적 목적에서 벗어나 지식 욕구를 충족하기 위한 여행으로 발전하게 되었다. 이러한 시대적 배경으로 여행시장 개념이 형성되기 시작하였고, 여행 조직자 역할로 이윤을 추구하는 여행업이 등장하게 되었다.

3) Mass Tourism / Social Tourism 시대

제 2차 세계대전 이후부터 현재에 이르는 과정의 시대로 제 2차 세계대전 이후 전 세계는 전쟁의 고통에서 벗어나 평화 시대로 접어들게 되었다. 기술발달로 인한 민간항공, 여행용 대형버스, 자가용자동차, 렌터카 등의 교통기관 발달과 대형화 및 현대화 된 호텔이 등장하였다. 제반 관광시설 확충과 매스컴 발달 그리고 인터넷 보급 등으로 미지의 세계에 대한 풍부한 최신 정보를 제공하게 되었다. 이와 더불어 교육수준 또한 향상되어 지적욕구 증대, 도시화로 인한 인구집중과 긴장고조, 인간성 상실과 공해문제 등에서 탈피하고자 하는 자연친화적 욕구가 증대되었으며, 근무시간 단축에 따른 여가시간 증대 등으로 여행환경은 많은 변화를 가져오게 되었다. 이로 인해 여행수요는 꾸준히 증가하였고, 여행거리도 국내여행에서 국가 간 여행인 국외여행으로 장거리화 되었다. 참여대상도 특권계층이 아닌 일반대중으로 확대되는 대량관광시대인 'Mass Tourism 시대'로 접어들게 되었다.

한편 선진국의 경우, 국민후생차원에서 소외계층에 대한 여행참여 지원, 지역개발 촉진 일환으로 각국 정부 및 지방공공단체는 자발적이고 적극적인 관광정책(Social Tourism)을 추진하였다. 이는 신체적 제약 또는 재정적으로 취약한 계층을 위하여 대부분의 경우 특별한 조직에 의해 추진되는 여행현상으로 여행은 사회구성원 누구나 소외되지 않고 참여할 수 있다는 사회정신에서 비롯되었다.

우리나라 역시 정부의 지원을 통해 사회적 취약계층에게 여행기회를 제공하는 복지관광을 실시하고 있다. 가장 대표적인 여행바우처 사업은 경제적, 신체적, 사회문화적 제약 등으로 여행참여가 제한되는 국민들에게 여행기회를 제공하여 관광활동을 통한 삶의 질을 향상시키고자 시행되는 제도이다. 2005년 시행초기에는 저소득 근로자 중심이었는데 반해, 2010년에는 자영업자까지 포함하고 월 소득 기준으로 차등지원하고 있다. 2013년까지 211,357명의 사회적 취약계층이 여행바우처 지원을 받았으며, 시행주체를 지자체로 이관하여 지역사회에 더욱 밀착된 형태로 개선하였다.

또한 최근에는 관광자원의 특성과 수용력을 고려한 관광개발을 해야 한다는 목소리가 높아지고 있다. 경제적, 사회·문화적, 환경적 지속성 차원에서 지속가능한 관광(Sustainable Tourism)의 중요성이 증대되고 있으며, 대안관광(Alternative Tourism)이나 에코투어(Eco Tourism)의 형태로 수요가 늘어나고 있는 추세이다.

더불어 정보통신기술의 발달로 다양한 정보에 노출됨에 따라 개인의 관심사와 여행욕구가 다분화 되고, 이를 충족시키기 위해 떠나는 특수목적관광(SIT: Special Interest Tourism)이 주목받고 있다.

SECTION

03 여행환경과 형태

많은 사람들은 여행경험을 추구하지만 이러한 욕구를 동기로 실현시키는 데에는 수요를 증가시키는 요인과 제약될 수 있는 요인들이 많이 있다. 제약요인들은 여행을 자극하고 촉진하는 여행 동기를 유발시키는 데 부정적 요인으로 작용하게 되며, 사회가 발전할수록 인간과 인간, 국가와 국가 간의 교류는 더욱 활발히 진행되며 그것을 관광의 관점에서 보면 여행수요의 증가로 볼 수 있다. 이러한 여행수요를 증가 또는 감소시키는 요인은 한 가지 요인에만 국한되지 않고 여러 가지 요인들이 밀접하게 연계성을 갖고 있다.

01. 여행제약요인

1) 경제적 제약

일반적으로 소비자들은 개인이나 가족의 경제적 범위 내에서 소비활동을 하게 된다. 여행도 각자의 예산범위 내에서 다양한 소비활동을 위한 자금 분배에 있어 경제적인 면을 고려할 때 여행에 필요한 재정적 자금 확보가 부족한 사람들이 존재하게 된다. 특히 여행에 소비되는 비용은 개인의 가처분소득에 준한다고 할 수 있어 전체적인 소득 규모가 작은 사람일수록 개인이나 가족들이 여행으로 소비할 수 있는 가처분소득은 그만큼 작아지게 된다.

즉 여행은 필수재가 아니기 때문에 소비의 우선 순위에서 밀리게 되므로 여행에 관련된 가장 큰 장애요인은 비용의 문제가 된다. 우리나라의 경우 복지관광사업의 일환으로 여행바우처 사업을 통해 사회적 취약계층에게 여행기회를 제공하고 있다.

2) 시간적 제약

여행상품이 갖는 가장 큰 특징은 구매 후 일정기간 동안 그 여행에 참여하게 된다는 것이다. 상품의 구매 후 보관이나 사용 또는 수시로 소비해 버리는 일반상품과 비교하면 상품의 성격이 근본적으로 다르다. 여행욕구가 있고 경제적으로 소비규모를 갖추고 있다 하더라도 시간 부족으로 여행기회를 갖지 못하는 경우가 있다. 주5일 근무제 정착 등으로 환경이 많이 개선되었지만, 바쁜 현대인들은 사업이나 직장 또는 학업 등으로 자기 분야에서 충분한 여가시간을 가질 수 없어 여행을 할 수 없는 사람들이 많다. 시간적 제약은 경제적 제약과 함께 여행의 가장 큰 장애요인으로 볼 수 있다.

3) 신체적 제약

여행은 일정기간 동안 참여자의 움직임과 이동이 있어야 하므로 신체적 결핍이 있거나 건강이 좋지 못한 사람들과 노약자들은 여행을 방해하는 물리적 제약을 받게 된다. 미지의 세계를 보고 경험한다는 기대와 즐거운 마음이 있으므로 여행을 선택하지만, 상품의 사용이 아닌 참여와 경험이라는 점에서 여행을 수행할 수 있는 건강이 유지되어야만 한다.

신체적 장애요인은 여행을 제약하는 커다란 요인이나 최근 보건기구의 발달과 더불어 선진국들은 신체적 결핍이 있는 사람을 위한 물리적 시설의 필요성을 충족시킬 수 있도록 배려하고 있다. 여행사업자들은 물리적 시설 확충은 물론 노인층을 상대로 한 특별여행을 기획 운영하는 등의 대책을 강구하여야 할 것이다.

최근에는 장애자들을 위한 여행프로그램, 노인층을 위한 silver tour상품 등이 등장하고 있다. 우리나라는 2000년에 이미 노령화사회(65세 이상의 인구 7%)를 지나 2018년 65세 이상 인구 14.3%로 고령사회에 진입하였으며, 2026년 20.8%로 초고령사회에 접어들 것으로 예측하고 있다. 따라서 빨라지는 노인인구 증가 속도의 사회환경을 고려한 다양한 여행프로그램이 활발히 전개되어야 한다. 또한 국가와 지방자치단체에서는 Social Tourism 차원에서 이러한 계층을 위한 다양한 지원이 뒷받침되어야 할 것이다.

사례 | 이동약자도 자유롭게 제주 관광 '무장애 관광책자' 발간

제주도가 거동이 불편한 이동 약자도 자유롭게 관광지를 둘러볼 수 있도록 '무장애 관광 안내 책자'를 발간했다.

제주도는 도내 50개 유명 관광시설 내에서 휠체어나 장애보조기구를 이용해 이동할 수 있는 경로, 장애인 화장실 정보 등을 담은 관광안내책자 〈모두를 위한 여행 인 제주〉를 발간했다고 5일 밝혔다.

안내 책자에는 관광지 내에서 휠체어로 이동할 수 있는 동선의 노면상태나 기울기, 장애물 등까지 꼼꼼하게 담았다. 제주민속자연사박물관을 보면 파란 선으로 무장애 여행 추천코스를 안내하고, 오르막길 또는 내리막길도 별도로 표시했다. 또다른 관광지인 에코랜드는 판석길 또는 모래길, 데크길, 화산송이길 등 노면의 상태도 자세하게 표시했다. 장애인 화장실의 남녀 구분 여부, 접근로 폭과 화장실문 폭, 변기 위치, 추천 화장실 정보도 담았다.

제주도는 이동약자가 직접 조사부터 책자 완성까지 참여했으며, 오류와 불편한 사항도 수차례 걸쳐 검증하고 보완했다고 설명했다. 무장애여행정보는 제주데이터허브(www.jejudatahub.net)를 통해 누구나 무료로 활용할 수 있다.

제주도는 축적한 무장애여행정보 데이터를 활용해 '이동약자가 체감할 수 있는 모바일 관광지 길 안내 서비스'어플리케이션도 개발 중이다.

노희섭 제주도 미래전략국장은 "제주도는 '디지털 기술로 지역 문제를 해결하자'는 취지로 도민과 ICT 전문가, 지자체가 함께 해결단을 구성해 사회문제를 발굴하던 중 이번 프로젝트를 추진하게 됐다고 밝혔다"며 "올해는 제주지역 관광지에서 직접 시설 관리 업무를 하는 담당자를 참여시킬 예정"이라고 밝혔다.

자료 : 경향신문, 2019년 11월 5일, 박미라 기자

4) 정치적 요인

국외여행에 있어 방문국의 국내 정치적 불안, 또는 자국과 해당국과의 미수교 등으로 인해 여행이 제약받을 수 있다. 우리나라의 경우 근래 대부분 외국을 방문하는데 제약이 없지만 냉전시대에는 방문이 원천 불가한 나라들이 많았다. 또한 사증(비자)면제협정 체결국가[2]는 문제가 없지만 그렇지 않은 국가를 여행하게 될 경우에는 사전에 비자(Visa) 발급은 필수적이다.

2) 외교통상부의 해외안전여행사이트 http://www.0404.go.kr 에서 우리나라와 사증면제협정체결국가를 확인할 수 있으며, 특정 국가(지역) 여행·체류시 특별한 주의가 요구되는 국가 및 지역에 경보를 지정하여 위험수준과 이에 따른 안전대책(행동지침)의 기준을 안내하는 여행경보제도가 시행되고 있다.

5) 테러 및 자연재해

모든 사람들은 가장 자유로운 정신과 편안한 상태의 여행을 희망하지 위험을 감수하는 여행은 원하지는 않을 것이다. 그러한 관점으로 보았을 때 미국의 9·11테러, 이스라엘과 팔레스타인의 분쟁과 정치적·종교적 갈등에 의한 국지적 테러위협 등은 커다란 제약요인으로 나타난다.

또한 2004년 12월 동남아시아 13개국에 피해를 안겨준 지진해일 '쓰나미', 2015년 네팔 대지진, 서울면적의 66배 이상이 잿더미로 변해버린 2019년 호주산불 등 자연재해 역시 여행에 부정적인 제약요인으로 작용하고 있다.

6) 세계적 전염병

현대는 지구촌 시대로 전 세계가 활발한 교류를 통하여 상대방을 이해하고 좋은 제도와 문물을 받아들이는 국제화 시대이다. 그러나 불안하게 만드는 요인 중 하나가 전염병이다. 사스와 조류독감 등은 전 세계의 교류를 불안하게 만들었고 여행 악재로 작용하였다. 2009년 3월부터 전파되기 시작한 인플루엔자바이러스 A형 H1N1 아종의 변종에 의해 감염된 환자가 260,000명이 넘었으며, 감염에 의해 사망한 사람은 20여 개국에서 나타났고, 감염환자가 나타난 나라는 129여 개국이었다. 2015년 5월 국내 첫 감염자가 발생하고 186명의 환자가 발생한 중동 호흡기 증후군(메르스: Middle East Respiratory Syndrome)의 경우에도 강력한 전염성으로 외국인의 국내여행과 내국인의 국외여행 급감현상이 나타났다.

이와 같이 지역적인 전염병도 이제는 국가 간의 활발한 교류로 인해 국제적인 전염병으로 발전할 수 있기 때문에 이러한 요인은 부정적 요인으로 작용한다.

02. 여행수요 증가요인

1) 경제수준 향상

세계 각국은 산업기술 발달과 아울러 대량생산과 대량소비의 경제구조가 확대되고 발전함에 따라 국민소득이 증가하고 생활수준의 향상을 가져오게 되었다. 이로 인해 개인 가처분 소득이 증대되었고, 경제적 생활수준 향상과 함께 문화생활 지출이 증가하게 되었다. 여행소비 또한 증가되어 여행수요를 확대시키는 요인으로 작용하고 있다.

2) 여가시간 증가

여가의 시간적 개념은 노동시간에 대한 개인의 자유재량시간으로서 개인생활시간 전체에서 생리적 필수 시간과 노동시간 그리고 노동부속시간을 뺀 개인이 자유의지에 따라 자유롭게 사용할 수 있는 시간을 의미한다. 과학기술 발달과 기계문명이 향상되어 인간생활과 생산활동에 널리 보급되면서 인적 노동력은 점차 줄어들게 되었다. 생산 체계의 자동화, 영농의 기계화, 가전제품의 발달과 보급, 사무자동화 등이 이루어짐으로서 근로시간이 단축되어서 많은 여가시간을 갖게 되었다. 선진국에 이어 우리나라에서도 주5일 근무 단축제를 실시하여 여가 욕구를 건전한 오락과 휴식생활로 받아드려 자기계발를 위한 여행을 추구하려는 성향이 강하게 나타나고 있다. 점차 개인의 라이프스타일 변화 및 사회적 변화로 여행욕구가 다양하게 확산되어, 여행에 대한 새로운 인식 접근이 요구되고 있다.

3) 교육수준 향상

교육수준이 높을수록 지적 호기심과 지식충족 욕구가 높아지고, 사회활동반경이 넓어지며, 국민소득이 증대되면서 인간은 부(富)로부터 얻게 되는 만족에만 그치지 않고 역사, 문화, 자연 등에 관한 지식을 직접 현장에서 확인하고 체험하려고 하는 강한 욕구가 생기게 된다. 이러한 지적 욕구는 상대적으로 경험할 기회가 적은 국외여행을 동경하게 되며, 나아가 민간차원의 국제교류에 일익을 담당하는 역할로 나타나게 된다. 결국 교육수준 향상은 다른 문화에 대한 호기심 욕구를 자극시키는 원동력으로 자기계발과 재충전을 위한 'FUN'을 추구하는 구체적인 여행 동기가 발현되어 결국 여행소비행동으로 나타날 때 여행수요 증가에 크게 기여하게 될 것이다.

4) 라이프스타일 변화

라이프스타일(Lift Style)은 개인이나 집단이 공유하고 있는 독특하고 특징적인 생활방식으로서 태도, 가치의식, 의견, 흥미 및 실제적 행동과 상호 통합된 하나의 시스템이다. 라이프스타일은 그 집단에 소속된 구성원들이 동조하게 되는 규범인 동시에 그 집단을 대표하는 상징이 되기도 하는데, 고정적인 것이 아니고 시대적, 사회·문화적 환경에 의해 변화되는 하나의 생활유형인 것이다. 또한 라이프스타일은 개인이나 집단의 통합 기능으로서 독자성, 창조성, 가치관, 목표지향성을 내포하고 있고, 각각의 기호와 선호, 그리고 그것에 상응하는 선택을 통하여 능동적이고 주체적인 생활을 형성하려는 인간 행동을 암시하고 있다.

현대인들은 단순히 수입을 얻고 생활을 영위하는 단순소비자의 생활방식에서 벗어나 스스로 성장하고 발전하기 위해 재화의 양보다 생활의 질 향상에 더 관심을 갖고 있다. 이러한 경향은 선진국일수록 현저하게 나타나는데, 이들 국가의 국민은 사회복지제도의 정착에 힘입어 노동 제일주의로부터 생활 제일주의로 의식을 전환하고 있다. 그 결과, 여행을 단순히 유람이라는 차원에서 벗어나 국외여행을 통해 세계에 대한 지식과 견문을 넓히는 기회 및 자기실현의 계기로 삼고자하는 인식을 크게 갖고 있다.

5) 교통수단의 발달

교통은 사람과 여행자원과의 접근성을 용이하게 해주는데 그중에서도 육상교통은 가장 초기 이동수단으로 인간과 관계를 맺어왔다. 여행은 인간 이동을 전제로 하기 때문에 이동수단인 교통은 여행과 밀접한 관계를 갖고 발전해 왔다, 육상교통이 관광에 기여하기 시작한 것은 19세기 영국에서 기차와 철도가 개설되면서 비롯되었다. 1830년 영국에서 영리목적의 철도가 개통되면서 자리 잡기 시작했으며, 오늘날 여행객들의 국내 혹은 지역 내 이동을 용이하게 하였다.

초기 육상교통을 대표하던 철도교통은 1950년대까지 전성기를 누리다가 항공기 등장으로 항공기가 갖고 있는 고속성과 대량수송의 특성으로 인해 그 자리를 내주게 되었다. 이후 기술발달로 자동차와 철도는 단거리 이동과 지역 내 이동에 있어 쾌적성과 편리성으로 인해 사람과 가장 친숙한 관광교통수단으로서의 역할을 담당하고 있다.

또한 항공운송산업도 급격히 발전하여 전 세계를 하나의 네트워크(Network)로 형성시켜 놓았다. 전 세계가 시간적으로 점차 좁아져 지구촌 시대라 불리는 지금, 한 나라의 항공운송산업 발전 정도는 그 나라의 국력의 척도로까지 인식되고 있다. 항공산업은 국가 경제의 필수요소인 인적·물적자원의 이동을 신속·원활하게 하는 원동력일 뿐만 아니라 항공운송산업 그 자체가 그 나라의 정치·경제기술 수준을 나타내기 때문이다. 또한 무역, 관광, 투자촉진, 고용창출 등을 유도하는 국가경제 전반에 걸쳐 파급효과가 큰 전략산업으로 타 교통수단에 비하여 운임이 고가인 편이나 신속성과 안전성, 편리성 등 장점으로 이용객이 증가하여 항공운송의 이용가치는 매우 높다고 할 수 있다. 또한 저비용항공사(LCC: Low Cost Carrier)의 출현은 항공여행을 대중화하는 환경을 조성하였다.

해상교통(Marine Transportation)으로는 크루즈(Cruise)관광 수요가 증가되고 있는데, 순수관광 목적으로 대형이상의 선박이 단기간 또는 장기간 운항하는 최고급 시설을 갖춘 여객선을 타고 선박여행을 하는 형태이다. 이는 숙박, 음료, 위락시설 등 여행객을 위한 각종 시설을 갖추고 수준 높은 서비스를 제공하면서 관광지를 순항하는 '바다 위에 떠있는 리조트'로 불린다.

6) 세계교역의 증대

국가 간에는 자원과 기술보유 정도가 상이해 상호 교환 및 이해를 증진시키기 위한 무역거래가 필수적이다. 국가 간에 교역량이 확대되면 물적인 교류와 아울러 인적교류도 활발히 진행되므로 상용여행객 왕래가 빈번해져 여행 수요증가의 요인으로 작용하고 있다. 특히 MICE(Meeting, Incentive, Convention, Exhibition)산업발달로 비즈니스 출장, 국제회의 참가, 각종 전시회 및 박람회 참관단 등 교역과 관련한 여행상품을 전문적으로 취급하는 여행업체까지 등장할 정도로 여행시장규모를 형성하고 있다. 이러한 여행시장은 여행업계 입장에서 관광목적의 여행시장과 시즌이 다르게 형성되므로 성수기와 비수기를 효율적으로 운영할 수 있는 환경을 조성해 주기도 한다.

7) 여행객 계층 확대

여행객 계층이 성인남성 위주의 경제주체 연령대로부터 점차 다양화되고 있다. 어학연수, 견학 등 교육적 목적의 청소년 여행계층 확대, 여성의 사회참여와 근로소득 증가, 가사노동의 현대화로 주부계층의 여가 증대, 가족중심사회로 전환되면서 가족단위의 여행객이 증가하는 추세이다.

또한 1인 세대의 증가로 개인의 시간활용 범위가 늘어남에 따라 혼자서 하는 싱글족 여행수요가 확대되고 있으며, 의료수준의 발달로 평균수명이 연장되고 연금과 같은 사회복지제도가 정착됨에 따라 시니어계층의 여행도 여행수요 증가에 기여하고 있다.

8) 관광사업 확충 및 촉진활동 강화

대규모 관광테마파크 개발, 호텔, 항공사 등의 대형화와 고급화로 인한 관광기반시설 확충과 이 분야에 근무하는 종사원의 증가는 직·간접적으로 여행수요를 증대시키는 요인이 된다. 아울러 관광사업체들의 규모적 확대로 인한 효과로 더욱 수요는 증폭된다. 대형여행사 등장과 아울러 전문여행사들이 시장변화를 주도하는 환경에서 소비자들의 다양한 욕구를 충족시켜 줄 수 있는 전문화된 여행상품 출시와 적극적인 마케팅 노력으로 시장 규모가 확대되고 있다. 메이저 여행사와 글로벌 여행사는 대중매체를 통해 직·간접적으로 공격적인 마케팅 활동을 펼치고 있으며, 이는 잠재 여행객들의 여행욕구를 자극하여 수요를 증대시켜 나가고 있다.

그러나 공급이 여행수요를 초과하는 시장구조 하에서는 기업 간 과당경쟁을 야기시킴으로써 마케팅비용의 과다한 증가, 지나친 가격경쟁으로 인한 덤핑상품 지속 등으로 기업의 수익성 약화 등의 문제점이 발생될 수 있다.

03. 여행의 형태와 종류

여행형태는 이동경로 즉, 여행객이 출발하여 돌아오는 과정으로 전체적인 여행일정의 외형적 모습과 관련될 수 있으며, 일반적으로 다양한 형태와 종류로 제시될 수 있다. 본서에서는 여행의 내용과 성격 등의 기준에 의한 분류를 살펴보기로 한다.

1) 여행형태에 의한 분류

여행의 이동경로에 근거한 형태상의 분류로서 여행의 동기나 목적에 의해 다양하게 나타날 수 있으나 일반적으로 다음의 4가지 유형으로 분류하고 있다.

(1) 피스톤(Piston) 형

피스톤형은 여행자가 목적지를 왕복하는데 동일한 코스의 단순 왕복 이동형태이다. 최초 거주지를 출발하여 목적지에 도착한 후 일정기간 여행을 마치고, 돌아올 때 처음에 출발하였던 출발지에 동일한 경로를 통해 되돌아오는 형태의 여행을 말한다. 비교적 소극적 여행활동으로 대부분 단기여행이며, 여행에 따른 소비지출도 최소로 이루어지는 편이다.

예를 들어, 김포 → 제주 → 김포 또는 인천 → 홍콩 → 인천의 이동경로와 같은 형태이다.

그림 1-3 | 피스톤 형

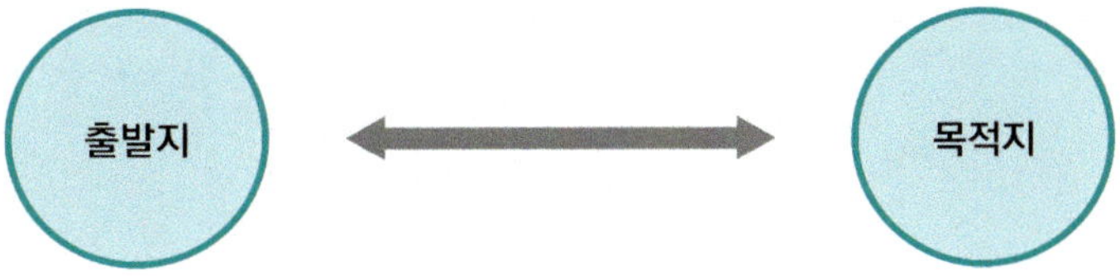

(2) 스푼(Spoon) 형

스푼형은 출발지에서 주 목적지까지의 왕복은 같은 경로를 통해 직행하지만 목적지에서의 이동이 좀 더 폭넓게 이루어지는 여행의 형태이다. 즉, 주목적지까지의 이동은 단순하지만 주 목적지에서 주변 관광지 등 여러 곳을 여행한 다음, 동일한 경로를 이용하여 거주지로 돌아오는 형태이다. 이 유형의 특성은 목적지에서의 여행활동이 비교적 다양하고 체재기간이 길며, 여행에 따른 소비도 피스톤형보다 많다.

그림 1-4 | 스푼형

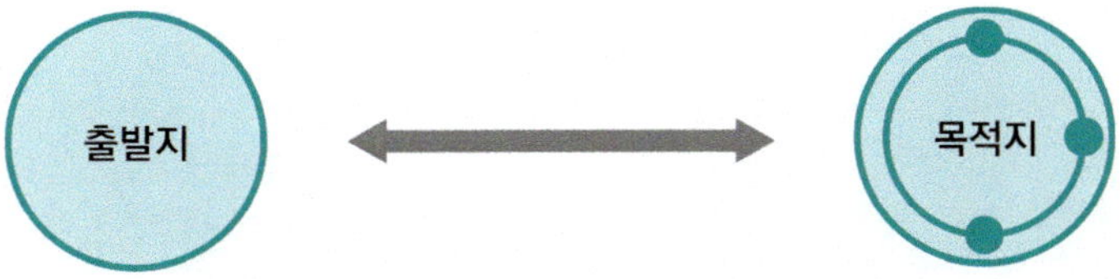

예를 들어, 김포 → 김해 → 부산 → 김해 → 김포 또는 인천 → 동경 → 하꼬네 → 동경 → 인천의 이동경로와 같은 형태를 말한다.

(3) 안전핀(Pin) 형

안전핀형은 여행자가 출발지에서 최초의 목적지에 도착한 다음, 다시 주변 관광지 등 여러 곳을 여행한 후 출발경로와 다른 경로를 이용하여 최초 출발지로 돌아오는 여행의 형태로서 피스톤형이나 스푼형에 비해 체재기간이 길고 여행경비 지출도 높은 것이 일반적이다.

그림 1-5 l 안전핀형

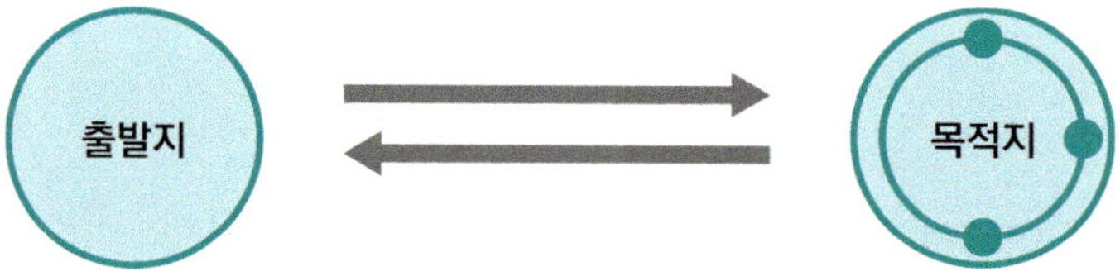

예를 들면 김포 → 부산 → 제주 → 김포 또는 인천 → 북경 → 상해 → 인천의 이동 경로와 같은 형태를 말한다.

(4) 템버린(Tambourine) 형

탬버린형은 여행자가 거주지를 떠나 여러 목적지를 다양하게 계속해서 여행한 후 출발경로와 다른 경로를 이용하여 거주지로 돌아오는 여행의 형태이다. 안전핀형과 같은 회유를 반복하므로 비교적 장기간 체제하며 여행경비도 가장 많이 소비되는 것이 특징이다. 정신적·시간적·경제적 여유가 많은 여행객이 주로 선택하는 형태라 할 수 있다.

그림 1-6 l 템버린형

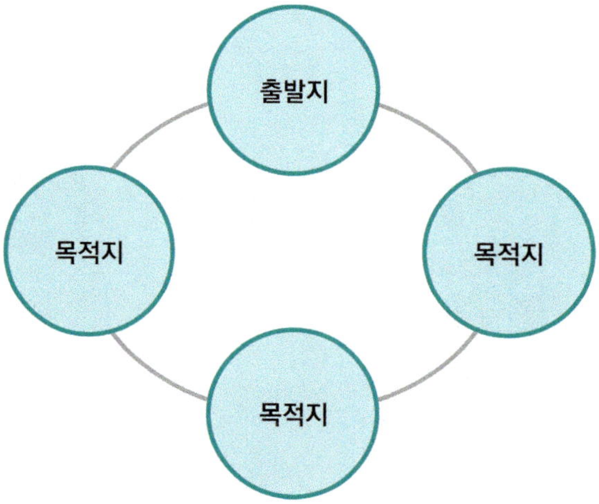

예를 들면 서울 → 강릉 → 속초 → 경주 → 부산 → 서울 또는 서울 → 방콕 → 파타야 → 푸켓 → 홍콩 → 싱가포르 → 서울의 이동경로와 같은 형태를 말한다.

2) 국적에 의한 여행 분류

(1) 국적기준에 의한 분류

국적에 따라 '내국인 여행'과 '외국인 여행'으로 구분할 수 있다.

(2) 목적 방향에 따른 분류

여행자의 국적을 기준으로 여행자들이 여행을 하게 되는 목적방향에 따라 분류하는 것으로 내국인의 국내여행(Domestic Tour), 내국인의 국외여행(Outbound Tour), 외국인의 국내여행(Inbound Tour)로 구분된다.

3) 여행규모에 따른 분류

출발에서 돌아올 때까지 동일한 일정으로 함께 여행하게 되는 인원의 수에 따른 분류로서, 이 기준에 따른 여행소재의 단체할인 적용여부에 따라 여행요금도 차이가 난다.

(1) 개인여행

개인여행은 단독여행이나 10명 미만의 소규모 인원의 여행으로 보편적인 특징을 살펴보면, 여행일정을 작성할 때 개인의 의견이 최대한 반영될 수 있으며, 여행 중 비교적 자유롭고 동반자 의견에 따라 여행방법, 여행목적지, 여행형태 등에 변화를 가져올 수 있다. 여행자의 여행목적달성에 있어서 자유의지가 강하게 작용하므로 주관적 만족도가 비교적 높은 여행의 형태이다.

개인여행은 개별여행이라고도 하며 FIT(Foreign Independent Tour), Individual Tour, Private Tour 등으로 표현되고 있다.

(2) 단체여행

단체여행은 10명 이상이 동일한 일정으로 함께 여행하는 형태로서 공동 목적으로 형성된 단체일 경우 희망대로 여행일정을 작성하여 구성할 수 있다. 그러면서 개인의 의견이 반영되기 어렵다는 단점이 있으나, 여행자 입장에서는 교통, 숙박 등 여행소재에 대한 단체 할인율을 적용 받을 수 있어 비용측면에서 다소 경제적인 여행이라는 장점이 있다. 단체여행은 GIT(Group Inclusive Tour), Group Tour 등으로 표현되고 있다.

표 1-2 | 개인여행과 단체여행의 특징 비교

	개인여행	단체여행
여행자 입장	▪ 여행자 주문에 의한 여행상품 ▪ 높은 여행경비 지출(할인 혜택이 낮음) ▪ 여행계획 수립의 복잡성 ▪ 개인의 요구사항 반영 가능 ▪ 여행일정 변경 수월함 ▪ 자유행동 가능(개별적 여행 진행) ▪ 여행기간 중 시간의 과다 손실 ▪ 불안감 높음 ▪ 만족도가 비교적 높음	▪ 여행사가 기획한 상품 ▪ 개인의 요구사항 반영 어려움 ▪ 전문가에 의한 예약과 수배 ▪ 단체할인 혜택 높음(저렴한 여행경비 지출) ▪ 여행일정의 변경 한계성 ▪ 획일적인 일정에 따라 행동제한 ▪ 전문가에 의한 안내서비스 ▪ 효과적인 여행일정(안정감 높음) ▪ 만족도 비교적 낮음(개인차가 있음)
여행사 입장	▪ 빈번한 여행일정 변경으로 업무과중 ▪ 수익대비 업무의 복잡성 ▪ 계절적 영향 적은 편 ▪ 안정, 지속적인 수입원	▪ 예약 및 수배업무 용이 ▪ 여행일정 변경 최소화 ▪ 업무 동질성에 의한 단순화 ▪ 계절적 영향을 많이 받음 ▪ 규모경제로서 수입창출

위와 같은 개인여행과 단체여행을 여행객 입장과 여행사 입장을 기준으로 살펴보면 다음과 같은 특성이 있으나 점차 다양화되고 있는 여행형태 변화와 여행업 환경을 고려해 볼 때 위의 특성은 보편적이고 전통적인 기준에 의한 비교로 참고할 수 있다.

4) 목적에 따른 분류

(1) 관광목적

개인의 즐거움(Pleasure)을 추구하고자 하는 목적으로 취미활동, 레크리에이션, 견학, 휴양 등을 위해 일상생활에서 벗어나 새로운 것을 보고, 즐기고자 하는 여행을 말한다. 이러한 여행은 자신의 업무 등 평상적 일과로부터의 해방을 의미하는 정신적·육체적으로 가장 자유로운 상태에서 이루어진다.

(2) 특수목적여행(SIT: Special Interest Tourism)

특정한 목적을 수행하고자 하는 여행의 형태로서, 거래처 방문, 회의참석, 시장조사, 공장견학, 각종 박람회 및 전시회 참가, 친지방문, 교육·문화·스포츠·모험·환경 등 자신의 업무와 여행의 욕구가 특정부분에 목적된 여행으로 특수목적여행(SIT; Special Interest Tourism)이라 한다.

(3) 겸 목적 여행

겸 목적 여행은 관광목적 및 특수목적여행이 결합된 여행의 형태이다. 통상 주목적은 방문, 견학, 행사참석 등의 공식행사로 이루어지고 이외의 일정은 관광일정을 포함하는 1+1 형태를 구성한다. 이러한 여행은 기업체 및 기관에서 소속원들의 업무 향상을 위한 출장과 동시에 직원의 사기를 높여주기 위한 목적으로 Incentive Tour의 형태를 취하고 있다.

5) 이용교통기관에 따른 분류

여행자가 어떠한 교통수단을 이용하여 여행하는가에 따른 분류로 육상교통수단으로서의 자동차, 렌터카, 버스(Coach), 열차 등이 있으며 해상교통수단으로서는 Ferry, Cruise등이 있다. 또한 국내의 장거리 및 국제여행에서 보편화된 항공여행 등이 있다. 이러한 교통수단은 이동을 위한 단순한 수단으로서 이용되는 경우도 있지만 테마열차 여행, 경관감상을 위한 버스여행, 선박 내에서의 다양하고 고급스러운 시설과 프로그램을 즐기고자 하는 Cruise 여행, 경비행기 투어 등으로 점차 다양화되고 있다. 특히 국가간 이동의 경우에는 'Fly and Drive', 'Cruise and Drive', 'Fly and Cruise' 형태로 장거리는 비행기나 선박을 이용하고 육지에 도착해서는 육상교통수단을 이용하여 여행하는 형태가 일반적이다.

6) 참여경험 지향성에 따른 분류

(1) 관람여행

새롭거나 가치 있는 특정지역 및 사물을 보고자 하는 욕구 충족을 위한 가장 일반적인 여행이라 할 수 있다. 특정 도시 및 관광지 관람이나 자연경관, 고적, 사찰, 동·식물

원, 현대적 문화시설, 산업적 관광지 등 시각적인 즐거움을 추구하고자 하는 여행의 형태이다.

(2) 체험여행

여행자가 단순히 관람하는 형태가 아닌 어떤 행위에 직접 참여하는 여행의 형태를 말한다. 체험여행은 적극적인 여행 행위로서 젊은 계층과 활동적인 여행가 선호하는 여행으로 스포츠와 여행이 결합된 형태, 또는 현지 문화체험을 위한 배낭여행, 특정 지역의 축제 참가여행 등 다양화되고 있다.

7) 여행기획에 따른 분류

(1) 주최여행

주최여행은 여행사가 상품기획 주체가 되어 여행일정·조건·비용 등을 정하고 여행객을 모집 실시하는 여행을 말한다. 주최여행은 여행사가 사전 시장조사에 따라 수요를 예측하고 여행상품을 패키지(Package)화하여 다양한 마케팅전략으로 능동적인 판매를 하여야 한다. 주최여행을 'Read Made Tour', 'Published Tour', 'Package Tour'라고 표현한다.

또한 여행사와 각종 단체 또는 단체의 책임자와 공동 협의하여 여행상품 일정·조건·비용 등을 기획하고 실시하는 여행을 공최여행이라고 한다.

(2) 주문여행

주문여행은 여행을 하고자 하는 개인 또는 단체가 각자의 희망에 따라 여행사에 다양한 여행조건을 요구하고 여행사는 이에 만족할 수 있는 여행상품을 제시하는 형태를 말한다. 주문여행은 '청부여행' 또는 '수배여행'이라고 하며 'Order Made Tour' 또는 'Customer Made Tour'라고도 한다.

(3) 초청여행

초청여행은 여행소재공급업자, 여행도매업자, 전 세계 각국 관광청(NTO)들이 판매촉진활동차원에서 판매경로에 있는 여행소매업자나 여행관련업체 또는 협회, 미디어 등을 대상으로 자사가 비용을 부담해 여행을 진행하는 것을 말한다.

8) 여행형태에 따른 분류

(1) 패키지여행(Package Tour)

패키지여행은 주최여행의 대표적인 형태로 '기획여행'이라고도 한다. 여행사가 상품기획의 주체로서 시장과 경쟁사보다 우위 있는 여행상품가격과 동일한 일정·기간·형태를 유지하여 정기적인 상품기획과 판매를 실시하는 여행형태를 말한다. 국내여행사는 여행객 모집을 위한 마케팅 촉진수단으로 인터넷. TV, 신문 등 다양한 매체광고를 이용하고 있다.

(2) 시리즈여행(Series Tour)

시리즈 여행은 여행사에서 여행소재공급업체로부터 사전에 항공좌석과 호텔객실 확보를 통하여 동일한 여행상품에 동일한 여행상품의 요금·여행기간·여행목적·여행코스로 계절의 특성에 맞게 연속적으로 기획·판매를 실시하는 여행 형태를 말한다.

(3) 전세여행(Charter Tour)

전세여행은 여행사에서 특정기간동안 대규모 수요 창출을 위하여 항공·해상·육상교통수단이나 객실을 전세내어 실시하는 여행을 말한다. 항공전세여행(Charter Flight Tour), 전세버스여행(Charter Bus Tour)라고도 한다.

(4) 포상여행(Incentive Tour)

포상여행은 기업 및 각종 단체에서 영업실적 향상이나 직원의 사기진작 또는 복지차원에서 실시하는 일종의 보상(포상)여행이다.

(5) 특수목적여행(SIT: Special Interest Tourism)

특수목적여행은 동일한 여행욕구 목적을 가진 집단이 욕구를 달성하기 위한 목적여행으로 건강·의료, 종족체험, 교육여행, 문화, 환경, 스포츠 및 모험여행, MICE 등 다양한 목적으로 구분할 수 있다.

사례 | 의료 관광객 40만 명 시대, 그러나 아직 갈 길이 멀다!

"한국 성형 및 의료 관광객 40만 명 시대입니다. 강남에만 한해 7만 여명의 성형수술을 원하는 환자가 방문합니다. 그러나 아직 우리는 갈 길이 멉니다"라고 말하는 NiX-크립토레드 인터내셔널(대표 김유주, 이하 닉스) 김유주 대표는 고민이 많다.

이유는 한국이 '성형왕국, 의료강국'이라는 별명이 무색하리만큼 극심한 경기침체는 물론 각 병원마다 외국인 환자 유치를 위해 치열한 전쟁 아닌 전쟁을 치루고 있기 때문이다. 현실적으로 한국을 찾는 외국인 환자가 늘어나고 있고 의료 선진국과 비교해 실력이 우수한 반면 비용이 적게 들기 때문에 한국에 성형수술이나 기타 치료를 위해 귀국하는 외국인들이 많은 것은 사실이다. 지난 2009년 외국인 환자 유치를 허용한 이래 한국을 찾는 외국인 환자도 꾸준히 늘고 있어 31일 보건복지부가 발표한 지난해 외국인 환자 수는 37만 8,967명에 달했고 한국보건산업진흥원에 등록된 의료관광 기업만도 1,345개(2017년 기준)에 달했으며 진료 과목으로는 피부과와 성형외과 등 미용 비중이 30%로 압도적으로 높았다.

가깝게는 중국인의 경우 지난 2018년 한국에서 피부과와 성형외과 등 미용과 관련된 의료 서비스를 받은 연인원이 10만 명으로 연간 46.4%의 증가율을 보이고 있다. 한국 성형 및 미용 의료산업에 대한 중국자본 투자는 한·중 자유무역협정이 발효된 지난 2015년 이후 연간 25%의 속도로 확대됐다고 한다. 다만 지난 2017년 사드 여파로 중국정부가 자국민들의 단체관광 비자를 막는 등으로 인해 우리나라를 방문한 중국인 환자 수가 21.8% 감소한 수치를 보였다. 반면 일본의 경우는 사뭇 다르다. 사드 사태 당시 중국과 달리 일본의 경제 보복으로 한·일 관계가 급속히 냉각됐지만 일본인들은 이에 아랑곳하지 않고 한국의료관광 코디네이터들을 찾고 있다. 이는 지난 10년간 유치기관에 대한 지속적 품질 관리와 시장안정화를 위한 제도적 지원이 한몫했다는 평가이다. 보건복지부에 따르면 지난 2009년 외국인환자 유치가 허용된 이후 외국인환자는 실환자(재진환자 제외) 기준 누적인원은 226만 명이다. 이 중 일본인 환자는 지난 2018년 전년 2만 7,283명 대비 56.0% 크게 증가한 4만 2,563명이 방문해 전체 국가 중 가장 높은 증가율을 보였다.

또한 이들 주요 병원과 의료 관광 업체들 사이에서 가장 '핫한' 나라는 단연 산유국인 중동 국가들이다. 숫자에 비해 그들이 지출하는 1인당 평균 진료비는 610만 원(2017년 기준)으로 전체 외국인 환자 1인 평균 진료비(199만 원)보다 3배 이상을 한국에서 비용을 지불하기에 자연스럽게 VVIP 대접을 받을 수밖에 없다. 대부분 산유국이다 보니 해외로 나가는 환자들에게 국가에서 지원금도 제공하고 있고 가족을 대동하고 해외여행 겸 병원을 찾기에 체류기간도 길수밖에 없다. 따라서 사전에 의료관광 업체를 섭외해 자신들의 일정에 맞는 병원을 세밀하게 알아볼 정도이다.

이들은 대부분 서울대학병원을 비롯한 국내 대형병원이나 진료과목 별 특화된 전문병원을 선호하며 병원의 규모, 재력, 다양한 서비스 유무 등을 꼼꼼히 따지고 방문한다. 그러다보니 의료관광 업체들에서는 최근 들어 외국인 환자를 대상으로 한 마케팅에도 치밀한 계획을 세우지 않으면 살아남기 어려운 실정이다. 실정이 이러다 보니 더불어 의료관광 관련 업체들도 최첨단 시스템과 서비스 마련에 비상일 수밖에 없다. VVIP 고객인 그들에게 최고의 의료서비스 추천과 제공은 기본이고 환자를 포함한 가족 모두가 함께 즐길 수 있는 다양한 먹거리, 볼거리, 놀거리 등 체험행사를 마련하는데 혈안이 돼 있다. 이처럼 외국인 환자가 꾸준히 늘어나고 있고 다양한 지원을 업체 측에서 마련하고 있지만 아직은 문화적 차이 등으로 많은 어려움이 따른다.

더불어 4차 산업혁명 시대를 맞아 의료관광 분야도 예외일 수가 없다. 의료관광에 빅데이터나 인공지능(AI) 같은 첨단기술을 속속 도입하고 있는 추세이다. 이를 위해 업체에서는 이 분야 전문가들을 영입하고 환자 맞기에 총력을 기울이고 만반의 준비를 서두르고 있다.

여기에 NiX-크립토레드 인터내셔널에서는 블록체인 개념의 일환으로 페이먼트 시스템 '닉스페이'를 개발해 주목을 받고 있다. 김유주 닉스 대표는 "인증 시스템에서 가장 문제였던 보안에 대한 안정성을 확보하고 기술적 성숙도를 높인 TSID(Time Sync Identification) 인증기술을 통해 개발된 '닉스페이'는 빠른 인증 속도와 원터치로 가능한 편리함을 갖추고 있습니다. 닉스페이의 상용을 성형외과를 시작으로 의료관광은 물론 안과, 치과 등 다른 병원 및 기타 가맹점으로의 페이먼트 시스템을 대폭 확장할 계획입니다"라고 전했다.

실제로 닉스 코인의 범용 페이화를 위한 솔루션을 구축한 김유주 대표는 우선 '의료계에서 먼저 러브콜이 왔다'며 의료관광 페이먼트 시스템을 가장 먼저 선보이고자 지난 8월 23일 강남 뷰성형외과 건물 프레이즈홀에서 '렛미인'으로 유명한 뷰성형외과(대표 원장 최순우)와 닉스페이 사용에 관한 협약식을 맺으며 본격적인 닉스페이 사용시대를 선언했다.

닉스페이는 보안성, 안정성, 편리성, 경제성 등 장점을 두루 갖추고 있어 뷰성형외과를 통해 해외 환자를 유치함은 물론 닉스 유저들이 편안하고 안전하게 자신의 외모와 건강에 투자할 수 있도록 본격적으로 닉스페이를 보급할 예정이다.

또한 의료관광 전문 업체인 (주)메디라이크(대표 전인탁)와 함께 해외사업 유치에 힘을 보태기로 했다. (주)메디라이크는 해외 고객의 입국에서부터 진료와 성형수술, 숙식과 출국까지 책임지는 서비스를 닉스페이와 함께 제공함으로써 편리함을 더 할 것이라 밝혔다. 이에 김유주 대표는 "태국은 한해 250만 명 싱가포르도 100만 명이 넘는 외국인을 유치하고 있습니다. 세계의료관광시장은 5년 후 약 100조 원에 이를 것으로 기대되는 블루오션입니다. 한국은 이를 위해 전략적인 프로젝트와 이를 뒷받침 할 수 있는 마케팅 활동이 제도적으로 뒷받침 돼야 할 것입니다. 이와 같은 현황 속에서 닉스가 성형관광의 일선에 서고자 합니다"라는 다짐을 전한다.

출처 : 파이낸스투데이(http://www.fntoday.co.kr), 김진선 기자 2019.09.04

9) 체재기간에 따른 분류

(1) 당일여행

여행지에 도착하여 당일여행(24시간 이내)을 하고 거주지로 귀환하는 여행이다.

(2) 숙박여행

여행지에서 최소 1박 이상 체류하면서 숙박을 하는 여행으로 단기 및 장기숙박여행으로 분류한다. 숙박여행일수록 여행사 의존도가 높게 되며, 내국인 국외여행, 외국인 국내여행은 숙박여행의 형태가 대부분이다.

표 1-3 | 체재기간별 분류

구 분	국내여행	국외여행
단기여행	2일 이내	5일 이내
중기여행	3일 - 5일 이내	6일 - 10일 이내
장기여행	6일 이상	11일 이상

10) 사증(Visa) 유·무에 따른 분류

사증에 따른 분류는 내국인 국외여행과 외국인 국내여행의 경우에만 해당되는데, 국가와 상대 국가 간에 사증면제협정이 체결된 국가는 사증이 필요치 않다. 그러나 사증면제협정이 체결되지 않은 국가를 여행할 경우에는 사전에 사증을 필히 발급받아만 해당국가에 입국할 수 있다. 사증(Visa)이란 '방문하고자 하는 해당국가의 입국허가증'으로서 모든 국가가 해당되지는 않는다.

(1) 일반관광여행

일반관광여행은 방문하고자 하는 목적지 국가의 입국허가를 얻고 입국하여 여행하는 것을 말하며, 해당 국가에 따라 허용하는 여행 체재일수가 상이하다. 미국과 같은 경우 우리나라와 무사증협약이 체결되어 있으나 전자여행허가(ESTA, Electronic System for Travel Authorization) 승인을 사전에 받아야하며, 괌이나 사이판을 여행하는 경우에는 전자여행허가 없이도 입국가능하다. 이처럼 출·입국과 관련한 사증(Visa) 규정은 동일 국가라 하더라도 규정이 다른 경우가 있으므로 사전에 확인해야 한다.

(2) 환승여행

여행객이 항공기 및 선박을 이용하여 여행목적지로 이동하는 도중 특정 국가나 지역에서 환승하는 경우 해당 경유 국가로부터 통과상륙허가를 얻어 기간 중 여행을 하는 것을 말한다. 일반관광여행으로 여행할 때 비자가 필요한 국가라 하더라고 요구하는 환승조건을 충족하는 경우 무사증여행이 가능하다.

11) 안내조건에 따른 분류

안내조건에 의한 분류는 여행기간동안 여행사의 인적서비스 지원의 정도에 의한 분류이다.

(1) IIT(Inclusive Independent Tour)

여행 출발에서부터 전체기간동안 국외여행인솔자가 동승하지 않고 목적지에 여행자가 자체적으로 도착한 후 일정지역과 기간 동안에만 현지 가이드(Local Guide)이 안내하는 방식을 말한다. 정해진 일정지역과 기간 후에는 현지 가이드의 도움 없이 여행자가 단독으로 여행을 하게 되는 형태이다. 이러한 경우에는 여행자가 사전에 현지에 대한 정보를 충분히 숙지할 필요가 있다.

(2) ICT(Inclusive Conducted Tour)

ICT는 출발에서부터 전체 여행기간 동안 국외여행인솔자가 동승하여 인솔·안내하는 형태로 Package Tour와 같은 단체여행에서 많이 이용되는 형태이며, 국외여행인솔자와 현지가이드의 역할은 구분되어진다.

CHAPTER 02

여행업의 개요

Travel Agency Business Administration

SECTION 01 여행업의 개념

01. 현대와 여행업

현대적 의미의 여행개념으로는 인간의 모든 이동을 여행 범주에 포함하고 있지 않지만 거슬러 올라가면 인류의 이동 역사에서 그 뿌리를 찾을 수 있다. 인간이 생존을 위한 초기단계 이동은 점차 사회가 발전하고 다양화됨에 따라 여행에 대한 욕구와 필요성이 대두되었고 교통수단의 발달, 생활수준의 향상과 여가시간의 증대 등으로 여행의 기회가 확대되고 수요도 급격히 증가하게 되었다. 도시화와 산업화가 진행됨에 따라 긴장감과 소외감을 느끼고 사는 많은 현대인들은 바쁜 일상생활에서 벗어나 다른 풍물을 접하고 즐김으로서 생활의 단조로움과 권태감을 해소시키고 또 자신의 마음을 풍요롭게 하려고 한다. 이와 같이 욕구는 오늘을 살아가는 현대인 대다수가 느끼게 되는 하나의 심리적 현상으로서 오늘날에 있어 여행은 인간과 불가분의 관계에 있다.

학자들은 사회적 동물인 인간이 갖는 관광욕구는 일종의 상대적 욕구이자 사회화된 욕구라 설명하고 있다. 여행에 대한 욕구는 인간에게 있어 본질적이라 할 만큼 강하게 나타나며, 또한 욕구의 발현은 인간이 근본적으로 단조로운 일상생활에서 어떤 변화를 추구하려는 욕망의 표출이라 할 수 있다.

우리사회는 국민소득이 증가함으로써 가처분소득(Disposal Income)이 향상되었고, 주5일 근무제의 도입으로 자유재량시간도 증대되어 왔다. 관광산업의 기반이 되는 숙박시설과 교통운송기관이 발전하고, 정보과학기술 발달로 인터넷 환경에서 풍부한 여행정보를 제공할 수 있으며, 우리는 과거에 실현하기 어려웠던 장거리 여행도 가능하게 되었다. 여행참여계층도 사회전반으로 확대되어 관광대중화(Mass Tourism)의 시대를 경험하고 있다. 여행시장 규모도 더욱 커지고, 여행업도 과거와 비교하면 경영규모가 더욱 확대되었고, 경영 내용면에서도 충실화되어 가고 있다. 관광 대중화 현상에 힘입어 우리나라는 1989년 1월 1일 해외여행전면자율화로 여행수요가 현재까지 증가추세로 지속되어 왔다. 2018년 내국인 출국자 수는 28,695,983명(2017년 26,496,447명)으로 다양한 목적으로 출국을 하였다. 또한 2018년 외국인 입국자 수는 15,346,879명으로 2017년 대비 15.1%가 증가하였다. 이는 중국의 방한단체 관광금지 조치가 일부 완화되고, 중국을 제외한 중화권, 아시아 중동 지역 등 전략시장 개발을 통한 시장다변화의 성장 때문으로 보인다. 향후 여행수요는 저비용항공사의 단거리 국제노선 증편 및 여가시간의 확대 등으로 증가현상이 지속될 것으로 전망된다.

02. 여행업 개념

여행업의 개념은 시대적 상황과 사회적 현상에 의해 발전·변화한다고 볼 수 있는데, 우리나라의 경우 1961년 최초의 관광관련 법규인 관광사업진흥법이 제정된 이후 몇 차례 법규가 개정되면서 현재는 관광진흥법 제3조 1항 1호에서 여행업을 다음과 같이 정의하고 있다.

> 여행자 또는 운송시설, 숙박시설 기타 여행에 부수되는 시설의 경영자 등을 위하여 당해 시설이용의 알선이나 계약체결의 대리, 여행에 관한 안내 기타 여행의 편의를 제공하는 업

여행과 여행업의 현상 등을 고려할 때 여행업의 개념을 단순하고 명확히 규정하기란 그리 쉬운 일이 아닐 것이다. Gee(1984)는 "여행자를 위하여 일정을 작성하고, 교통, 숙박시설, 레스토랑을 비롯하여 각종 입장권, 관람권 등을 수배하여, 여행자의 흥미를 끌 수 있는 여행을 스스로 기획 발표하고 단체관광을 모집 실시하여 여행을 주최하는 자"라

하였다. 오카니와는 여행업을 여행준비부문과 여행실시부문으로 구성된 업체로 파악하고, 전자에는 여행에 관한 질문·응답, 설명서나 안내서의 교부, 외국여행에 관한 여행수속대리 등을, 후자에는 교통기관의 각종 티켓 판매, 호텔알선, 여행상해보험 및 수하물보험의 취급, 수화물의 보관 및 배달, 환전, 여행자 수표 발행, 여행주최 등을 열거하고 이상의 업무를 통해서 수수료에 의하여 경영되는 사업이라고 언급하였다.

세계 최대 여행업 기구인 미주여행업협회(ASTA : American Society of Travel Agents)에서는 "여행관련사업자를 대신하여 제3자와 계약을 체결하며 또한 이것을 변경내지 취소할 수 있는 권한이 부여된 자"로 정의하고 있다.

이상의 정의를 종합하면, 여행업은 여행자와 여행소재공급업자와의 사이에서 중개, 알선의 기능만을 강조한 정의에 불과하다고 할 수 있다. 실제로 여행업체의 업무를 살펴보면 알선의 중개업무, 즉 대리업무 외에도 독자적인 여행상품을 개발·기획·판매하는 판매업무와 여행에 관한 다양한 정보를 제공하고, 여행 일정은 물론이며 관광지에서의 다양한 관광활동에 대한 상담에 이르기까지 여행 코디네이터로서의 역할, 즉 각종 인적서비스 업무가 있다. 특히 다양한 패키지 여행상품기획 및 판매의 기능은 향후 여행업체가 독자적 관광사업분야로서 급성장하는 데 중요한 열쇠가 된다고 할 수 있다.

따라서 여행업 개념에 있어서도 이러한 여행상품의 개발과 상품의 유통, 즉 여행상품의 제조·생산, 판매업체로서의 기능까지도 포함 되어야 한다. 요컨대 새로운 여행업의 역할과 기능적 측면을 고려한다면 다음과 같이 정의될 수 있을 것이다. 여행업이란 "여행자와 여행관련시설, 사업체를 연결하는 중개 알선업무와 여행자를 위한 여행에 관한 각종 정보 및 편의 제공, 독자적인 여행상품을 기획·판매하는 업체"로 규정될 수 있다.

현대의 여행업은 여행소재공급업자로부터 지급되는 수수료 의존형태에서 점차 벗어나 매력적인 현지 시설의 사용권을 여행사가 소유하고, 이를 소재로 한 여행상품을 개발해 안정적인 공급과 경쟁력을 동시에 확보하는데 노력하고 있다.

SECTION

02 여행업의 발전과정

여행업 시초에 대해서는 학자의 견해에 따라 다르나, 독일 경제학자 그뤽스만(Glüucksmann)에 의하면, 중세기 마르세이유 기업가들의 성지순례에 대한 여행알선을 시초로 보고 있으며, 혹자는 14~15세기경 베니스에서 종교단체가 순례지를 선박 수송한 것을 시초로 보고 있다. 17세기 이후 역마차 사업 출현과 19세기 중엽 기선 등장으로 기선 예약대리점 업무가 출현하게 되었다. 그러나 근대적인 여행업의 시작은 영국인 금주 운동가였던 토마스 쿡(Thomas Cook)에 의해 발달되었다.

그 당시 영국은 18세기 산업혁명으로 기계문명의 발달과 증기기관이 출현하였고, 급격한 사회변화가 인간의 이동을 활발하게 하였다.

01. 여행업 등장배경

18세기 산업혁명이 본격적으로 시작된 이후 생산수단의 발달은 근대문명의 획기적 전환을 가져왔다. 경제발전과 더불어 생활수준이 향상되었고 이로 인하여 여가시간이 증대되었으며, 개인의 가처분소득증가, 교통수단발달과 시간적·심리적 거리단축과 더불어 숙박시설이 향상됨에 따라 여행인구가 자연스럽게 증가되었다.

또한 여가시간을 의미 없이 소비해 버리는 여유시간이 아닌 재창조와 재생산을 위한 전환의 계기와 노동에서 얻을 수 없는 휴식과 인간성의 발견이나 자존감을 높이는 시간으로 활용해 왔으며, 인간의 생존이나 보람 있는 생활을 하는데 없어서는 안 될 중요한 시간으로 인식되어 왔다. 그리고 경제적인 여유가 생활의식의 전환과 함께 결합하여 인간의 생활을 윤택하게 하는 방법의 하나로 여행이 증가되고 인간생활 한 가운데 정착하게 되었다. 이러한 변화가 여행수요를 증대 하였고, 아울러 관광시설의 확충으로 여행자와 여행소재공급업자(Principal)간의 편의와 이용도를 높이기 위한 매개체의 필요성이 자연 발생적으로 대두하게 되었다. 복잡한 산업사회에서 여행객과 여행소재공급업자가 직접 연결된다는 것이 쉽지 않았기 때문에 그 불편을 덜어주고 중개해 주는 매체가 바로 여행업이라 할 수 있다.

여행업의 중요성은 여행객의 시간을 보다 효율적으로 활용할 수 있게 해 주는 데 있다. 나아가 현대의 여행업은 매개적 역할에서 더욱 발전하여 새로운 여행시장을 주도해 가는 역할을 수행해 나아가고 있다.

사례 | 토마스 쿡의 법칙

토마스 쿡은 여행업의 창시자로 일컬어지며, 토마스 쿡이 어떠한 방식으로 이윤을 창출하였으며, 아울러 여행업이 발전하게 된 원인에 대해 살펴볼 필요가 있다. 사람들은 토마스 쿡의 성공비결을 "토마스 쿡의 법칙"이라 명명하였으며, 이에 대한 구체적인 내용은 다음과 같다(이선희, 1996).

■ 저가격정책에 의한 여행수요 확대

여행업을 사회에 봉사하는 기관으로 여기고 공직윤리사상을 바탕으로 한 저가격정책으로 저소득층도 여행에 참여할 수 있도록 하였다.

■ 탄력적인 가격정책으로 관광대중화 기여

여행업은 가격에 대한 수요의 탄력성이 높기 때문에 요금을 내리면 수요가 커지게 된다. 교통시설과 숙박시설 등에 단체할인 요금제도를 도입하여 여행비용의 인하를 가져왔고, 이는 여행업뿐만 아니라 교통업자 및 숙박업자에게도 이익을 제공하였으며, 여행자에게도 저가의 상품을 제공하여 관광의 대중화에 기여했다.

■ 표준화된 단체여행상품 개발

여행상품을 서비스상품으로 인식하여 새로운 여행상품을 개발하였다. 이를 통해 여행상품의 표준화, 규격화, 전문화 등을 추구하는 단체여행상품을 개발하였다.

■ 여행안내원제도 도입

여행상품에 대한 광범위한 판매촉진활동을 전개하였으며, 전문적인 지식과 경험이 풍부한 여행안내원을 여행에 동행시켜 여행자의 안전과 편익 및 원활한 여행을 도모하였다.

■ 여행후불제 정착

여행자수표의 전신인 서큘러노트(Circular Note)를 발행, 여행후불제를 정착시키는 데 기여하였다.

02. 외국의 여행업

1) 영국

근대적인 여행사업 모델을 최초로 기획하고 실행하여 사업으로 발전시킨 사람은 영국인 토마스 쿡(Thomas Cook, 1802~1892)이다. 그는 1841년 금주대회 참가자들을 위해 루브르(Loughborough)에서 레체스터(Leicester)까지 12마일의 단체철도여행을 기획하고 열차를 전세 내어 일반인을 대상으로 참가자를 모집, 1인당 1실링의 왕복운임으로 단체여행을 시행하였다. 금주대회행사 참가 모집을 위한 단체여행에 특별 철도할인요금을 적용받은 것이 여행사 비즈니스 모델의 최초라 할 수 있다.

이 경험을 계기로 그는 아들과 함께 1845년 토마스 쿡사(Thomas Cook & Son, Ltd.)를 설립하여 본격적으로 여행업에 진출하였다. 토마스 쿡사는 1851년 런던에서 개최된 대박람회(The Great Exhibition)에서 미들랜드철도회사(Midland Railroad Co.)와 업무제휴를 맺고 165,000명의 참가자를 송객하여 성공을 거두었고, 1855년에는 파리에서 개최된 만국박람회에 여행객을 대량 모집해 참가하였는데 이것이 최초의 국제단체여행이다. 1862년에는 숙박을 이동과 묶은 패키지 여행알선을 시작하였으며, 1872년에는 기선을 이용한 세계일주 관광단을 모집하여 222일간에 걸쳐 성공적인 유람선 여행을 마쳐 세계의 이목을 집중시켰다.

그 후 더욱 새로운 형태의 알선업무를 추가하였는데 성지순례여행, 이집트의 피라미드 여행, 독일의 라인 강변을 방문하는 단체여행을 기획하여 성공을 거두었다. 토마스 쿡은 탁월한 기획력과 대중적이고 저렴한 패키지 상품 및 효과적인 선전활동을 전개하고 안내원을 동반한 여행의 대중화를 실현시켜 「근대 관광산업의 아버지」라는 칭호를 듣기도 하였다. 토마스쿡은 178년의 역사와 16개국에 영업지점을 둔 글로벌 여행업체이지만 2019년 9월 유동성위기를 견디지 못하고 파산하였다.

2) 미국

미국의 여행업은 1850년 헨리 웰즈(Henry Wells)에 의해 설립된 아메리칸 익스프레스사(American Exprees)로부터 시작되었다. 이 회사는 역마차회사인 웰즈 화고(Wells

Fargo Co.)가 설립 모체로 초기에는 귀중품과 금괴를 전문적으로 운반하다가 점차 화물과 우편업을 주로 취급하였으며, 1881년부터 여행업무를 도입하기 시작하였다. 1882년에 우편환을 창안하였고, 1895년 애틀랜틱 로얄 기선회사(Arlantic Royal Steamship Co.)의 예약대리점으로 여행업무를 개시하였고, 파리지점을 개설하였다. 1896년에는 런던지점 개설 이후 수화물과 은행업무에 치중하였으며, 여행자 수표(Traveller's Check)를 도입하였다. 또한 부동산 사업과 보험중개업을 여행업무에 끌어들임으로서 경영다각화를 실현하였다.

아메리칸 익스프레스사는 실질적으로 호텔숙박시설과 교통시설의 수배를 시작한 것은 1909년경부터이고 1915년에 본격적으로 여행업을 시작하였다. 현재는 여행업 외에도 보험, 신용카드 등을 운영함으로써 복합기업체를 형성하고 있다. 여행업계에 기여한 가장 큰 공로는 신용판매제도(Credit Sales System)를 도입·실시함으로써 여행시장을 개발하고 확대해 나가는 개척자의 역할은 물론 여행의 대중화에도 기여를 하였다. 특히 신용판매제도는 오늘날 각국의 주요 항공사들이 항공수요 개발과 촉진을 위해 도입·운영하고 있는 항공운임 후불제(FNPL : Fly Now and Pay Later)의 근본으로 최초로 여행비용 후불제도를 개발해 여행업자로서 지위를 확고히 확보하였다.

제2차 세계대전 전까지는 주로 철도와 선박을 이용한 여행업이 주종을 이루었으나, 이후 항공교통 발달과 대형 민간항공업체의 등장으로 여행업이 항공권 판매대리점으로서의 역할을 하였으며, 항공교통수단 대중화로 여행업은 급격히 발달하였다. 과거의 여행업은 여행소재공급업자(Principal)을 고객에게 알선하여 주고 그 대가로 수수료를 받는 기능만 수행했으나, 현대에는 여행사가 여행소재공급업자의 시설을 직접 경영하여 매출을 증대시키고 있으며, 음악회나 연극회 등의 입장권 대리판매 등의 다양한 업무로 확대해 나가고 있다.

American Express사는 현재 본사는 미국 뉴저지에 위치하고 있으며, 미국 본토는 물론 중남미와 구주 등 세계 140개국에 지점 및 영업소를 운영하고 있다.

3) 일본

일본의 여행업은 일본교통공사(Japan Tourist Bureau : JTB)의 전신이라 불리는 귀빈회(Welcome Society)가 1893년 설립되면서 관광업무가 추진되었으며, 1905년에는 오늘날 일본의 2대 여행사인 일본여행(日本旅行)이 창업되었으며, 이는 일본 최초의 여행업으로 알려져 있다. 1907년에는 영국의 토마스 쿡사(Thomas Cook Co.)가 요코하마의 뉴그랜드호텔New Grand Hotel)에 지점을 개설하였으며, 외래여행객 유치를 목적으로 1912년에는 일본교통공사가 설립되었고, 현재는 일본 주요 도시 및 외국에 지점 및 영업소를 개설하였다. 그룹 전체 종업원은 2019년 기준 약 28,510여 명에 달하는 일본 제1의 여행사로 성장하였다.

1952년에는 관광알선업법이 제정되었고, 3년 후인 1955년에는 일반여행사 19개 업체, 국내관광사 1,111개 업체로서 약 1,130개 업체의 여행사가 설립되었다. 1965년에는 국민의 해외여행자유화를 실시하였으며 스위스항공이 일본에서 최초의 패키지투어를 발표하였고, 1965년에는 일본항공에서 패키지상품인 JALPAK을 출시하였다.

1990년대에는 신문이나 잡지광고를 활용한 미디어 판매로 저가격경쟁의 심화로 대형여행사와 중형여행사의 경영 악화를 초래하였으며, 1996년 4월 신여행업법이 시행되었다. 신 여행업법에는 제1종 여행업, 제2종 여행업, 제3종 여행업, 그리고 여행업자 대리업으로 분류하고 있다. 1종 여행업은 해외여행이나 국내여행 모두에 있어 기획 및 판매를 할 수 있으며, 2종 여행업의 경우에는 국내여행의 기획판매 및 해외여행의 판매업무만을 할 수 있으며, 3종 여행업의 경우에는 국내여행 및 해외여행의 판매업무를 할 수 있다.

03. 국내의 여행업

우리나라에 최초로 여행업이 도입된 것은 1912년 12월 일본의 일본교통공사(JTB : Japan Tourist Bureau)가 서울에 조선지사를 개설하면서부터이다. 조선지사는 조선총독부 철도국 내에 사무소를 설치하기 시작하여 점차 평양, 부산, 군산, 전주, 해주, 여수 등지에 사무소를 개설하여 일본인들의 여행편의를 제공하기 위해 철도승차권 대매업무와 여행안내업무를 실시하였다. 일본교통공사는 당시 일본 내의 외국인 유치와 외래여행자의 편의를 도모할 목적과 일본인 한반도 내의 이민업무와 식민지화하는데 필요한 업무를 제공하였다. 그 당시 일본은 한국침략, 만주침공 등 일본인들의 무력 확장을 위해 한국, 대만 등에 여행사 지부를 설치하였다.

1945년 해방과 함께 조선지사는 조선여행사라는 명칭으로 운영되어오다가 1949년 재단법인 대한여행사로 개편되었다. 1962년 국제관광공사를 설립하였고, 1963년 2월 1일 관광공사에 흡수되었다. 1973년 6월 30일 재단법인 대한여행사가 민영화되어 주식회사 대한여행사(KTB : Korea Travel Bureau)로 되었고, 우리나라 여행업의 효시가 되었다.

1947년에는 주식회사 천우사가 항공여행부를 발족하였고, 같은 해에 외래단체여행객으로 RAS(Royal Asiatic Society)의 회원들이 주한 외국인을 중심으로 우리나라 관광지를 방문하여 외국인 단체여행객으로서는 처음으로 국내여행을 하였다.

1960년에는 세방여행사(GTS : Global Tour Services)가 설립되어 민간업체의 활동이 활발해지기 시작했다. 1961년 8월 관광사업진흥법이 제정되면서 여행업의 산업적 기반을 갖추게 되었으며, 1962년에는 국제여행알선업체의 자질 향상을 위해 통역안내원 자격시험제도가 실시되었다. 이 시기에 고려여행사(1962), 한진관광(1962), 연방관광(1964), 동양항공(1964), 대한통운여행사(1964), 한국여행사(1965), 태평양여행사(1965), 조양여행사(1966), 아주관광(1966), 파나여행사(1966), 제일여행사(1966), 국제항공여행사(1967) 등이 설립되었다.

초기의 여행사들은 대체로 항공권 및 철도승차권 등의 대매(代賣)가 주종을 이루었고, 여행업의 여타 기능은 거의 나타나지 않았다. 1967년에는 관광사업법의 제2차 개정에 의하여 여행업의 관광알선업체 대외적인 신용도를 제고하기 위해 영업보증금예치제도가 실시되었으며, 그 동안 등록제가 허가제로 변경되었다.

1970년대 여행업계에 많은 기업들이 대거 진출하였는데 신경사(1970), 동방여행사(1971), 대륙관광(1971), 센트럴관광(1971), 롯데관광(1971), 동방여운(1972), 락희항공(1972), 세기항공(1972), 동부관광(1972), 오이씨(1972), 범한항공(1977), 동양항공(1978), 한주여행사(1979)등이 있다. 1980년대에는 중동지역 건설경기 붐을 타고 건설업체와 대기업들도 여행업에 관심을 갖고 진출하였는데, 한양주택(국제항공여행사), 코오롱건설(코오롱고속관광), 대우건설(설악항공), 현대건설(서진항공, 현 현대드림투어), 라이프주택(라이프항공)등 이다. 1982년 4월에는 다시 관광사업법의 개정으로 종전의 허가제가 다시 등록제로 바뀌었다.

1989년 1월 1일 전 국민 해외여행완전자율화 조치 이후 여행사의 수가 급증하여 2018

년 현재에는 일반여행업 4,793개 국외여행업 7,654개, 국내여행업 5,903개 등 모두 18,347여 개의 여행사가 운영되고 있다. 특히 1990년대는 여행업 대형화가 실현된 최초의 시기로 볼 수 있다. 당시 내국인 대상 국외여행을 취급했던 온누리여행사, 삼홍여행사, 씨에프랑스 등 아웃바운드 중심 여행사들은 자체 신문광고와 TV광고를 통한 공격적인 마케팅전략으로 여행시장의 구조와 판도를 전환하는 계기를 마련하였다. 1990년 후반 외환위기 등 몇 차례의 구조조정을 거쳐 하나투어, 모두투어, 노랑풍선, 참좋은여행, 롯데관광, 한진관광 등이 여행업계의 주류를 형성하고 있다. 하나투어의 경우 여행사 최초로 주식시장에 상장하여 기업 공개를 했는데 이것은 우리나라 여행사 경영의 새로운 지평을 개척한 것으로 평가 받고 있다. 현재 대형여행사들은 범위를 확장하여 호텔 운영, 국내·외 관광지개발, 면세점 등 사업다각화를 하고 있으며, 스타트업 기업뿐만 아니라 금융·IT 등 다양한 기업들의 여행업 진출이 주목된다.

여행업관련 제도의 변천과정을 시대별로 정리하면, 1950년 서울교통공사가 설립되었고, 1954년 2월에 관광사업의 추진을 담당하게 될 행정기구로서 교통부 육운국 내에 관광과가 신설되었으며, 이 부서가 여행업에 대한 지도와 육성에 관한 시책을 수립하였다.

1961년 8월 관광사업진흥법이 제정되었으며, 1962년에는 “통역안내원자격시험제도가”실시되었고, 1967년에는 관광사업법의 제2차 개정에 의하여 명칭도 일반여행업에서 국제 여행알선업으로 개칭되고, 그 동안의 등록제가 허가제로 변경되었다. 1982년 4월에는 다시 관광사업법의 개정으로 종전의 허가제가 다시 등록제로 바뀌었고 1989년 해외여행 완전자율화조치 및 자본주의의 시장경제원리에 입각한 제도의 운영으로 여행사의 수가 급증하여 심한 경쟁시대가 되었다.

1991년에는 현재 한국여행업협회의 전신인 한국일반여행업협회가 설립되었고, 1993년 국외여행인솔자 제도가 도입되었다. 1996년에는 정부의 관광정책을 전문적으로 지원하기 위한 한국관광연구원(현재 한국문화관광연구원으로 개명)이 설립되었으며, 1998년에는 관광의 주무관청이 문화체육부에서 문화관광부로 확대 개편되었으며, 현재는 문화체육관광부로 확대되었다.

SECTION 03 여행업의 분류

여행업은 우리나라 행정체제상 구속력을 갖는 구분은 관광진흥법에 의한 법적 분류이며, 여행업의 현상적인 특성을 고려하여 유통형태와 기능별로 분류할 수 있다.

01. 법규상의 분류

우리나라는 1961년 최초로 관광관련 법규인 관광사업진흥법이 제정되어 여행업은 등록제로 '일반여행알선업'과 '국내여행알선업'으로 분류되었다. 1971년 관광사업진흥법 개정 시 허가제로 전환되어 '국제여행알선업'과 '국내여행알선업'으로 명칭이 변경되었다.

1975년 관광사업진흥법을 관광기본법과 관광사업법으로 분리하여 여행업의 정의를 구체적으로 명시하게 되었다.

1982년에는 여행업을 등록제로 전환하고 여행업의 기능을 '국제여행알선업', '여행대리점업', '국내여행알선업' 등으로 구분하였고, 1986년 관광진흥법이 제정되면서 여행업의 전문화를 추진하기 위해 업종을 '일반여행업', '국외여행업', '국내여행업'으로 분류하였다. 한편 1994년에는 여행업의 기능분화 추진을 위한 '기획여행신고제'를 실시함을 골자로 하는 관광진흥법을 개정하였다.

위의 기능을 수행하는 여행업은 관광진흥법 시행령 제2조 제1항의 규정에 의하여 일반여행업, 국외여행업, 국내여행업으로 분류되어 오다, 2020년 종합여행업, 국내외여행업, 국내여행업으로 명칭 변경 및 재분류되었다(2020년 7월).

표 2-1 | 관광진흥법에 따른 우리나라 여행업의 분류

여행업의 구분	업무대상 분야	법적 자본금
종합여행업	내국인 대상의 국내여행 내국인 대상의 국외여행 외국인 대상의 국내여행	5천만 원 이상
국내·외여행업	내국인 대상의 국내여행 내국인 대상의 국외여행	3천만 원 이상
국내여행업	내국인 대상의 국내여행	1천 5백만 원 이상

우리나라에서 여행업을 경영하고자 하는 자는 종합여행업, 국내·외여행업, 국내여행업 중에 필히 해당관청에 관광사업등록을 신청하여야 한다.

1) 종합여행업

국내 또는 국외를 여행하는 내국인 및 외국인을 대상으로 하는 여행업
(여권 및 사증(査證)을 받는 절차를 대행하는 행위를 포함한다)

종합여행업은 업무 범위상 가장 포괄적인 의미를 갖는다. 국경 및 취급대상을 기준으로 볼 때 그 범위에 대한 제한이 가장 넓게 적용되며, 일반적으로 국내 대형여행사들은 종합여행업에 등록된 회사가 많으며 다음의 영역을 모두 취급할 수 있다.

먼저 내국인대상 국내여행(Domestic Tour)업무와 국외여행(Outbound Tour)업무, 그리고 외국인대상 국내여행(Inbound Tour)업무를 담당할 수 있는 자격이 주어진 여행업종으로 2018년 12월 현재 우리나라에는 약 4,793개 업체가 여행업을 운영하고 있다. 또한 일반여행업의 권익을 보호하기 위하여 1991년 12월 사단법인 한국일반여행업협회(KATA : Korea Association of Travel Agents)를 설립하였으며, 2013년 한국여행업협회로 명칭이 변경하였다. 2020년에는 기존 일반여행업에서 종합여행업으로 명칭이 변경되었다(2020년 7월).

2) 국내·외여행업

• 국외여행업 : 국외를 여행하는 내국인을 대상으로 하는 여행업(여권 및 사증(査證)을 받는 절차를 대행하는 행위를 포함한다)
• 국내여행업 : 국내를 여행하는 내국인을 대상으로 하는 여행업

내국인대상 국외여행(Outbound Tour)과 내국인의 국내여행(Domestic Tour) 업무를 취급하는 여행업이다. 국외여행을 하는 여행객을 위하여 여권 및 사증발급 대행, 국외여행정보 제공, 국외여행상품기획·판매, 국제선 항공권 예약 및 발권, 여행인솔서비스 등의 업무를 담당한다. 국내를 여행하고자 하는 내국인들에게는 국내 철도승차권, 국내선 항공권, 국내여행정보제공, 국내여행상품기획 및 판매 등 국내여행의 전반적인 여행서비스를 제공한다.

1989년 1월 1일 해외여행전면 자율화실시 이후 국민의 해외여행에 대한 수요 증가로 국외여행업체의 수 또한 급격하게 증가하여 2018년 12월 기준 5,900여개 업체가 국외여행업을 운영하고 있다.

2020년 국외여행업으로 운영하는 여행업자가 국내여행업을 동시에 운영하려면 두 개의 여행업을 따로 신고하여야 하고 자본금에 대한 부담이 생기는 불편함을 덜고자 국내·외여행업으로 보완하였다(2020년 7월).

3) 국내여행업

국내를 여행하는 내국인을 대상으로 하는 여행업

국내를 여행하고자 하는 내국인들에게 국내 철도승차권, 국내선 항공권, 국내여행정보제공, 국내여행상품기획 및 판매 등 국내여행의 전반적인 여행서비스를 제공한다.

해외여행자유화 조치에 따른 국외여행객들의 증가와 자가용 보급률 확대로 국내여행업의 역할이 다소 약화된 측면이 있으나, 주 5일 근무단축제 시행이후 국내 단기여행객

수 증가, 교통로 및 교통수단의 발달로 지역 간의 거리 단축 등으로 국내여행 수요는 지속적으로 증가되고 있다. 또한 각 지자체에서 지역축제와 더불어 지역의 자연자원과 문화적 자원, 사회적 자원, 산업적 자원 등을 연계한 지역관광상품개발과 적극적인 홍보 노력이 지역별 내국인 관광객 유치로 이어지고 있다. 또한 지역주민들이 자발적으로 만들어가는 관광사업 공동체인 관광두레 활성화와 정책적으로 관광주간을 운영하는 등 국내여행 활성화를 위한 노력이 계속되고 있다. 현재 2018년 12월 기준 국내여행업체수는 7,654개 업체가 운영되고 있다.

그림 2-1 I 여행업 업무 영역

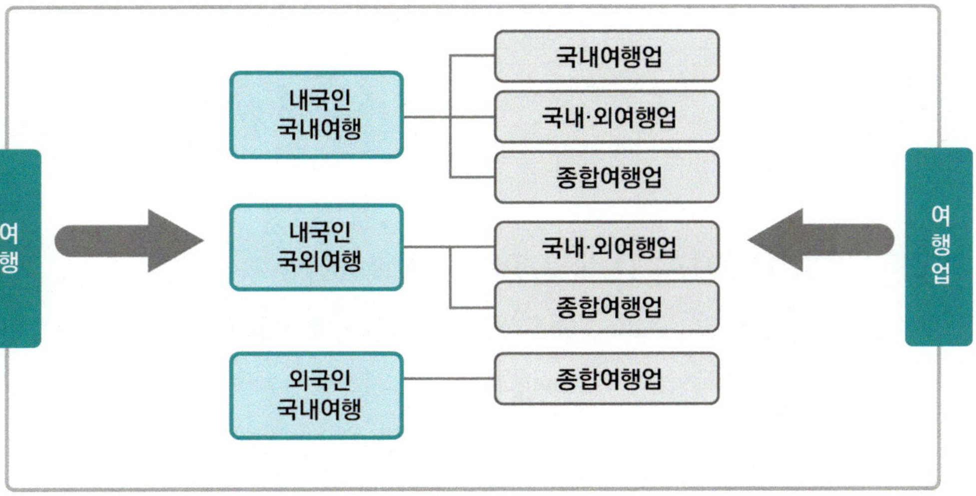

02. 유통구조상의 분류

유통구조상 역할에 의한 분류는 법적 구속력을 갖고 있지 않으며, 단지 여행업체들이 여행상품을 개발, 판매 및 유통시키는 과정에서 서로의 편리와 이익, 효과 등을 고려하여 분류되었다.

1) 직접판매여행업자(Direct Seller)

자사가 개발한 여행상품을 직접적인 판매유통망을 통해 여행상품을 유통시키는 형태로서, 다양한 마케팅 촉진전략(TV, 신문광고, 잡지 등)을 통하여 소비자에게 직접 판매하는 여행업체를 말한다. 노랑풍선, 참좋은여행 등 우리나라의 다수의 대형 패키지 전문 여행사가 여기에 해당된다.

2) 여행도매업자(Wholesaler)

여행도매업자가가 개발한 여행상품을 계약 대리점을 통하여 여행객이 구매할 수 있도록 하는 유통형태로서 상품을 판매한 여행사는 상품을 기획·제공한 여행사로부터 판매에 따른 수수료를 받는다. 주로 상품을 간접판매하는 여행사는 하나투어, 모두투어네크워크 등을 들 수 있다. 여행도매업자는 대리점인 소매업자(Retailer)의 상품공급 뿐만 아니라 영업활동 지원, 서비스품질관리 등의 업무를 수행한다.

3) 온라인여행업자(OTA: Online Travel Agency)

정보통신기술(ICTs: Information and Communication Technologies)의 발달로 여행경험을 공유하고, 여행소재공급업자(Principal)의 예약시스템에 대한 서비스 접근장벽이 낮아짐에 따라 개별자유여행객(FIT)의 비중은 2017년 59.7%를 차지하였으며, 점차 늘어날 것으로 전망된다. 이에 따라 개별자유여행객을 타겟으로 Expedia, Priceline, Trip Advisor와 같은 호텔 가격비교 및 리뷰를 서비스하는 온라인 여행사(OTA: Online Travel Agency)가 등장하였다. 그 중 중국계 OTA인 Ctrip은 2014년~2016년 연평균성장률이 67%에 달하며, 최근 국내시장에서 호텔예약 위주의 서비스만 제공해오던 OTA들이 항공예약까지 영역을 확장하면서 당분간 성장률은 지속될 것으로 전망된다.

4) 지상수배업자(Land Operator)

지상수배업체는 1970년대 중반 이후 외국의 현지 여행사(주로 교민들이 현지에서 운영)가 우리나라 단체여행객들을 유치하기 위해 운영하는 연락사무소의 형태로 운영되었다. 정부는 1994년 '여행수배업'을 신고대상 업종으로 관광진흥법에 규정(당시 '외국여행업자의 연락사무소')하여 건전한 업종 관리를 유도한 바 있으나, 행정력의 부족과 구체적인 법 제도의 미비 등으로 실효성을 거두지 못하여, 1999년 규제 개혁차원에서 관련 조항을 관광진흥법에서 삭제하였다. 현재는 여행 목적지의 현지 예약과 진행(수배)을 전문으로 취급하는 국외여행사로 자리 잡고 있다. 이들은 법적으로 국외여행업으로 관광사업자등록을 필히 득하여야 한다.

여행수배업체들은 "한국여행수배업협회(KOTA : Korea Overseas Tour Operator Associaion)"를 1999년 7월 창립하여 143개의 업체가 동 협회에 가입하였으나 현재는 랜드메신저, 베스트랜드, 일등랜드, 으뜸랜드 등 지역별 랜드사가 공동으로 영업 및 상품 개발을 하는 랜드사연합 활동이 더 활발하다. 2001년 1월 여행수배에 있어 과당경쟁 및 덤핑방지와 건전한 여행수배문화를 위하여 "여행수배업의 제도권 편입"을 허가하여 줄 것을 당시 문화관광부에 청원한 바 있으나 실효를 거두지 못했다.

흔히 여행수배업체를 여행업계에서는 '랜드 오퍼레이터(Land Operator)'또는 '랜드사' 라고 한다. 랜드사는 '해당 국가의 여행자원과 지역의 여행소재공급업자의 공급물을 상품화하여 국내여행업자에게 상품과 원가를 제공하거나, 여행업자의 의뢰를 받아 여행 목적지의 호텔숙박·식사·교통운송·관광·안내 등의 제반 활동을 예약·알선 대행해주는 기능을 지닌 업체'를 말한다. 또한 우리나라의 랜드 오퍼레이터는 국내의 아웃바운드 여행사와 여행 목적지에서의 지상서비스를 제공하는 인바운드 여행업체를 연결해 주는 역할을 하고 있다.

03. 특성에 따른 분류

해당 회사의 환경 및 경쟁력을 고려한 집중화에 따른 분류로서 이는 법적 구속력을 전혀 갖지 않으며, 세분화된 고객층의 욕구를 충족시킬 수 있는 집중화 및 차별화 전략에 따른 분류로 이해할 수 있다.

1) 항공권 판매 중심

여행사의 주요 비즈니스가 항공권 판매이나, 최근 온라인을 활용한 실시간 항공권 판매를 하는 전문여행사의 수가 증가되고 있다. 그러나 항공사의 수수료 인하정책에 따른 여행상품 판매를 병행하고 있다.

2) 인센티브 여행(Incentive Tour) 중심

주로 기업체의 단체연수, 업종별 협회의 박람회 참관, 학교, 친목단체, 분야별 단체가 주관하는 목적여행을 의뢰 받아 이를 중심으로 영업활동을 하는 여행사들이다. 이와 같은 여행은 주로 여행목적이 뚜렷하고 일정도 차별화되어 여행상품 가격도 일반 패키지 상품보다 높으며 특정 고객집단을 대상으로 하기 때문에 전문화 된 장점을 지니고 있다.

3) SIT(Special Interest Tourism) 중심

특정관심분야 즉, 문화, 교육, 건강, 스포츠, 회의 등 여행객들의 다양한 관심 분야와 관련된 목적여행을 취급한다. 비교적 한정된 시장을 대상으로 영업을 하는 한계를 지니고 있으나 장기적으로는 시장의 성장과 특정시장에서의 전문성 확보로 경쟁력 제고 및 수익성 확보의 장점을 지니고 있다.

4) 기획여행(Package Tour) 판매 중심

대중적인 여행시장수요를 대상으로 여행사가 기획한 여행상품으로 TV, 신문광고 등 다양한 촉진전략을 통한 직접판매 또는 지방 소재 여행사들을 중심으로 판매를 하고 있다. 지방 소재 소규모 여행사들은 대형 여행사의 지점 또는 협력업체 역할을 한다.

5) 허니문상품 판매 중심

신혼여행상품 판매중심 여행사로 신혼여행객들의 취향을 고려하여 관광보다는 리조트 휴양위주의 허니문상품을 개발하여 수요 창출을 위하여 결혼박람회, 온라인 판매중심의 마케팅을 강화하고 있다.

주로 봄과 가을시즌의 주말이 성수기인 경향을 보이고 있으나, 점차 주중 허니문 수요가 발생되고 있다.

6) 배낭여행상품 판매 중심

배낭여행상품 판매 중심의 여행사로 대상으로는 주로 대학생 및 젊은 직장인을 중심으로, 계절로는 방학기간 동안에 많은 수요가 발생하며, 종전 유럽지역에 편중된 배낭시장이 점차 오세아니아, 동남아, 일본, 중국 등 지역이 확대되고 있다. 또한 주 5일 근무단축제 시행 이후 주말을 이용한 단기배낭여행 수요도 점차 증가되는 추세이다.

7) 리조트여행 상품 판매 중심

패키지여행, 단체여행 등 관광위주의 여행을 경험한 여행객들은 바쁘게 진행되는 일정에 불만을 느껴 여행을 통한 재충전의 기회를 얻고자 리조트내 부대시설을 이용하면서 즐기고 쉬고자 리조트상품을 선호하게 되는 경향이 발생하였다. 이러한 경향을 고려하여 개인 및 가족단위 등 여행객들을 대상(Target)으로 한 리조트 상품이 점차 인기 있는 상품으로 자리하고 있다. 이러한 고객들을 주 대상으로 하는 리조트여행상품 판매중심의 여행사들이 등장하였다.

8) 크루즈여행상품 판매중심

일반인들의 여행경험 증가, 욕구의 다양화 및 고급화 추세에 따라 선박을 이용한 여행상품이 매력 있는 상품으로 점차 선호되고 있다. 구미 선진국에서는 오래전부터 보편화되어 있는 크루즈여행은 고급 유람선에서 숙박하며 유람선내의 다양한 시설과 프로그램을 즐기며, 아울러 여유롭게 일정지역을 여행하는 형태로 진행된다.

9) 온라인 판매 중심

인터넷 환경 하에서 새로이 등장한 판매시스템으로 여행사가 자체 웹사이트/어플리케이션 개발로 여행상품 및 여행지에 대한 정보제공, 온라인을 통한 상담과 판매로 젊은 고객층을 대상으로 꾸준히 증가하고 있다. 고객들은 여행사를 방문하지 않고도 온라인상에서 여행정보 및 상품에 대한 다양한 최근의 정보를 시간과 장소에 구애받지 않고 손쉽게 수집할 수 있을 뿐 아니라 상품을 비교 및 구매가 용이한 장점이 있다. 즉, 소비자의 리얼타임(Real Time) 환경이 가시화 되고 있다고 볼 수 있다.

사례 | 액티비티 와그, 누적 다운로드 200만 돌파

여행 액티비티 예약 플랫폼 와그(WAUG)를 서비스하는 와그트래블(대표 선우윤)은 와그 앱 다운로드 수가 누적 200만 건을 돌파했다고 30일 밝혔다.

와그 앱은 지난 9월 30일 기준 구글 플레이와 iOS를 합산해 다운로드 수가 누적 200만 건을 넘어섰다. 이는 국내 여행 액티비티 예약 플랫폼 중에서는 최초다. 2016년 출시된 와그는 지난해 5월 100만 다운로드를 돌파한 바 있다. 그로부터 약 1년 후 누적 다운로드 수 200만이라는 의미 있는 결과를 냈다.

현지 투어, 어트랙션, 교통수단 등 자유 여행 필수 액티비티 및 아이템을 모바일로 옮기는 데 성공한 와그는 전 세계 170여 개 여행지의 2만여 개 액티비티를 공급하는 여행 액티비티 예약 플랫폼이다. 연 평균 700% 매출 성장, 월 평균 이용자 수 100만 명 등 가파른 성장세로 여행 액티비티 시장을 견인하고 있으며 공격적인 카테고리 확장을 통해 서비스 시장성을 입증하고 있다.

다년간 축적해온 서비스 경험을 바탕으로 폭 넓은 상품과 가격 경쟁력을 확보해 차별화를 꾀한 와그는 올해 하반기 해외 유명 골프장, 레스토랑 등 다방면으로 사업을 확장할 계획이다. 한국 토종 관광벤처기업으로서는 최초로 글로벌 여행 액티비티에서 손꼽히는 기업으로 존재감을 키워 나간다는 방침이다.

선우윤 와그트래블 대표는 "지금까지 와그를 이용해주시고 사랑해준 모든 고객들에게 진심으로 감사드린다"며 "와그에서 세상의 모든 액티비티를 빠르고 간편하게 즐길 수 있는 그날까지 최상의 서비스에 대한 부단한 노력과 투자를 이어 나갈 것이니 지켜봐 달라"고 밝혔다.

자료 : ZDNet Korea , 백봉삼 기자, 2019. 10. 30. 기사

SECTION 04 여행업의 역할

01. 여행업의 특성

여행업은 제조업과는 달리 서비스업이 갖는 특성이 있을 뿐 아니라 여행업만의 고유 특성도 아울러 갖고 있다. 이는 여행이라고 하는 무형의 상품을 유형의 상품으로 인식되도록 상품화하여 유통시키는 전문성이 요구되는 서비스 산업이기 때문이다.

여행사는 여행상품을 여행객에게 유통시킴으로서 수익을 창출하고, 여행객에게 양질의 서비스를 지속적으로 제공하기 위해서 관광관련업체와의 연관성을 유지하는 매개적 기능 또한 갖고 있다. 여행상품은 제조상품과 달리 여행객과의 직접적인 접촉을 요구하고 여행객에게 접근을 하기 때문에 매개적 성격은 더욱 강하다. 그러나 최근의 여행사들은 단순 매개적 기능에서 벗어나 관광시설업을 직접 운영하거나 현지 직영체제 등을 통하여 지상수배 및 행사진행의 차별화를 실현하고 있으며, 보다 공격적인 경영체제를 구축해 나가고 있다.

여행업이 갖게 되는 특성은 점차 변화될 것으로 전망되며, 일반적인 특성에 대해 살펴보면 다음과 같다.

1) 입지적 특성

여행사 사무실은 유동인구가 많으면서 고객의 눈에 쉽게 노출될 수 있는 곳에 위치할 필요성이 있다. 여행객이 여행상품의 구매와 관련된 의사결정을 할 때, 주위에서 손쉽고 편리하게 이용할 수 있는 여행사가 있는가에 따라 영향을 받을 수 있기 때문이다. 또한 용이한 접근성은 회사의 인지도를 높이고 여행상품의 구매여부에 중요한 결정요인이 되므로 여행사는 대부분 인구밀집지역의 중심가에 위치하고 있다.

다양한 광고매체의 등장과 점차 인터넷을 활용한 여행상품 및 정보를 제공하고 상품을 구매하는 여행객들이 증가하는 인터넷환경의 체제에서는 불시방문자의 수는 현격히 감소하고 있는 추세이지만, 상품의 계약시점에서는 회사를 방문하는 경우가 많다. 따라서 오프라인 시대보다는 방문고객이 감소하고 있으나, 여전히 여행사의 입지는 고객접객과 관련하여 여행사 입지의 중요성을 지니고 있다.

2) 규모적 특성

관광진흥법의 규정에 의해 정해진 여행업의 법적 자본금은 여행업의 활성화를 위하여 최근 관광진흥법시행규칙을 개정하여 국내여행업 1천 5백만 원, 국내·외여행업 3천만 원, 종합여행업 5천만 원으로 조정하여 여타 시설업이나 제조업 등에 비해 자본금의 규모가 그리 높지 않은 편으로 여행상품구성이 서비스를 위주로 하는 인적자원 중심으로 이루어지기 때문에 고정자본의 구성비가 낮고 반면에 운영비가 많은 부분을 차지한다는 것을 의미한다.

여행업은 오랫동안 고객 주문에 의한 생산방식과 여행객 단체관광를 알선하는 것이 주된 업무였으며, 각종 운송업에 관련되는 부대 서비스업이라는 위치 때문에 비교적 낮은 위험 부담으로 경영이 가능하였다. 즉, 여행업은 항공업이나 숙박업과 비교해서 고정자본 투자가 적어 위험부담이 적다는 것이다. 그러나 최근 다양한 여행수요 욕구에 대처하기 위한 패키지 상품개발과 성수기 기업 이윤 극대화 및 시장을 점유를 위한 공격적인 마케팅 전략에 필요한 자금의 규모가 증가되어 투자위험에 대한 부담이 증대되어 가고 있는 상황이다. 이는 위험요인이 될 수 도 있으나 기회요인으로 여행업의 입지를 강화해 나가는 마케팅전략이 될 수 있다.

3) 인적구성

무형서비스 상품인 여행상품을 취급하는 여행사는 전문화된 핵심요원으로 구성되어야 경쟁력을 높일 수 있으며, 또한 고객 지향적이어야 하며, 영업 부문의 역할이 강화된 동적 조직으로 구성될 필요가 있다. 정형화된 조직구조로는 급변하는 환경에 효과적으로 대처하기 힘들기 때문이다. 고객이 상품에 대한 평가를 하는 시점은 여행이 끝난 이후에 하게 되기 때문에 여행상품의 선택에 있어 사전접촉이 있는 여행사나 판매직원의 신뢰도를 중요하게 고려하게 된다.

여행상품은 고객에 대한 배려, 개별적 상담과 생산·판매와 사후관리에 이르기까지 전 과정에서 인적자원의 활동이 상품에 대한 질과 고객의 만족을 결정하는 중요한 요인이 됨과 동시에 기업의 이윤창출과 직결된다. 따라서 아이디어 도출, 환경변화에 맞는 여행상품 개발, 상담에서부터 인솔·안내 업무에 이르기까지 세심한 인적서비스가 요구된다.

같은 내용과 조건으로 객관성 있게 서비스가 제공되었다 하더라도 관광행사를 직접 운영하는 가이드나 사무실에서 전화를 받는 카운터 요원의 태도에서부터 여행상품의 질적 평가가 이루어지고, 여행객의 욕구충족을 만족시킬 수 있는 것까지 모두가 사람에 의하여 이루어지므로 사람이 곧 자본이라고 할 수 있다. 고객의 다양한 욕구에 대응해야 하고 여행상품 운영과정의 많은 변수들을 고려할 때 어느 정도의 업무표준화는 필요하나 자동화가 불가능하므로 여행업은 인적의존도가 높은 노동집약산업으로 서비스산업의 고용창출에도 이바지하는 바가 크다.

따라서 여행업 경영자는 유능한 인재를 채용하여 지속적으로 개발하고 충분한 대우와 동기부여를 통해 능동적으로 근무하는 종업원으로 육성하지 않으면 안 될 것이다. 경영자도 개방적이고 민주적인 리더십을 발휘하여 구성원 전체가 유기적인 팀웍(Team Work)을 형성할 수 있도록 해야 할 것이다.

4) 계절적 영향 특성

여행업은 수요와 공급의 균형과 불균형에 의해 많은 영향을 받게 되어 성수기에는 수요가 공급을 초과하여 상품가격이 상승하면서도 교통편 및 호텔객실의 확보가 어렵고, 비수기에는 공급이 수요를 초과하여 낮은 가격책정에도 불구하고 여행상품판매는 저조한 편이다.

성수기와 비수기 구분은 휴가제도와 여행목적지의 계절에도 영향을 받게 된다. 성수기에 영향을 미치는 요인으로는 계절, 휴가제도, 월별, 방학, 요일, 국경일과 같이 세분화되고 있으며 허니문과 같이 여행객 대상에 의해서도 영향을 받게 된다. 즉, 배낭여행 성수기는 방학 때인 반면 허니문 성수기는 봄과 가을의 주말인 것이다. 이와 같이 여행상품은 계절적 영향에 의한 수요의 탄력성이 높은 사업이다.

호텔 객실이나 항공기 좌석 그리고 식당 등의 여행관련 시설업 등은 수용능력이 한정되어 있어 과다하게 발생하는 성수기 수요에 대비해 생산능력을 갑자기 확대시킬 수가 없어 비수기에 더 많은 판매를 촉진하여 비수기 때 유휴시설이나 인적자원의 관리를 위한 전체 수요를 평준화하여야 한다. 이는 여행사경영의 중요한 요인으로 간주되며 비수기에는 고정비용을 줄이고 탄력적 가격전략, 여행조건의 차별화, 독창적 상품 개발 등으로 경영합리화를 위한 노력을 기울이고 성수기에는 비수기에 대비한 효과적인 경영계획이 필요하다.

5) 다품종 대량생산 시스템

여행상품은 여행의 소재를 시·공간적으로 조립하여 생산해낸 결정체로서 어떤 소재를 어떻게 결합하느냐에 따라 다양한 상품을 생산해낼 수 있으며, 생산과정과 판매과정 그리고 판매관리 등이 시스템화 되어야 하는 성격을 갖는다. 시장 환경을 고려하여 국가, 지역, 관광지, 여행일수, 항공사, 호텔 등 여행소재에 따라 무한히 많은 상품을 생산해낼 수 있는 특징이 있다. 이러한 이유로 상품 모방이 용이한 측면도 있지만, 여행객 욕구가 다양해도 얼마든지 창의력을 발휘하여 여행상품을 생산할 수 있다.

여행상품 생산은 여행업자가 일방적으로 생산하여 여행객에게 판매하는 것이 아니라 서비스상품의 특성으로 인해 생산과 소비의 동시성이 존재한다. 따라서 최종적인 여행상품 생산은 여행객 수요에 의해 결정된다. 만약 여행수요가 있다면 큰 제약 없이 여행상품의 대량생산은 가능하여 다품종 대량생산 시스템으로 볼 수 있다. 여행업 경영자가 다품종 대량생산 시스템을 활성화 하느냐의 여부는 구성원의 기획력과 영업능력 및 고객관리 등의 판매관리를 얼마나 체계화하여 통합적인 시스템을 구축하느냐에 달려 있다.

6) 시간 산업적 특성

여행상품 소재가 되는 운송기관이나 숙박시설 등은 유형이지만 여행 그 자체는 무형이며, 여행상품은 생산과 동시에 소비가 이루어지므로 저장이 곤란하다는 특징을 갖고 있다. 여행상품의 소재가 되는 호텔 객실이나 항공기 좌석과 같은 여행소재 또한 저장이 불가능하므로 경영상 탄력성이 적어지게 된다.

여행상품은 유형의 제품과 달리 오늘 팔지 못하면 저장했다가 내일 팔수가 없는 소멸성 및 비저장성의 특징이 있다. 여행상품 구성요소인 운송(항공·육상·해상) 및 숙박기관이 판매하는 항공기 좌석이나 호텔객실은 서비스로 이루어진 무형의 상품이기에 저장이 불가능한 판매상의 특징을 가지고 있기에 경영상 탄력성이 적다.

7) 신용 사업적 특성

여행사는 상품의 내용과 이미지뿐만 아니라 기업의 이미지도 매우 중요시 여기고 있다.

특정기업에서 생산하는 제품에 대한 소비자의 사고가 구매 이전시점에서 부터 이미 그 제품의 사전 신뢰도에 직·간접적인 영향을 주기 때문이다. 더욱이 반품이 불가능하고 상품의 완전한 소비 후에야 상품평가가 가능한 여행상품의 선택에 있어서는 그 여행사가 갖고 있는 이미지와 상품의 내용은 곧 소비자의 신뢰와 직결된다. 여행사에서 제공해 주는 것은 상품을 구체화하는 데 도움을 주는 여행일정표나 브로셔, 광고안내문, 이용시설에 대한 팜플렛 정도이다. 여행사에 대한 신용은 여행상품구매를 결정하는 사람에게는 매우 중요한 부분이기 때문에 사업성을 좌우한다고 할 수 있다. 여행객은 여행업을 신뢰하기 때문에 여행상품에 대한 경비를 여행 출발 전에 지불하고 있으며, 여행소재 공급업자도 여행사에 대한 신뢰성을 바탕으로 공급량을 조절하고 있어 여행사를 경영하는 데 있어 신용은 여행사 성공의 변수가 된다. 그렇기 때문에 여행사에서는 신뢰와 신용을 높이기 위하여 고객과 약속한 여행조건을 충실히 이행하고 양질의 서비스를 제공하도록 노력하여야 하며, 기업이미지와 상품의 브랜드를 높일 수 있도록 기업홍보에 힘써야 한다.

8) 경쟁 지향적 사업 특성

여행업은 타 산업에 비하여 진입장벽이 낮은 편이므로 등록요건만 갖추면 관광사업등록을 할 수 있어 업체간 과당경쟁이란 문제가 존재하고 있는 것이다. 여행업 설립이 허가제에서 등록제로 변경되면서 신규진입이 용이함에 따라 여행상품 또한 모방성이 강해 여행시장구조를 혼란시킬 가능성을 항상 내포하고 있다. 이는 여행사간에 과당경쟁을 유발하는 하나의 원인으로 작용하고 있다.

9) 공익적 특성

대부분 기업들은 기업의 사회적 책임 범주 내에서 수익창출을 위한 경영활동을 전개하고 있다. 여행사는 기업으로서 갖게 되는 이와 같은 특성 외에 공익적 특성을 고려해야 한다.

이는 여러 국가와 국민, 기업들을 대상으로 기업 활동을 전개하므로 각 나라의 정치, 문화, 역사 등을 이해하고 존중하는 자세가 필요하다. 여행사나 여행객의 이미지는 곧 해당국가의 이미지와 직결되어 평가되기 때문에 여행사 및 여행객은 '민간외교관'으로서의 역할을 한다고 볼 수 있다.

10) 환경의 영향적 특성

인적교류 및 여행시장규모 확대로 여행업은 기업 외부환경에도 많은 영향을 받게 된다. 자국 뿐만 아니라 외국의 정치, 경제, 사회, 문화요인 등으로 인한 직접적 영향을 받게 되는 요인이 더욱 증가하고 있다. 최근 몇 년 사이에 있었던 외국의 테러, 전쟁, 질병, 천재지변 등으로 국내 여행업계는 그때마다 직접적 영향을 받았던 사례를 상기할 필요가 있다.

02. 여행업 효과

여행사는 여행상품의 취급에 있어서 전문성을 인정받고 있기에 존립의 의미가 있는 것이다. 여행객이 여행사를 이용함으로써 얻게 되는 효과가 있기에 여행사를 신뢰하고 이용하게 되는 것이다. 이러한 여행업의 효과를 구분하면 다음과 같다.

1) 신뢰성

여행출발 전 여행객 심리는 긍정적 측면과 부정적 측면이 공존하게 된다. 즉, 일상에서 벗어나 새로운 경험을 하게 된다는 기대감과 함께 다른 한편으로는 새로운 환경에 접할 긴장감도 동시에 느끼게 된다는 것이다. 여행객이 준비에서부터 여행종료에 이르기까지 모든 사항에 대해 사전 준비 없이 여행을 한다면 여행객은 불안감을 느껴 심리적으로 만족한 여행을 할 수 없을 것이다. 이와 같은 이유로 여행지에서 겪게 될 상황에 대비하여 사전에 준비하고 싶은 것이 여행자의 심리일 것이다. 여행객은 교통편, 숙박 등에 대한 사항을 사전에 철저히 준비해 둠으로써 여행을 안심하고 즐길 것이다.

여행사가 수행하는 예약·수배업무를 통하여 여행자는 편안한 마음으로 여행사를 신뢰하고 여행을 떠나게 되므로 여행사는 고객들에게 신뢰감을 심어주는 것이 중요하다. 여행에서 만족스런 경험을 하고 돌아온 여행자는 여행사를 더욱 신뢰하게 되어 상품을 재구매를 할 것이며, 이는 고정고객(충성고객)으로 유치하기가 유리하다.

2) 정보판단력

현대사회를 정보화 사회라고 부르는 것은 정보의 필요성과 아울러 많은 정보의 노출시대에 살고 있다는 것을 의미한다. 정보화 사회에서는 관광에 대한 정보도 TV, 신문이나 잡지, 인터넷 등에서 많은 정보를 쉽게 접할 수 있다.

여행객은 오히려 너무 많은 정보수집으로 자신에게 적합한 정보를 선택하는데 많은 시간과 노력이 필요하며 판단력이 요구된다. 소비자 심리는 상품선택에 있어서 최선의 결정을 하고자 할 때 본인 욕구를 구체화하고 현실화하는 과정이 필요하다. 경험이 많지 않은 일반인 입장에서는 그리 수월한 일은 아니다. 이러한 욕구에 대응하여 여행사는 전 세계에 걸친 정보수집 네트웍을 구축하고 있을 뿐 아니라, 어느 한정된 지역에 대해서는 여행객이 필요로 하는 최근의 정보를 풍부하게 보유하게 된다. 여행사는 여행객의 입장에서 전문적인 지식과 경험적인 노하우를 활용하여 여행객을 돕게 되고, 여행객은 여행사로부터 자신에게 유효한 정보만을 제공받음으로써 여행지역 및 상품 선택의 효율성을 기대할 수 있다.

3) 시간과 비용의 절약

여행정보의 다양성과 예약시스템의 확대·보급으로 여행객 자신의 시간투자와 노력 여하에 따라 필요로 하는 관련시설업과의 직접 접촉할 수 있는 기회는 더욱 보편화되고 있다.

그러나 단순한 패턴의 여행이거나 기간이 짧고 근거리 여행인 경우에는 여행객이 일정을 수립하고 항공편이나 호텔 등의 예약과 수배를 직접 하는데 어려움이 적지만, 특히 국외여행인 경우에는 여행관련 자료도 충분치 않아 여행일정을 작성하고 만족스러운 여행을 준비하기에 많은 시간과 비용을 소요하게 되며, 그 결과도 불확실할 가능성이 높다.

바쁜 사회생활을 하고 있는 현대인은 자신의 직업이나 전문분야 외에 많은 시간과 노력을 기울이기가 현실적으로 쉽지 않다는 것이다. 따라서 여행사에 이러한 사항을 의뢰하게 되면 시간과 비용의 절약 효과는 물론, 정확성을 기할 수 있고, 예약과 수배에 따른 확신도 갖게 되며 일괄적인 처리로 인해 편리성도 기대할 수 있다.

4) 염가성

여행사는 여행소재공급업자와의 고정적인 거래와 대량의 구매를 통한 규모 경제를 통해 경쟁력 있는 가격을 제공받을 수 있으므로 여행객은 여행사를 통하여 보다 저렴한 여행상품을 구매할 수 있다. 이러한 현상은 항공권이나 패키지상품을 구매할 때 뚜렷하게 나타나는데, 이는 여행소재공급업자 측면에서 볼 때 여행사가 여행객을 대량 공급해주므로 보다 많은 여행객을 유치하기 위해서도 공급업자 스스로 할인정책을 펼쳐 보다 경쟁력 있는 가격을 제공하기 때문이다. 그리하여 여행자가 여행소재공급업자로부터 직접 여행요소를 구입하는 것보다 여행사를 통하여 구입할 경우에 보다 저렴한 가격으로 여행상품구입이 가능하다.

03. 여행업 기능

여행업의 기능은 여행소재 공급업자와 여행객과의 제 관계에서 발생하는 업무활동 범위와 밀접한 관련이 있다. 여행업의 알선과 대리판매 기능이 중시되었던 시대에는 이에 따른 알선과 대리판매업무가 주류를 이루었다. 그러나 여행객 욕구가 보다 다양화, 세분화, 고도화되면서 오늘날 여행업의 기능은 점차 확대되어 그 역할이 강조되고 있다.

여행업 자체의 업태와 종류에 따라 그 기능과 역할이 상이한 만큼 그에 따른 업무 내용도 상이하며, 점차 과열된 경쟁과 독자적인 서비스와 상품의 개발로 인하여 각 업체에 따라 업무 내용에 있어서 차이를 보이고 있다. 즉, 여행업의 기능은 단지 여행상품을 판매하거나 알선하는 것만이 아니고 여행상품을 개발하고 여행상품의 가치를 극대화시킬 수 있는 마케팅활동 등의 부가적 기능까지로 확대되어지고 있다.

그림 2-2 I 여행업의 기능발달과정

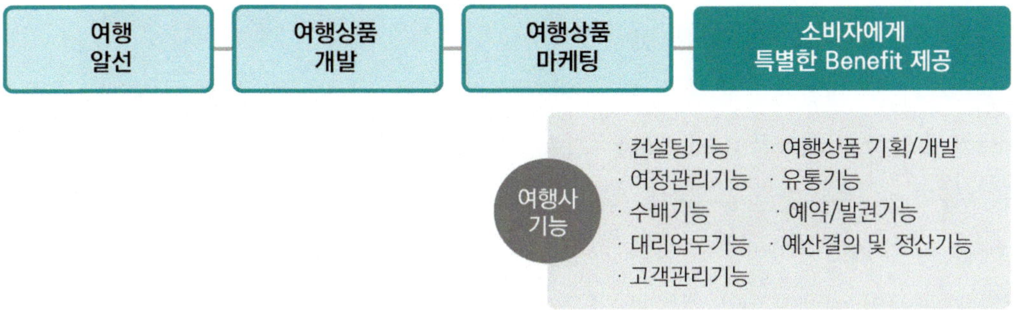

1) 컨설팅기능

소비자와의 관계에서 처음 접촉하는 과정은 유·무선통화, 온라인상담, 대면접촉 등을 통해 여행객의 문의에 응대하는 기능이다. 소비자의 다양한 문의에 답할 수 있는 충분한 정보를 숙지해야 하고, 접촉단계의 매너 등 서비스 부분도 아울러 요구된다. 컨설팅 기능은 여행에 관한 전문지식이 부족한 잠재 여행객에게 On & Off-line상 여행상담을 통하여 필요한 여행정보를 제공하거나 여행상품에 관한 설명을 함으로서 여행객에게 필요한 다양한 서비스를 제공하는 기능을 의미한다.

이러한 컨설팅 기능을 통하여 여행객은 사전에 여행목적지, 여행기간, 여행비용, 여행코스, 숙박시설, 교통편 등 여행전반에 관하여 전문가의 조언과 현지정보 등을 파악할 수 있다. 정보화로 인해 컨설팅 기능의 중요성이 약화되는 것처럼 보이지만, 여행수요가 증가하면 할수록 컨설팅 기능의 중요성과 역할은 강화되지 않으면 안 된다. 여행업 종사원은 여행목적지에 대한 정확하고 상세한 설명과 고객의 궁금증을 해소시켜 줄 수 있는 지식과 화술을 겸비하고 있어야 한다. 따라서 여행업 경영자는 전문적인 컨설팅을 통해 여행객을 유치하고, 여행상품의 판매증대를 도모하기 위해 전문성을 가진 유능한 상담요원을 양성하거나 확보가 필요하다.

2) 여행상품 기획 및 개발기능

시장조사를 통한 여행객의 동향을 파악하고 기업의 내·외적환경을 분석하여 타겟(Target) 마케팅이 가능한 효율적인 상품을 개발하고 유통시킴으로서 기업의 경쟁력을 강화할 수 있다. 소비자 욕구(Needs)가 다양화, 개성화, 세분화되고 있기 때문에 상품기획의 중요성은 더욱 강조될 수밖에 없으며, 여행객의 다양한 욕구에 부응할 수 있는 독자적인 상품을 개발, 판매하는 업무야말로 여행업을 독립된 산업으로 발전시키기 위한 핵심적 기능으로 작용하게 될 것이다.

상품기획 및 개발기능의 축은 두 가지로 분류해 볼 수 있는데, 하나는 고객욕구를 파악하여 독특한 기획상품을 개발하는 기능이고, 다른 하나는 개인이나 집단의 요청을 받아 그들의 요구에 맞는 주문상품을 개발하여 제시함으로서 실현되는 기능이다.

예를 들어 패키지여행뿐 아니라 개별 또는 소집단의 여행객이 증가하고 있는 추세에 맞춰 대중적인 여행상품의 개발과 아울러 여행객의 요구에 능동적으로 대응할 수 있는 상품구성 능력을 갖추어야 할 것이다. 이를 위해 여행업 경영자는 지속적인 시장조사 및 고객의 욕구파악과 관광목적지의 상황파악 및 여행자원 조사를 통하여 보다 차별화된 상품개발이 요구된다.

3) 여정관리기능

여행일정표는 무형의 여행상품을 유형의 상품으로 가시화하는 과정의 결과물이라고 할 수 있으며, 고객과의 관계에서 계약서의 의미도 내포하고 있다. 여행상품은 판매한 것만으로 업무가 종료되는 것이 아니며, 여행객이 실제 여행에 참여하여 여행이 이루어지는 과정에서의 서비스관리가 필요하다. 여정관리 기능은 합리적인 여행일정의 작성 뿐 만 아니라 실질적으로 여행이 시행될 때 예정된 여행일정대로 원활히 진행되도록 서비스하고 관리하는 기능을 말하며, 국외여행인솔자(TC: Tour Conductor), 국내여행안내사, 관광통역안내사, 일본쓰루가이드, 국외로컬가이드 등이 주로 수행한다. 특히 국외여행인솔자 역할이 중요한데, 여행자들을 인솔하여 여행출발에서부터 여행을 마치고 귀국할 때까지 모든 일정을 관리하고 효율적으로 진행시켜야 한다. 또한 예정된 여행일정이 무리 없이 수행되었다 하더라도 인솔자 및 가이드의 안내능력과 친절성 정도에 따라 여행객의 만족 정도는 달라질 수 있음을 유념해야 한다.

4) 유통기능

유통기능은 여행업의 수익을 창출하기 위해 여행상품판매 및 유·무형서비스 제공과 관련된 일련의 과정을 일컫는데, 각 여행업 종류와 규모, 유통과정상의 위치, 시장세분화, 집중화정도에 따라 판매방법의 차이를 보이고 있다. 현재 여행업의 유통형태는 직접판매와 간접판매로 구분할 수 있다. 직접판매의 형태를 다시 구분하면, 온라인 마케팅에 의한 판매, 외부판매(Out Sales), 카운터 판매로 불리는 창구판매(Counter Sales)로 나눌 수 있다. 온라인 마케팅에 의한 판매는 웹사이트나 어플리케이션을 개설하여 이를 통해 판매되는 것을 말하며, 외부판매는 여행사 직원이 잠재 여행객을 방문하여 여행상품을 설명하고 설득함으로서 이루어지는 판매를 말한다. 창구판매는 여행상품의 광고, 진열 등을 통해 여행정보를 접한 후 여행사 창구로 직접 방문함으로서 이루어지는 판매를 뜻한다.

온라인 마케팅에 의한 판매는 인터넷이나 SNS채널을 통해 온라인에서 여행상품 판매가 이루어진다는 측면에서 의의가 있으며, 초기에는 젊은 층을 대상으로 하는 자유여행이나 허니문여행객들을 대상으로 하였으나 현재는 여행상품 전반에 걸쳐 활성화되고 있다. 간접판매 형태에서는 유통의 역할상 도매업(Wholesaler)과 소매업(Retailer)으로 구분하며 도매업은 자사의 상품판매과정에서 소비자와 직접 접촉하지 않고 소매업을 중간에 두게 된다.

5) 수배기능

여행업에서의 수배 개념은 단위별 예약을 종합하여 관광시스템에 맞게 조정하고 체계화시키며 이를 관리하는 일련의 업무를 말한다. 수배업무란 여행상품기획에 필요한 여행목적지의 숙박, 식사, 교통편, 관광지 및 기타 시설에 대한 예약 등 여행에 필요한 제반 구성요소들을 확보하여 상품으로서 판매할 수 있도록 하는 업무를 말한다.

여행업의 초기단계에서는 필요한 항공좌석이나 숙박시설의 객실에 대한 예약상태를 파악하여 이 정보를 고객에게 제공하고 예약과 수배를 실행해왔다. 이후 여행업이 발전하면서 사전에 조사된 정보를 바탕으로 고객 요청을 즉시 수용할 수 있는 형태로 변화되었고, 종합예약시스템이 구축되어 항공예약시스템과 호텔예약시스템이 여행업과 상호 연결되면서 객실예약이나 항공예약이 자동적으로 처리되는 단계에 이르렀다. 또한 항공좌석과 숙박시설의 객실을 사전 확보해 두는 경향이 많은데 이 방법은 수배요청이 발생할 때마다 처리하지 않고 수요를 미리 예측하여 수요량을 일괄매입해서 처리하는 방법으로 기존의 예약, 수배방법에 비해 계획적이라 할 수 있다.

수배업무는 여행상품의 품질을 평가할 수 있는 척도가 되므로 고객의 요구에 맞게 집중적이고 정확한 사전조사와 준비를 해야 한다.

6) 예약·발권기능

여행사는 항공사, 선박회사, 철도회사 등 교통운송기관과 호텔 등과 같은 숙박시설 및 기타 관광관련업자들과의 사전 협의를 통한 계약을 체결하여 여행객의 요청에 의해 여행에 필요한 각각의 구성요소들에 대한 사용권의 예약관리를 대리 발권하는 기능을 수행한다.

발권기능은 예약에 부수되는 업무로 여행소재공급업자(Principals)로 부터 판매위탁을 받아 고객에게 항공권, 숙박권, 및 승차권 등을 발권하여 줌으로써 운송회사나 숙박업소 등의 이용에 편의를 제공하는 것을 말한다. 최근에는 정보통신기술을 접목하여 고객이 요청하는 예약·발권업무를 컴퓨터가 자동으로 업무를 수행하기도 하지만 개별 항공사의 예약과 운임체계 규정 등 기술적인 서비스가 상이하므로 예약·발권 직원들의 역할과 임무는 매우 중요하다.

7) 대리업무기능

대리업무기능은 관광시설업과 여행객 사이에서 여행객을 위해 관광시설업체의 이용을 알선하므로 관광관련기관과의 관계가 중요하다. 또한 여행에 필요한 중요한 대리업무로서는 사증(Visa) 발급, 여행자보험가입, 국제학생증 발급, 국제면허증 발급안내, 여행경비환전 안내업무 등을 들 수 있다. 여행객의 바쁜 일상생활에 시간 절약과 편리성을 확보할 수 있는 효과가 있다.

8) 예산결의 및 정산기능

여행상품판매에 대한 경비의 입금확인과 여행객 출발 전 지출비용에 대한 예산서를 작성하고, 이에 따라 집행하며 행사를 마친 후에 수익을 확정하는 기능을 말한다. 여행객 출발 전에 입금항목과 지출항목에 대한 비용을 설정하는 것을 예산결의라 하며, 정산업무는 행사가 완료된 직후 국외여행인솔자가 행사 보고서를 작성하고 단체에 대한 수익과 지출을 근거로 서류를 첨부하여 회계상으로 결산하는 업무이다.

따라서 정산기능 속에는 여행비용 원가계산, 견적, 추가비용 청구, 미지급금 지급, 손익산출 등의 업무도 포함된다.

9) 고객관리업무

여행객 모집부터 여행종료 이후까지 여행업은 지속적인 고객관리를 통하여 고객 이탈을 방지하고 연속적인 여행상품 판매를 위한 고객 유지에 심혈을 기울여야 한다. 특히 여행 중 고객불편사항을 수시로 점검하여 불편사항이 발생하지 않도록 하고 불편사항이 접수되면 즉시 처리해야 한다. 매년 여행객 수가 급증하여 고객불편사례 접수 건이 증가함에 있어 일부 대형여행사는 법적인 문제를 법률전문가에 위임하여 불편처리를 해주고 있다. 즉, 여행사는 고객 재창출을 위한 전략적인 노력이 필요하다.

CHAPTER 03

여행업 설립과 등록

SECTION 01 여행업 설립

01. 여행업 설립절차

여행업은 21세기 고부가가치를 창출하는 관광산업으로 타 업종에 비하여 비교적 소자본으로 창업을 할 수 있다. 여행사를 창업하고자 할 때 여행업의 업종 선택과 설립자금을 충분히 고려해서 설립 운영계획을 수립하여야 한다. 특히 여행수요의 틈새시장을 표적화하기 위한 참신한 아이디어를 가지고 환경요인을 잘 분석하여 창업을 한다면, 보다 수익을 극대화할 수 있으며, 성공 가능성이 높은 사업이라 할 수 있다.

여행사 창업을 위해서는 첫째, 관광환경의 트렌드를 철저히 분석해야 한다. 여행사는 상호 경쟁에 의한 수익구조가 저하되는 현상이 두드러지게 나타나고 있다. 그러므로 창업자는 소비자 라이프스타일 변화를 주시하여 틈새시장을 적극 공략하여야 한다.

둘째, 여행사 창업을 위해서는 미래를 어느 정도 예측하여야 한다. 여행사는 기업 외부환경에 민감하게 영향을 받는 사업으로 환경변화를 잘 예측하면 사업의 성공가능성이 더욱 높아진다. 고정불변의 환경이란 존재할 수 없다

셋째, 서비스에 대해 확실한 신념이 있어야 한다. 여행업은 근본적으로 인적자원에 의한 사람을 대면하는 사업이므로, 서비스에 대한 확실한 신념을 가지고 고객 욕구를 충족할 수 있는 서비스를 제공하여야 한다.

넷째, 여행경험이 풍부하고 창의력이나 순발력이 뛰어나야 한다. 창업자는 여행경험이 풍부하여야 하며, 다양한 여행경험이 자사 상품의 품질을 향상시킬 수 있다.

다섯째, 인터넷 활용능력을 지녀야 한다. 정보통신발달에 따른 소비자의 여행정보수집

능력이 향상되었고, 대다수 여행사들은 기술력에 의한 다양한 여행프로그램이 많이 등장하여 신속하고 정확한 여행정보를 소비자에게 제공하고 있으므로, On & Off-line을 병행할 수 있는 능력을 지녀야 한다.

이와 같은 사항을 충분히 고려하여 체계적인 단계과정을 정확히 수립·추진해야만 기업경쟁에서 생존할 수 있는 여행업을 설립할 수 있다.

그림 3-1 I 여행사 설립단계

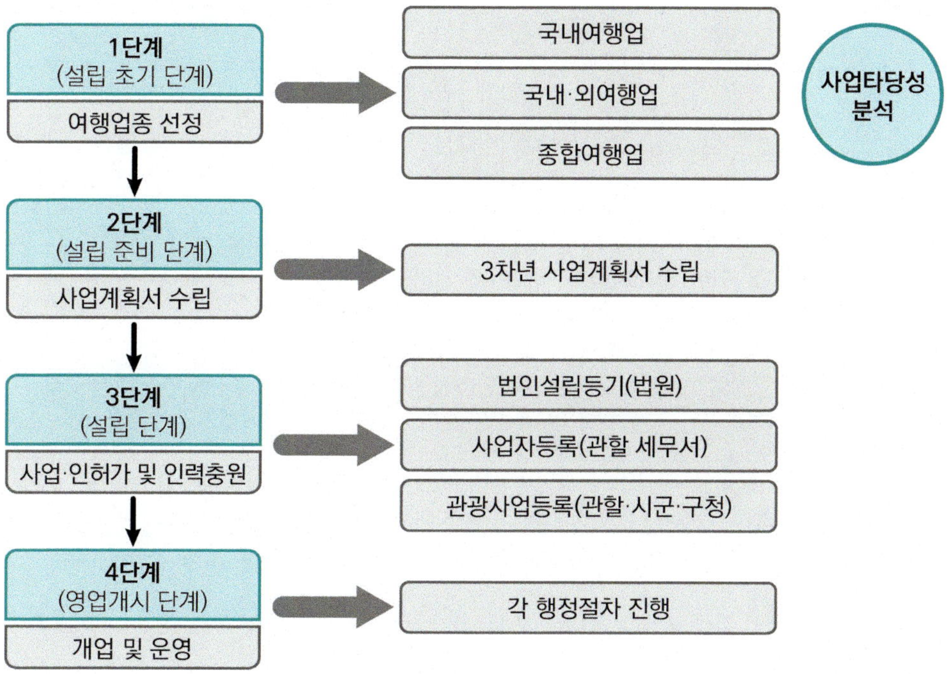

02. 단계별 창업 준비

1) 제1단계 : 설립초기단계

여행사 설립 초기단계에서는 여행업 업종을 잘 선정하는 단계로서, 관광진흥법상 종합여행업, 국내·외여행업, 국내여행업 중 어느 업종을 선택하여 사업을 추진할 것인지,

그 다음 선택한 여행업종에 맞는 자본규모와 유통구조 등 다각적으로 검토를 한 후 결정을 한다.

여행업을 설립하고자 할 때에는 설립자 자본력, 여행경험, 목표여행시장, 여행상품 생산 능력 및 판매유통, 종사원의 능력 등을 충분히 고려하여야 한다. 또한 영업은 다음과 같은 형태를 선택하여 운영할 수 있다.

표 3-1 | 여행사 설립초기단계

<table>
<tr><th>구 분</th><th>자본금</th><th>업무범위</th></tr>
<tr><td rowspan="2">종합
여행업</td><td>5천만 원 이상</td><td>■ 내국인대상 국내여행 상품기획·판매 및 알선
■ 내국인대상 국외여행 상품기획·판매 및 알선
■ 외국인대상 국내여행 상품기획·판매 및 알선</td></tr>
<tr><td colspan="2">종합여행업은 세 가지 형태의 여행업 중 포괄적인 업무범위를 지닌 형태로
■ 내국인을 위한 국내여행과 국외여행 관련업무 취급
■ 외국인을 위한 국제여행(Inbound Tour) 관련업무 취급</td></tr>
<tr><td rowspan="2">국내·외
여행업</td><td>3천만 원 이상</td><td>■ 내국인대상 국외여행 상품기획·판매 및 알선
■ 내국인대상 국내여행 상품기획·판매 및 알선</td></tr>
<tr><td colspan="2">국내·외여행업은 내국인의 국외여행업무와 내국인의 국내여행업무를 취급할 수 있는 업종으로 흔히 업계에서 ‘아웃바운드(Outbound Tour)’라는 용어로 통용되고 있다.</td></tr>
<tr><td rowspan="2">국내
여행업</td><td>1천5백만 원 이상</td><td>■ 내국인대상 국내여행 상품기획·판매 및 알선</td></tr>
<tr><td colspan="2">국내여행업은 내국인의 국내여행업무만 취급할 수 있는 업종으로 (Domestic Tours)라는 용어로 통용 되고 있다.</td></tr>
</table>

(1) 소규모 형태로 자체적 운영

자신의 노하우(Know-How)를 최대한 활용하여 새로운 표적시장을 선정, 자체적으로 주력 여행상품을 개발 및 판매하거나, 자체적으로 개발하지 못한 상품은 적절하게 타 여행사 상품을 위탁판매하여 판매에 따른 위탁 수수료로 수익을 증대시켜야 한다.

그러나 적절하게 수수료를 많이 지급하는 여행사와 상황에 맞게 유동적으로 거래를 할 수 있다는 장점이 있는 반면 고객에 대한 서비스 및 관리가 다소 결여 될 가능성이 많다고 볼 수 있다.

(2) 간접판매업체와 협력관계를 통한 영업

여행업 창업자가 여행실무의 노하우(Know-How)가 없을 경우 간접판매업체가 기획·개발한 여행상품을 위주로 판매영업활동을 하고 소정의 판매수수료를 지급받는 형태로서 단순 위탁판매영업이라 할 수 있다. 이러한 형태는 경제적 부담 없이 상품을 공급받을 수 있으며, 최소출발인원 보장으로 적극적인 모객이 가능하고, 상품제공업자와의 제휴체결로 다소 높은 수수료를 확보할 수 있으나 고객관리의 어려움이 있다. 최근 하나투어와 모두투어네트워크는 지역별 판매여행사의 수익을 보장해 주기 위하여 자체 콜센터를 운영하면서 예약된 여행객을 해당 지역판매대리점이 관리하고 수익을 보장 받을 수 있는 시스템을 운영하고 있다.

(3) 프랜차이즈 형식 운영

여행업 영업 노하우(Know-How)가 별로 없는 경영진들이 가장 선호하는 방법으로 브랜드 가치가 있는 대형여행사의 지역대리점으로 계약체결 후 본사에서 개발된 여행상품을 판매하고 수수료를 지급 받는다. 점차 유통구조상 도·소매의 구분이 확연해지고, 소비자 역시 근거리 예약 및 관리를 선호하기 때문에 많이 선호하는 운영방식이다. 대다수 대형 여행사들은 자사 간판을 사용하는 수적으로 대리점 확충에 비중을 두고 있으며, 보증금 면제 등 파격적인 계약 조건을 제시하며 적극적인 영업에 나서고 있다. 하지만 전문가들은 성공적으로 여행사 대리점을 창업하기 위해서는 다음 조건을 검토한다.

① 본사 지명도 고려

본사 브랜드 가치와 광고 및 인쇄물에 따라 여행사 매출의 차이가 크게 나타나므로 주(월)간 광고집행 횟수 및 홍보지원에 대하여 세심히 검토한다.

② 1인당 평균 판매 수익률 검토

대다수 여행대리점은 경영자를 포함 3-4명 전후의 소규모 조직원으로 구성되어 있어 판매수익률이 대단히 중요하다. 본사와의 대리점 계약에 따른 판매수수료율 협의를 한다.

③ 사무실 위치보다 지역 선정이 중요

대리점 개설은 철저한 시장조사가 관건으로 사무실 위치와 창업지역의 소비수준을 면밀히 따져 봐야 하며, 지역 거주민들의 경제수준에 대한 조사가 필요하다.

④ 대리점 관리

본사에서 대리점 전담부서 운영과 계절별 본사의 영업방향이나 상품 등에 대해 교육 실시 여부를 확인하여야 하며, 여행상품특성상 본사와 대리점간의 신뢰확보문제, 본사가 보유한 항공좌석 상황의 실시간 공개에 따른 좌석공유 여부도 중요하다. 또한 거래 랜드사와의 관계개선을 위한 지원 등을 검토하여야 한다. 브랜드 인지도가 높은 기업의 로고 사용이 가능하나, 본사의 이미지 손상에 따른 사용 제한이 있다.

2) 제2단계 : 준비단계

준비단계는 여행사 창업을 추진하기 위한 사업계획서 수립단계로 예비창업자의 재무 타당성과 시장성에 대하여 충분한 검토를 하여야 한다. 또한 제1단계에서 선정한 업종의 회사설립 준비인 관계법상 회사설립(주식회사) 등기 준비를 한다.

그림 3-2 I 여행사 설립 단계별 사업계획

1단계	사업 전략단위 결정
2단계	환경변화 예측
3단계	사업 방향성 선정
4단계	사업 성공을 위한 기본전략과 중점사항 파악
5단계	마케팅믹스(Mix)별 전략과 전략 시나리오 작성
6단계	실행계획 수립

(1) 사업계획의 전략단위 결정

사업은 사업의 성격에 따라 사업단위를 구분해야 한다. 또한 사업계획을 수립할 때는 신규사업인지 현재하고 있는 사업의 변경인지를 명확히 구분하여 구체적인 사업계획 수립을 위한 전략적 사업단위(SBU : Strategic Business Unit)를 구성한다.

① 사업계획을 입안하고 실시해 가는 사업의 단위를 정한다.
② 전략적 사업 단위는 사업목적에 따라 결정한다.
③ 사업단위의 구분 설정은 기업 성장을 좌우하는 기본요소이다.

(2) 사업단위별 환경변화 예측

환경변화가 사업의 영향을 미쳐 경영환경변화를 가져오므로 외부환경분석을 통한 시대흐름이나 세태, 라이프사이클의 변화패턴 등을 분석한다. 외부환경은 직접적 경쟁환경요소와 간접적 경쟁환경요소로 구분하여 예측할 수 있다.

표 3-2 I 외부환경분석요소

구분	내용
직접적 경쟁환경요소	① 고객·경로 등 ② 공급업자 ③ 신규 진입자 ④ 대체상품 ⑤경쟁업자
간접적 경쟁환경요소	① 사회(가치관, 인구구성 등) ② 정치(관계법규, 세금 등) ③ 경제(경기변동, 금융사정, 환율 등) ④ 기술동향(신기술, 신 제조방법 등)

① 정확한 예측으로 대응할 수 있는 전략을 수립

- 대응전략을 통한 성장 기회 창출
- 생존에 위험요소 제거

② 환경변화 대응을 위한 '위험분석표' 작성

- 변화가 발생했을 경우 충격의 크기 분석과 리스크 발생의 확률 대비

③ 다양한 고객의 욕구(Needs)에 적응하기 위한 상승효과 창출

- 고객욕구 상승효과를 위한 가치사슬개념의 새로운 사업분야 창조로 기업이미지 상승

(3) 사업의 구체적 방향설정

본 단계에서는 여러 분야로 구분했던 개별적인 사업 방향성을 검토하는 단계로 인적자원과 경영자원의 적절한 배분으로 사업구성분야의 장점과 단점을 검토한다. 기업전략을 결정하는 단계이자 사업의 종합적 검토로 사업의 방향성을 결정하는 단계이다.

(4) 사업의 기본전략과 성공을 위한 중점사항 파악

사업의 기본전략을 결정하는 단계로 기업의 가치판단의 기준과 사업전략의 책정 지침을 정하는 단계이다.

① 가격 및 상품 차별화 전략 검토

- 일반관리비 절감에 따른 상품가격의 우위전략 검토
- 혁신적인 마케팅전략으로 차별화된 질적 상품개발 검토

② 목표시장(Market Target) 분산 및 집중화 전략을 위한 소비시장 분석

- 전체시장 대상 영업전략일 경우 대중적인 소비자 욕구에 부흥하는 상품기획전략
- 목표시장 집중화는 특정요구의 소비자층에 포인트를 둔 상품기획전략

③ 자사 시장의 위치에 따른 위치전략 분석

- 창업을 하는 여행사의 시장지위를 바탕으로 경쟁업체와의 경쟁을 할 수 있는 다른 기본 전략 수립

(5) 마케팅전략과 전략 시나리오 작성

마케팅 믹스전략 4Ps인 제품(Product), 가격(Price), 유통(Place), 촉진(Promotion)전략을 통하여 추진할 사업의 범위와 목표를 일정기간과 여행객 욕구를 충족할 수 있는 현실적인 목표를 설정하여야 한다. 이를 위하여 차별화전략을 통해 경쟁기업보다 소비자가 긍정적으로 인지할 수 있는 포지셔닝을 전략적으로 설정하여야 한다.

고객의 라이프스타일변화에 접목할 수 있는 상품과 가치만족을 극대화할 수 있는 가격, 소비자가 쉽게 접할 수 있는 유통구조, 상품을 인지하고 구매 욕구를 충동하게 하는 촉진믹스전략의 시나리오를 만들어야 한다.

(6) 실행 계획 수립

사업계획의 마지막 단계로서 앞선 단계의 계획화전략이 실행되었을 때 손익을 추정해야 하고, 경영전반에 걸친 경영과정의 예측이 필요한 단계이다.

3) 제3단계 : 설립단계

제2단계의 사업계획서 수립을 토대로 사무실과 직원구성, 각종 행정부서와의 업무협의 완료 및 해당관청에 사업의 인·허가를 취득하고, 사업주체를 결정하여 사업자등록 및 법인설립등기를 하는 단계이다. 여행사 창업을 하기 위한 모든 사항은 관광진흥법에 근거하여 장려·규제가 되고 있어, 관광진흥법에 따라 등록을 하여야 영업을 할 수가 있다. 또한 등록이후 등록사항 변경이 발생할 시 변경등록신청을 해야 된다. 그러나 사전 관계법상 회사설립은(주식회사) 등기를 마쳐야 한다.

(1) 사무실 및 인적자원 구성

- 사무실 위치 선정 및 입주
- 직원 구성 및 항공권 발권카운터 유자격자 채용
- 위치와 업종 선택에 따른 내부 인테리어
- 기타

(2) 신규법인설립 및 사업자등록증 교부

① 법인등기 준비

회사설립을 위한 법인등기는 관할지방법원이나 등기소에 회사설립에 필요한 각종서류를 준비하여 절차에 따라 직접 등록을 할 수 있고, 법무사에 대행을 의뢰하여 등록할 수 있다. 등록을 위한 준비서류는 다음과 같고 등록처리 기간은 약 1주일 소요된다.

- 정관
- 임원인적사항
- 주식청약서
- 등록세, 교육세, 주택채권 등의 관련서류 등 제출

② 법인설립 신고

법인설립에 따른 신고는 관할 세무서의 법인설립신고서 양식에 기재한 후 아래의 구비서류와 함께 신고한다.

- 개시대차대조표
- 등기부등본
- 주주명부
- 임원명부
- 법인 인감증명서
- 주주전원의 인감증명서
- 주식납입금 보관증명서
- 재산목록
- 정관사본
- 현물출자시 출자명세서
- 주주의 주민등록등본
- 주주전원의 출자확인서
- 대표이사 및 임원의 호적등본
- 법인인감도장 지참

③ 사업자 등록증 취득

법인등기등록 후에 법인설립신고서와 사업자등록증 취득과정을 관할 세무서 민원봉사실에서 직접 처리할 수 있고, 회계사무소나 세무사를 통해 대행을 의뢰하여도 된다. 필요한 구비서류는 다음과 같고 제출된 서류는 약 1주일 처리기간이 필요하고 완료되면 법인신고필증을 교부받는다.

- 사업자등록신청서
- 법인등기부등본
- 인·허가 사본 각 1부씩

④ 관광사업자등록증 신청 및 교부

관광사업자등록 신청은 「관광진흥법 시행령」 제3조제1항에 따라 신청하여야 한다. 관광사업등록 신청서와 사업계획서 등 구비서류를 관광사업 등록관청에 제출하면 검토 후 등록증이 발급된다.

4) 영업개시단계

영업개시 단계에서는 여행업 운영을 위한 모든 단계를 종료한 후 실질적인 영업활동 단계라 할 수 있다. 특히 항공사와의 대리점 계약을 체결하고, 해당 항공사의 항공권 판매를 하여야 한다. 항공사 대리점 계약을 체결 후 CRS(Computer Reservation System)와 발권시스템을 설치한다. 또한 영업 담보능력이 있으면 IATA(International Air Transportation Association : 국제항공운송협회) 회원으로 가입하여 표준화 되고 일원화된 표준항공권 판매와 관리서비스를 제공 받을 수 있다. 이는 여행사의 대외 신인도를 높이는 데 중요한 역할을 하며, 고객에게 신속한 항공권 판매 서비스를 제공할 수 있다.

SECTION 02 여행업 등록

회사설립절차가 마무리되면 관광사업자등록신청을 하여야 한다. 관광진흥법 <제3조 1항 1호에 의거 대통령령이 정하는 여행업을 경영하고자 하는 자는 문화체육관광부장관에게 등록>상 등록기준에 따라 관련 구비서류를 준비하여 해당 관청에 등록신청서와 구비서류를 제출하여야 한다.

01. 여행업 등록기준

여행업종별 등록기준에 적합한 관련서류를 준비하여 소재지 해당 관청에 등록을 하여야 한다.

표 3-3 | 관광사업자 등록기준

구분	종합여행업	국내·외여행업	국내여행업
자본금	5천만 원 이상	3천만 원 이상	1천5백만 원 이상
사무실	소유권 또는 사용권이 있을 것.		
등록관청	관광사업 등록관청에 접수 시장, 군수, 구청장(자치구청장에 한함)		

1) 구비서류

관광사업 등록신청은 「관광진흥법 시행령」 제3조제1항에 따라 관광사업의 등록을 하려는 자는 별지 제1호서식의 관광사업 등록신청서에 다음 각 호의 서류를 첨부하여 특별자치도지사·시장·군수·구청장(자치구의 구청장)에게 제출하여야 한다.

① 사업계획서 1부
② 신청인(법인의 경우에는 대표자 및 임원)의 성명 및 주민등록번호를 기재한 서류(외국인의 경우 「관광진흥법」상 결격사유에 해당하지 아니함을 증명하는 서류) 1부
③ 부동산의 소유권 또는 사용권을 증명하는 서류(담당공무원이 부동산등기부등본을 통하여 부동산의 소유권 또는 사용권을 확인할 수 없는 경우만 해당)
④ 「외국인투자촉진법」에 따른 외국인투자 증명 서류(외국인투자기업만 해당) 1부
⑤ 공인회계사 또는 세무사가 확인한 등록신청 당시의 대차대조표(개인의 경우에는 영업용 자산액명세서 및 그 증빙서류) 1부
⑥ 법인등기부등본(법인만 해당)

■ 관광진흥법 시행규칙 [별지 제1호서식] 〈개정 2019. 4. 25.〉

관광사업 등록신청서

※ 뒤쪽의 제출서류를 참고하시기 바라며, 색상이 어두운 란은 신청인이 적지 않습니다. (앞쪽)

접수번호	접수일	발급일	처리기간	ㅇ 여행업, 관광숙박업 및 야영장업: 7일 ㅇ 종합휴양업: 12일 ㅇ 외국인관광 도시민박업: 14일 ㅇ 기타: 5일

신청인	성 명(대표자)	주민등록번호 (외국인등록번호)
	주 소	전화번호

상호(명칭)	업종
주사업장 소재지	전화번호
자본금	
영업개시 연월일	

「관광진흥법」 제4조제1항 및 같은 법 시행규칙 제2조에 따라 위와 같이 관광사업의 등록을 신청합니다.

년 월 일

신청인 성명 (서명 또는 인)

특별자치시장
특별자치도지사
시장·군수·구청장 귀하

제출서류	뒤쪽 참조	수수료 ㅇ 외국인관광 도시민박업의 경우: 20,000원 ㅇ 그 밖의 관광사업의 경우: 30,000원(숙박시설이 있는 경우 매 실당 700원을 가산한 금액으로 합니다)

행정정보 공동이용 동의서
(호텔업, 국제회의시설업 및 야영장업 신청인만 해당합니다)

본인은 이 건 업무처리와 관련하여 담당 공무원이 「전자정부법」 제36조제1항에 따른 행정정보의 공동이용을 통하여 뒤쪽의 담당 공무원 확인사항 중 제3호 및 제4호를 확인하는 것에 동의합니다. * 동의하지 아니하는 경우에는 신청인이 직접 관련 서류를 제출하여야 합니다.

신청인 (서명 또는 인)

처리절차

신청서 작성	→	접 수	→	심 의	→	등 록	→	등록증 발급
신청인		처리기관 (특별자치시·특별자치도·시·군·구)		처리기관 (특별자치시·특별자치도·시·군·구)		처리기관 (특별자치시·특별자치도·시·군·구)		

(뒤 쪽)

<table>
<tr><td rowspan="2">구
비
서
류</td><td>여행업 및 국제회의기획업의 경우</td><td>1. 사업계획서 1부
2. 신청인(법인의 경우에는 대표자 및 임원)이 내국인인 경우에는 성명 및 주민등록번호를 기재한 서류 1부
3. 신청인(법인의 경우에는 대표자 및 임원)이 외국인인 경우에는 「관광진흥법」 제7조제1항 각 호에 해당하지 아니함을 증명하는 다음 각 목의 어느 하나에 해당하는 서류. 다만, 「관광진흥법」 또는 다른 법령에 따라 인·허가 등을 받아 사업자등록을 하고 해당 영업 또는 사업을 영위하고 있는 자(법인의 경우에는 최근 1년 이내에 법인세를 납부한 시점부터 등록 신청 시점까지의 기간 동안 대표자 및 임원의 변경이 없는 경우로 한정합니다)는 해당 영업 또는 사업의 인·허가증 등 인·허가 등을 받았음을 증명하는 서류와 최근 1년 이내에 소득세(법인의 경우에는 법인세를 말합니다)를 납부한 사실을 증명하는 서류를 제출하는 경우에는 그 영위하고 있는 영업 또는 사업의 결격사유 규정과 중복되는 「관광진흥법」 제7조제1항의 결격사유에 한하여 다음 각 목의 서류를 제출하지 아니할 수 있습니다.
가. 해당 국가의 정부나 그 밖의 권한 있는 기관이 발행한 서류 또는 공증인이 공증한 신청인의 진술서로서 「재외공관 공증법」에 따라 해당 국가에 주재하는 대한민국공관의 영사관이 확인한 서류 1부
나. 「외국공문서에 대한 인증의 요구를 폐지하는 협약」을 체결한 국가의 경우에는 해당 국가의 정부나 그 밖의 권한 있는 기관이 발행한 서류 또는 공증인이 공증한 신청인의 진술서로서 해당 국가의 아포스티유(Apostille) 확인서 발급 권한이 있는 기관이 그 확인서를 발급한 서류 1부
4. 부동산의 소유권 또는 사용권을 증명하는 서류(담당 공무원이 부동산의 등기사항증명서를 통하여 부동산의 소유권 또는 사용권을 확인할 수 없는 경우에만 해당합니다)
5. 「외국인투자 촉진법」에 따른 외국인투자를 증명하는 서류(외국인투자기업의 경우에만 해당합니다) 1부
6. 공인회계사 또는 세무사가 확인한 등록신청 당시의 대차대조표(개인의 경우에는 영업용 자산명세서 및 그 증명서류) 1부</td></tr>
<tr><td>관광숙박업·관광객이용시설업 및 국제회의시설업의 경우</td><td>1. 사업계획서 1부
2. 신청인(법인의 경우에는 대표자 및 임원)이 내국인인 경우에는 성명 및 주민등록번호를 기재한 서류 1부
3. 신청인(법인의 경우에는 대표자 및 임원)이 외국인인 경우에는 「관광진흥법」 제7조제1항 각 호에 해당하지 아니함을 증명하는 다음 각 목의 어느 하나에 해당하는 서류. 다만, 「관광진흥법」 또는 다른 법령에 따라 인·허가 등을 받아 사업자등록을 하고 해당 영업 또는 사업을 영위하고 있는 자(법인의 경우에는 최근 1년 이내에 법인세를 납부한 시점부터 등록 신청 시점까지의 기간 동안 대표자 및 임원의 변경이 없는 경우로 한정합니다)는 해당 영업 또는 사업의 인·허가증 등 인·허가 등을 받았음을 증명하는 서류와 최근 1년 이내에 소득세(법인의 경우에는 법인세를 말합니다)를 납부한 사실을 증명하는 서류를 제출하는 경우에는 그 영위하고 있는 영업 또는 사업의 결격사유 규정과 중복되는 법 제7조제1항의 결격사유에 한하여 다음 각 목의 서류를 제출하지 아니할 수 있습니다.
가. 해당 국가의 정부나 그 밖의 권한 있는 기관이 발행한 서류 또는 공증인이 공증한 신청인의 진술서로서 「재외공관 공증법」에 따라 해당 국가에 주재하는 대한민국공관의 영사관이 확인한 서류 1부
나. 「외국공문서에 대한 인증의 요구를 폐지하는 협약」을 체결한 국가의 경우에는 해당 국가의 정부나 그 밖의 권한 있는 기관이 발행한 서류 또는 공증인이 공증한 신청인의 진술서로서 해당 국가의 아포스티유(Apostille) 확인서 발급 권한이 있는 기관이 그 확인서를 발급한 서류 1부
4. 부동산의 소유권 또는 사용권을 증명하는 서류(담당 공무원이 부동산의 등기사항증명서를 통하여 부동산의 소유권 또는 사용권을 확인할 수 없는 경우에만 해당합니다)
5. 회원을 모집할 계획인 호텔업·휴양콘도미니엄업의 경우로서 각 부동산에 저당권이 설정되어 있는 경우에는 「관광진흥법 시행령」 제24조제1항제2호 단서에 따른 보증보험가입 증명서류
6. 「외국인투자 촉진법」에 따른 외국인투자를 증명하는 서류(외국인투자기업의 경우에만 해당합니다) 1부
7. 「관광진흥법」 제15조에 따라 승인을 받은 사업계획에 포함된 부대영업을 하기 위하여 다른 법령에 따라 소관관청에 신고를 하였거나 인·허가 등을 받은 경우에는 각각 이를 증명하는 서류(제8호 또는 제9호의 서류에 따라 증명되는 경우에는 제외합니다) 1부
8. 「관광진흥법」 제18조제1항에 따라 신고를 하였거나 인·허가 등을 받은 것으로 의제되는 경우에는 각각 그 신고서 또는 신청서와 그 첨부서류 1부
9. 「관광진흥법」 제18조제1항 각 호에서 규정된 신고를 하였거나 인·허가 등을 받은 경우에는 각각 이를 증명하는 서류
10. 야영장업을 경영하기 위하여 다른 법령에 따른 인·허가 등을 받은 경우 이를 증명하는 서류 각 1부(야영장업 등록의 경우에만 해당합니다)
11. 「전기사업법 시행규칙」 제38조제3항에 따른 사용전점검확인증(야영장업 등록의 경우에만 해당합니다) 1부
12. 「먹는물 관리법」에 따른 먹는물 수질검사기관이 「먹는물 수질기준 및 검사 등에 관한 규칙」 제3조제2항에 따라 발행한 수질검사성적서(야영장에서 수돗물이 아닌 지하수 등을 먹는 물로 사용하는 경우에만 해당합니다) 1부
13. 시설의 평면도 및 배치도 각 1부
14. 시설별 일람표 각 1부
가. 관광숙박업: 별지 제2호서식의 시설별 일람표
나. 전문휴양업 및 종합휴양업: 별지 제3호서식의 시설별 일람표
다. 야영장업: 별지 제3호의2서식의 시설별 일람표
라. 국제회의시설업: 별지 제4호서식의 시설별 일람표</td></tr>
<tr><td rowspan="2">확
인
사
항</td><td>여행업 및 국제회의기획업의 경우</td><td>1. 법인 등기사항증명서(법인인 경우에만 해당합니다)
2. 부동산의 등기사항증명서</td></tr>
<tr><td>관광숙박업·관광객 이용시설업 및 국제회의시설업의 경우</td><td>1. 법인 등기사항증명서(법인인 경우에만 해당합니다)
2. 부동산의 등기사항증명서
3. 전기안전점검확인서(호텔업 또는 국제회의시설업 등록의 경우에만 해당합니다)
4. 액화석유가스 사용시설완성검사증명서(야영장업 등록의 경우에만 해당합니다)</td></tr>
</table>

2) 변경등록(지정)신고

여행업을 위해 관광사업등록증을 교부받은 이후 중요사항을 변경하고자 할 때 변경사유가 발생한 날로부터 30일 이내에 등록관청에 신고(별지 제6호 서식)하여야 한다.

① 변경등록(지정)사항

가. 사업계획변경승인을 얻은 사항(사업계획승인을 얻은 관광사업에 한한다)

나. 대표자의 변경

다. 사무실 소재지 변경 및 영업소 신설(여행업에 한함)

라. 상호변경

② 변경등록(지정)제외사항

경미한 사항일 경우,

- 임원의 변경
- 사업계획승인을 얻은 부지 또는 대지면적의 100분의 10이하의 변경

③ 변경등록(지정)관청은 최초 등록관청과 동일하다.

④ 처리기간은 4일

⑤ 구비서류

가. 변경사실을 증명할 수 있는 서류(여행업의 경우 법제14조에서 정한 보증보험 등 증권사본을 포함한다)

나. 수수료는 15,000원

■ 관광진흥법 시행규칙 [별지 제6호서식] 〈개정 2019. 4. 25.〉

관광사업 변경등록신청서

※ 색상이 어두운 란은 신청인이 적지 않습니다.

접수번호	접수일자	처리기간 : 4일

신청인	성 명(대표자)	주민등록번호 (외국인등록번호)
	주 소	전화번호

상호(명칭)		
주사업장 소재지		전화번호
등록번호		등록연월일
업 종		
변경등록 내용		

「관광진흥법」 제4조제4항 및 같은 법 시행규칙 제3조제1항에 따라 위와 같이 관광사업의 변경등록을 신청합니다.

년 월 일

신청인 (서명 또는 인)

특별자치시장
특별자치도지사 귀하
시장 · 군수 · 구청장

신청인 제출서류	변경사실을 증명하는 서류 각 1부	수수료
담당 공무원 확인사항	1. 전기안전점검확인서(영업소의 소재지 또는 면적의 변경 등으로 「전기사업법」 제66조의2제1항에 따른 전기안전점검을 받아야 하는 경우로서 호텔업 또는 국제회의시설업 변경등록을 신청한 경우만 해당합니다) 2. 액화석유가스 사용시설완성검사증명서(야영장 시설의 설치 또는 폐지 등으로 「액화석유가스의 안전관리 및 사업법」 제36조에 따른 액화석유가스 사용시설완성검사를 받아야 하는 경우로서 야영장업 변경등록을 신청한 경우만 해당합니다)	ㅇ 외국인관광 도시민박업의 경우: 15,000원 ㅇ 그 밖의 관광사업의 경우: 15,000원(숙박시설 중 객실 변경등록을 하는 경우 매 실당 600원을 가산한 금액으로 합니다.)

행정정보 공동이용 동의서

본인은 이 건 업무처리와 관련하여 담당 공무원이 「전자정부법」 제36조제1항에 따른 행정정보의 공동이용을 통하여 위의 담당 공무원 확인사항을 확인하는 것에 동의합니다. *동의하지 아니하는 경우에는 신청인이 직접 관련 서류를 제출하여야 합니다.

신청인 (서명 또는 인)

처리절차

신청서 작성	➔	접 수	➔	검 토	➔	결 정	➔	등록증 발급
신청인		처 리 기 관 (특별자치시·특별자치도·시·군·구)		처 리 기 관 (특별자치시·특별자치도·시·군·구)		처 리 기 관 (특별자치시·특별자치도·시·군·구)		처 리 기 관 (특별자치시·특별자치도·시·군·구)

3) 휴업 또는 폐업신고

관광사업의 전부 또는 일부를 휴업(폐업)하고자 할 경우 휴업(폐업)한 날로부터 7일 이내에 등록관청에 신고하여야 한다.

① 구비서류 : 신청서 1부(신청서 별지 제24호 서식)

② 처리기간 : 1일(수수료 없음)

4) 양도 및 양수(지위승계) 신고

관광사업을 타인에게 양도하거나 양수할 사유가 발생할 경우 발생할 날로부터 15일 이내에 관련 증빙서류와 함께 등록관청에 신고를 하여야 한다.

① 구비서류

가. 지위를 승계한 자(법인의 경우에는 대표자 및 임원)의 성명·주민등록번호·본적을 기재한 서류(외국인의 경우에는 법 제7조제1항 각호에 해당 하지 아니함을 증명하는 당해 국가의 정부, 기타 권한 있는 기관이 발행한 서류 또는 공증인이 공증한 신청인의 진술서로서 재외공관공증법에 의하여 당해 국가에 주재하는 대한민국공관의 영사관이 확인한 서류) 1부

나. 양도·양수 등 지위승계(시설인수명세를 포함한다)를 증명할 수 있는 서류 1부

다. 지위를 승계한 자의 법인등기부등본(법인의 경우에 한한다) 1부

② 수수료 20,000원

③ 처리기간은 국내여행업 2일, 국외여행업 및 일반여행업 5일

④ 신청서(별지 제 23호 서식)

■ 관광진흥법 시행규칙 [별지 제24호서식] 〈개정 2019. 6. 12.〉

관광사업 휴업 또는 폐업 [ ] 통보서 [ ] 신고서

※ 색상이 어두운 난은 신고인이 적지 않습니다.

접수번호	접수일	처리기간 1일
신고인	성 명(대표자)	생년월일 (외국인등록번호)
	주 소	전화번호

영업소와 소재지(명칭)		
상 호		전화번호
영업의 종류		등록(허가)번호
휴업 또는 폐업 사유		
휴업 또는 폐업 연월일		
휴업 또는 폐업 범위		
휴업기간		

「관광진흥법」 제8조제8항 및 같은 법 시행규칙 제17조에 따라 관광사업의 휴업 또는 폐업을 통보(신고)합니다.

년 월 일

신고인 (서명 또는 인)

문화체육관광부장관·특별자치시장·특별자치도지사·시장·군수·구청장·지역별 관광협회장 귀하

첨부서류	휴업기간 또는 폐업 시 카지노기구의 관리계획에 관한 서류(카지노업의 경우만 해당합니다) 1부	수수료 없음

처리절차

신고서 작성 ➔ 접 수 ➔ 검 토 ➔ 수 리

신고인

처 리 기 관
(문화체육관광부·특별자치시·특별자치도·시·군·구·지역별 관광협회)

■ 관광진흥법 시행규칙 [별지 제23호서식] 〈개정 2019. 4. 25.〉

관광사업 양수(지위승계) 신고서

※ 색상이 어두운 란은 신청인이 적지 않습니다. (앞쪽)

접수번호	접수일시	발급일	처리기간	o 국내여행업: 2일 o 국외·일반여행업·관광숙박업·관광객이용시설업·국제회의업·유원시설업·관광편의 시설업: 5일 o 카지노업:7일

양도인 (피합병인)	성 명(대표자)	생년월일(외국인등록번호)
	주 소	전화번호
양수인 (합병인)	성 명(대표자)	생년월일(외국인등록번호)
	주 소	전화번호

양도인(피합병인)의 상호·등록번호		
업종		
주영업장의 소재지		전화번호
양수인(합병인)이 사용할 상호(명칭)		
사업양도(지위승계)의 사유 및 대상		
사업양도(지위승계) 연월일	년 월 일	

「관광진흥법」 제8조 및 같은 법 시행규칙 제16조에 따라 관광사업 양수(지위승계)를 신고합니다.

년 월 일

신고인 양도인(피합병인) (서명 또는 인)

양수인(합병인) (서명 또는 인)

문화체육관광부장관
특별자치시장·특별자치도지사 귀하
시장·군수·구청장, 지역별 관광협회장

제출서류	뒤쪽 참조(행정처분 등의 내용 고지 및 가중처분 대상업소 확인서 포함)	수수료 20,000원

처 리 절 차

신청서 작성	→	접 수	→	검 토	→	수 리	→	등록·허가·신고증 발급
신청인		처 리 기 관 (문화체육관광부, 특별자치시·특별자치도·시·도, 시·군·구 또는 지역별 관광협회)		처 리 기 관 (문화체육관광부, 특별자치시·특별자치도·시·도, 시·군·구 또는 지역별 관광협회)		처 리 기 관 (문화체육관광부, 특별자치시·특별자치도·시·도, 시·군·구 또는 지역별 관광협회)		

5) 등록증 재교부

관광사업자등록증을 분실(훼손) 되었을 경우 신고 후 재교부를 받아야 하며, 구비서류는 분실사유서(등록증 등을 분실한 경우) 1부, 등록증·허가증 또는 지정증(등록증 등이 훼손되어 못쓰게 된 경우)

[별지 제7호서식] 〈개정 2019. 4. 25.〉

등록증등 재발급신청서				처리기간 3일
신청인	① 성 명		② 생년월일	
	③ 주 소	(전화 :)		
④ 상 호(명칭)				
⑤ 업 종				
⑥ 영업소 소재지		(전화 :)		
⑦ 등록(허가)번호				
⑧ 등록(허가) 연월일		. . .		
⑨ 재발급 사유				

「관광진흥법 시행규칙」 제5조에 따라 [□ 관광사업 등록증 / □ 카지노업 허가증 / □ 관광편의시설업 지정증 / □ 유원시설업 허가·신고증]의

재발급을 신청합니다.

년 월 일

신청인 (서명 또는 인)

[문화체육관광부장관 / 특별자치시장 / 시장·군수·구청장 / 지역별 관광협회장] 귀하

※ 구비서류 등록증·허가증·신고증 또는 지정증(등록증 등이 헐어 못 쓰게 된 경우만 해당합니다)	수수료 3,000원

210mm×297mm[일반용지 60g/㎡(재활용품)]

6) 보증보험 등 가입

여행업 등록을 한 자는 관광진흥법 제9조에 따라 해당 사업과 관련하여 사고가 발생하거나 관광객에게 손해가 발생하면 문화체육관광부령으로 정하는 바에 따라 피해자에게 보험금을 지급할 것을 내용으로 하는 보험 또는 공제에 가입하거나 영업보증금을 예치하여야 한다. 이는 휴업기간을 포함한 사업기간에 계속하여 이를 유지해야 한다.

여행업자가 가입하거나 예치하고 이를 유지하여야 할 보증보험 등의 가입금액 또는 영업보증금의 예치금액은 다음과 같다.

표 3-4 | 보증보험 등 가입금액(영업보증금 예치금액) 기준

(단위: 천 원)

여행업의 종류 / 직전 사업연도 매출액	국내여행업	국외여행업	일반여행업
1억 원 미만	20,000	30,000	50,000
1억 원 이상 5억 원 미만	30,000	40,000	65,000
5억 원 이상 10억 원 미만	45,000	55,000	85,000
10억 원 이상 50억 원 미만	85,000	100,000	150,000
50억 원 이상 100억 원 미만	140,000	180,000	250,000
100억 원 이상 1,000억 원 미만	450,000	750,000	1,000,000
1,000억 원 이상	750,000	1,250,000	1,510,000

공제 영업보증 가입신청서

증서발행번호 제 호

피 보 험 자				
계약자기재사항	주 소			
	상 호		대표자명	
	대표자주민번호		업 종	국내.국외.일반 (해당업종 표기)
	법인 또는 사업자번호			
	관광사업등록번호		전화번호	
			팩스번호	
공제기간	년 월 일 24시부터			
	년 월 일 24시까지			
공제금액	원	분 담 금	원	
비 고	관광진흥법 제9조 동법 시행규칙 제18조에 의거			

공제규정과 동 약관의 관계조항 및 제 규정을 승인하고 공제가입을 신청합니다.

년 월 일

※ 계약자기재사항 만 기재하시고 하단의 신청회사는 명판과 도장을 날인하여주시기 바랍니다.

(신청회사)

주 소

상 호

대표자 (인)

한국관광협회중앙회 여행공제회

7) 기획여행 신고

제4조 제1항에 따라 여행업 등록을 한 자는 문화체육관광부령으로 정하는 요건을 갖추어 문화체육관광부령으로 정하는 바에 따라 기획여행을 실시할 수 있다. 보증보험 가입에도 불구하고 관광진흥법 제12조에 따라 기획여행을 실시하려는 자는 직전 사업연도의 매출액(손익계산서에 표시된 매출액을 말한다)에 따라 영업보증금을 예치하고 이를 유지하여야 하며, 그 사실을 증명하는 서류를 지체없이 특별자치도지사·시장·군수·구청장에게 제출하여야 한다. 또한 보증보험 가입, 영업보증금의 예치 및 그 배상금의 지급에 관한 절차 등은 문화체육관광부장관이 정하여 고시한다. 기획여행[1)]을 실시하는 자가 광고를 하려는 경우에는 다음 각 호의 사항을 표시하여야 하며, 2 이상의 기획여행을 동시에 광고하는 경우에는 다음 각 호의 사항 중 내용이 동일한 것은 공통으로 표시할 수 있다.<관광진흥법 제12조 관련>

여기에 해당되는 업종은 일반여행업과 국외여행업 등록업자로서 아래 구비서류와 함께 신고를 하여야 한다.

① 여행업 등록번호, 상호, 소재지 및 등록관청
② 기획여행명·여행일정·주요 여행지
③ 여행경비
④ 교통·숙박·식사 등 여행자가 제공받을 서비스 내용
⑤ 최저 여행인원
⑥ 제18조 제3항에 따른 보증보험 가입 또는 영업보증금 예치 내용
⑦ 여행일정 변경 시 여행자의 사전 동의 규정

1) 기획여행이란 '여행업을 경영하는 자가 국외여행을 하고자 하는 여행자를 위하여 여행의 목적지·일정, 여행자가 제공받을 운송 또는 숙박 등의 서비스 내용과 그 요금 등에 관한 사항을 미리 정하고, 이에 참가하는 여행자를 모집하여 실시하는 여행'이다.

표 3-5 | 보증보험 등 가입금액 및 영업보증금 예치금액 기준(제18조 제3항 관련)

직전 사업연도의 매출액	보증보험 등 가입금액 및 영업보증금 예치금액
50억 원 미만	2억 원 이상
50억~100억 원 미만	3억 원 이상
100억~1,000억 원 미만	5억 원 이상
1,000억 원 이상	7억 원 이상

1. 「소득세법」 제160조제3항 및 같은 법 시행령 제208조제5항에 따른 간편장부대상자(손익계산서를 작성하지 아니한 자만 해당한다)는 보증보험 등 가입금액 및 영업보증금 예치금액을 2억 원 이상으로 한다.
2. 직전 사업연도의 매출액이 없는 사업 개시 연도의 경우에는 보증보험 등 가입금액 및 영업보증금 예치금액을 각각 2억 원 이상으로 한다.

그림 3-3 | 기획여행신고 광고 샘플

8) 여행안내원

여행업자가 내국인 국내여행 및 국외여행 외국인 국내여행을 실시할 경우 여행자의 안전 및 편의제공을 위하여 다음과 같이 관광업무별 유자격자를 채용하여야 한다.

표 3-6 | 관광 업무별 자격기준(제36조 관련)

업무	채용권고	채용의무
외국인 관광객의 국내여행을 위한 안내		관광통역안내사
내국인의 국내여행을 위한 안내	국내여행안내사	
내국인의 국외여행을 위한 인솔		국외여행인솔자

** 무자격 국외여행인솔자 위반시 행정처분 내용
· 1차 사업정지 10일 · 2차 사업정지 20일 · 3차 사업정지 1개월 · 4차 사업정지 3개월

특히 여행안내(인솔)자를 채용시 문화체육관광부령이 정하는 요건에 적합한 자를 다음과 같이 두어야 한다.

① 관광통역안내사 자격을 취득한 자
② 여행업체에서 6개월 이상 근무하고 국외여행경험이 있는 자로서 문화체육관광부장관이 정하는 소양교육(2일)을 이수한 자
③ 문화체육관광부장관이 별도로 지정하는 교육기관에서 국외여행 인솔에 필요한 양성교육과 자격을 취득한 자
④ 산업인력공단 및 한국관광협회중앙회 주관 국내여행안내사자격증 소지자.

사례 | 국외여행업 사업계획서 작성

사업계획은 사업의 목적을 분명히 정하는 것일 뿐 아니라 목적을 달성하기 위해 경영방침을 정하는 것으로 국외여행업 사업계획의 사례는 다음과 같다.

1. 사업계획 작성사례
1) 사업의 목적

1989년 1월 1일 해외여행 자율화 이후 우리나라의 여행업은 날로 발전해 나가고 있다. 국민소득의 증대와 주 5일 근무제 시행에 따른 여가시간 또한 증대되어 주말을 이용한 단기간 여행과 교육적 목적의 학습여행의 수요는 증가되는 추세로 볼 수 있다.

이러한 점으로 볼 때, 당사의 사업 목적은 전문화된 여행상품을 취급하는 전문여행사로 발전시켜 내국인을 위한 테마형 여행상품개발로 여행시장의 선점과 향후 전문여행사로서의 입지를 구축하고자 한다. 또한 대학교 학생의 교육적인 학습여행의 기회가 될 수 있는 산·학 연계의 다양한 프로그램 상품개발로 학습기회의 폭을 넓힌다.

2) 영업방침

당사는 소비자의 여행패턴 변화에 적절히 대응할 수 있는 전문여행사로서 국가경제의 일익을 충실히 수행하고 성실한 서비스 정신으로 여행의 질적인 향상에 역점을 두어 기업의 발전과 지역사회의 발전을 도모함으로 써 국가 경제발전에 기여하는 건실한 기업으로서의 경영을 지향한다.

- 다양한 상품과 테마형 관광상품과 SIT(Special Interest Tourism : 특별관심(흥미) 여행)상품을 주축으로 한 판매 전문여행사로 발 돋음.
- 내국인대상 국외 테마여행상품 및 학습위주 교육여행 상품판매 전문여행사.
- 대학생위주의 학습여행상품 판매 전문여행사 등.

3) 사업체 현황

(1) 사업체개요

<table>
<tr><td>사업체명</td><td colspan="2">(주)OOO여행사</td><td>설립일자</td><td>년 월 일</td><td>조직형태</td><td>법인</td></tr>
<tr><td rowspan="2">대표자</td><td colspan="2">성 명</td><td>홍길동</td><td>주민등록번호</td><td colspan="2">000000-0000000</td></tr>
<tr><td colspan="2">주 소</td><td colspan="4">서울시 OOO OOO OOO 종로 000</td></tr>
<tr><td rowspan="5">사업체</td><td colspan="2">업 종</td><td colspan="4">서비스</td></tr>
<tr><td colspan="2">자 본 금</td><td colspan="4">6천만 원</td></tr>
<tr><td rowspan="2">소재지</td><td>본 사</td><td colspan="4">서울시 OOO OOO OOO 종로 000</td></tr>
<tr><td>영업소</td><td colspan="4"></td></tr>
<tr><td colspan="2">주 사업내용</td><td colspan="4">■ 여행알선업 ■ 항공권 판매대리점업 ■ 운송업</td></tr>
</table>

(2) 회사 조직도

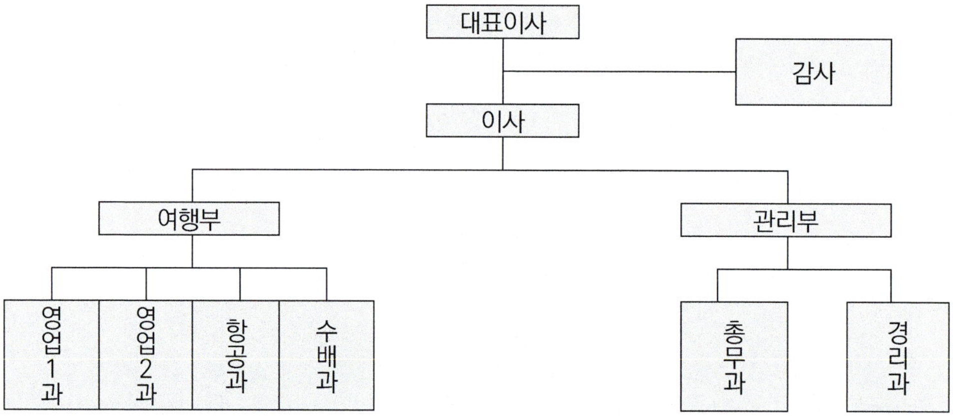

(3) 인력수급계획 (3차년도)

(단위 : 명)

년차	직위	임원	여행부	관리부	계
제 1~2 차 년도	대표이사	1			1
	상무이사				
	이사	1			1
	부장		1		1
	차장				
	과장		1		1
	대리		1	1	2
	계장		2		2
	사원		3	1	4
	계	2	8	2	12
년차	직위	임원	여행부	관리부	계
제 3 차 년도	대표이사	1			1
	상무이사				
	이사	1			1
	부장		1		2
	차장				
	과장		2	1	3
	대리		2	1	3
	계장		2		2
	사원		6	1	7
	계	2	13	3	18

(4) 인건비 계획명세서

▌1차년도 (0000년 1월 ~ 12월) (단위 : 천 원)

년차	직위	인원	월 급여	상여금	기타수당	총액	비고
제 1 차 년도	대 표 이 사	1명	3,000			27,000	
	상 무 이 사						
	이 사	1명	1,850			16,650	
	부 장	1명	1,520			13,680	
	차 장						
	과 장	1명	1,110			9,990	
	대 리	2명	2,040			18,360	
	계 장	2명	1,660			14,940	
	사 원	4명	2,960			26,640	
	계	11명	13,400			127,260	

▌제 2차 및 3차 년도 / 상여금은 급여 기본급 60%적용(연 400%) (단위 : 천 원)

년차	직위	인원	월 급여	상여금	기타수당	총액	비고
제 2 차 년도	대표이사	1명	3,000	5,400		41,400	
	상무이사						
	이 사	1명	1,850	3,330		25,530	
	부 장	1명	1,520	2,736		20,976	
	차 장						
	과 장	1명	1,110	1,998		15,318	
	대 리	2명	2,040	3,672		28,152	
	계 장	2명	1,660	2,988		22,908	
	사 원	4명	2,960	5,328		40,848	
	계	12명	13,400	25,452		195,132	
년차	직위	인원	월 급여	상여금	기타수당	총액	비고
제 3 차 년도	대표이사	1명	3,150	5,670		43,470	
	상무이사						
	이 사	1명	1,942	3,496		26,800	
	부 장	1명	4,788	8,618		66,074	
	차 장						
	과 장	2명	2,331	4,196		32,168	
	대 리	2명	2,142	3,854		29,558	
	계 장	2명	2,664.3	4,796		36,767	
	사 원	5명	3,955	7,125		76,488	
	계	15명	20,972	37,755		311,325	

(5) 향후 3년간 항공권 판매계획

▍1차년도 (단위 : 천 원)

월별	국제항공			수수료총계
	인원수	항공료	알선수수료(9%)	
1월				
2월				
3월				
4월	50	495,000	2,227,500	2,227,500
5월	100		4,455,000	4,455,000
6월	150		6,882,500	6,882,500
7월	200		8,910,000	8,910,000
8월	200	589,000	10,602,000	10,602,000
9월	200		10,602,000	10,602,000
10월	350		18,553,500	18,553,500
11월	340		18,023,400	18,023,400
12월	350	635,000	20,002,500	20,002,500
계	19,400		100,258,400	100,258,400
월평균	215		11,139,822	11,139,822

▍2차년도 (단위 : 천 원)

월별	국제항공			수수료총계
	인원수	항공료	알선수수료(9%)	
1월	370	645,700	21,501,810	21,501,810
2월	320	645,700	18,596,160	18,596,160
3월	250	618,400	13,914,000	13,914,000
4월	250	618,400	13,914,000	13,914,000
5월	250	618,400	13,914,000	13,914,000
6월	300	618,400	16,696,800	16,696,800
7월	450	645,700	26,150,850	26,150,850
8월	450	645,700	26,150,850	26,150,850
9월	300	618,400	16,696,800	16,696,800
10월	250	618,400	13,914,000	13,914,000
11월	270	618,400	15,027,120	15,027,120
12월	470	645,700	27,313,110	27,313,110
계	3,930		223,789,500	223,789,500
월평균	328		18,649,125	18,649,125

▌제3차년도 (단위 : 원)

월별	국제항공			수수료총계
	인원수	항공료	알선수수료(9%)	
1월	400	683,000	24,588,000	24,588,000
2월	400	683,000	24,588,000	24,588,000
3월	300	625,700	16,893,900	16,893,900
4월	300	625,700	16,893,900	16,893,900
5월	300	625,700	16,893,900	16,893,900
6월	300	625,700	16,893,900	16,893,900
7월	400	683,000	24,588,000	24,588,000
8월	450	683,000	27,661,500	27,661,500
9월	350	625,700	19,709,550	19,709,550
10월	350	625,700	19,709,550	19,709,550
11월	350	625,700	19,709,550	19,709,550
12월	500	683,000	30,735,000	30,735,000
계	4,400	7,794,900	258,864,750	258,864,750
월평균	367	649,575	21,572,063	21,572,063

(6) 향후 3년간 국외여행 알선판매 계획

▌제1차년도 (단위 : 천 원)

월별	아주지역			미주지역			구주지역			수수료 총계
	인원	1인 매출액	수수료 (9%)	인원	1인 매출액	수수료 (9%)	인원	1인 매출액	수수료 (9%)	
1월										
2월										
3월										
4월	30	640	1,728	25	1,620,000	3,645	20	1,950	3,510	8,883.
5월	50		2,880	35		5,103	30		5,265	13,248.
6월	70		4,032	40		5,832	35		6,142.5	16,006.5
7월	80		4,608	50		7,290,	50		8,775	20,673.
8월	100		5,760	55		8,019	60		10,530	24,309.
9월	80		4,608	40		5,832	45		7,897.5	18,337.5
10월	60		3,456	30		4,374	30		5,265	13,095
11월	80		4,608	20		2,916	25		4,387.5	11,911.5
12월	100		5,760	30		4,374	30		5,265	15,399
계	650		37,440	325		47,385	325		57,037.5	141,862.5

▌2차년도 (단위 : 천 원)

월별	아주지역			미주지역			구주지역			수수료 총계
	인원	1인 매출액	수수료	인원	1인 매출액	수수료	인원	1인 매출액	수수료	
1월	100	670	5,760	50	1,730	7,290	30	2,050	5,265	18,315
2월	80		4,608	30		4,374	20		3,510	12,492
3월	60		3,456	50		7,290	25		4,387	15,133.5
4월	50		2,880	25		3,645	20		3,510	10,035
5월	70		4,032	35		5,103	35		6,142	15,277,5
6월	60		3,454	50		7,290	50		8,775	19,521
7월	100		5,760	60		8,748	50		8,775	23,283
8월	120		6,912	70		10,206	65		11,407	28,525.5
9월	80		4,608	40		5,832	60		10,530	20,970
10월	60		3,456	30		4,374	30		5,265	13,095
11월	80		4,608	20		2,916	25		4,387	11,911
12월	120		6,912	50		4,374	45		7,897	19,183
계	980		56,448	510		71,442	455		66,690	194,580

▌제3차년도 (단위 : 천 원)

월별	아주지역			미주지역			구주지역			수수료 총계
	인원	1인 매출액	수수료	인원	1인 매출액	수수료	인원	1인 매출액	수수료	
1월	120	680	6,912	55	1,800	8,019	55	2,100	9,652.5	24,583.5
2월	100		5,760	50		7,290	35		3,510	16,560
3월	85		4,896	75		10,935	40		7,020	22,851
4월	60		3,456	40		5,832	40		7,020	16,308
5월	95		5,472	45		6,561	60		10,530	22,563
6월	80		4,608	60		8,748	70		12,285	25,641
7월	130		7,488	90		13,122	75		13,162.5	33,772.5
8월	140		8,064	100		14,580	70		12,285	34,929
9월	120		6,912	50		7,290	60		10,530	24,732
10월	80		4,608	40		5,832	50		8,775	19,215
11월	100		5,760	50		7,290	50		8,775	21,825
12월	140		8,064	90		4,374	55		9,652.5	22,090.5
계	1250		72,000	745		99,873	660		93,015	285,070.5

(7) 향후 3년간 추정손익 계산

▌수익금 총집계표 (단위 : 원)

연도별 항목별	제1차년도	제2차년도	제3차년도	비고
항공판매수수료	100,258,400	223,789,500	258,864,750	
국외여행 알선수수료	141,862,500	194,580,000	285,070,500	
영업외 수익	10,000,000	25,000,000	35,000,000	
합　계	252,120,900	443,369,500	578,935,250	

▌연도별 지출예상표 (단위 : 원)

항목별	제1차년도	제2차년도	제3차년도	비고
1. 판매 및 일반관리비	242,120,900	345,349,200	501,926,000	
① 급여	198,612,000	195,132,000	311,325,000	
② 상여금	-	25,452,000	42,536,000	
③ 복리후생비	12,726,000	19,513,200	31,132,500	
④ 통신비	1,008,000	12,000,000	21,600,000	
⑤ 제세공과금	6,300,000	12,000,000	9,600,000	
⑥ 관리비(수도, 광열비)	4,500,000	8,400,000	10,800,000	
⑦ 광고·선전비	4,500,000	8,400,000	9,600,000	
⑧ 사무용품비	900,000	1,800,000	2,400,000	
⑨ 도서인쇄비	2,700,000	3,600,000	3,600,000	
⑩ 여비교통비	5,400,000	7,200,000	10,800,000	
⑪ 접대비	4,500,000	8,400,000	9,600,000	
⑫ 퇴직급여충당금	12,726,000	25,452,000	31,132,500	
⑬ 차량유지관리비	3,600,000	12,000,000	10,800,000	
⑭ 잡비	2,700,000	6,000,000	6,000,000	
2. 영업외 비용	21,000,000	30,000,000	25,000,000	
① 영업비용	20,000,000	20,000,000	15,000,000	
② 기부금융	1,000,000	10,000,000	10,000,000	
계	263,120,900	312,349,200	526,926,000	

▎연차별 추정 손익계산서

■ 제1차년도(0000년 1월 ~ 12월) (단위 : 원)

과목	금액	산출내역
1. 총 수 입	242,120,900	
① 항공판매수수료	100,258,400	
② 국외여행 알선수수료	141,862,500	
2. 판매 및 일반관리비	269,964,000	
① 급여	198,612,000	
② 상여금	-	
③ 복리후생비	12,726,000	급여의 10%
④ 통신비	10,800,000	100,000 X 12대 X 9개월
⑤ 제세공과금	6,300,000	700,000 X 9개월
⑥ 관리비(수도, 광열비)	4,500,000	500,000 X 9개월
⑦ 광고·선전비	4,500,000	500,000 X 9개월
⑧ 사무용품비	900,000	100,000 X 9개월
⑨ 도서인쇄비	2,700,000	300,000 X 9개월
⑩ 여비교통비	5,400,000	50,000 X 12명 X 9개월
⑪ 접대비	4,500,000	500,000 X 9개월
⑫ 퇴직급여충당금	12,726,000	급여의 10%
⑬ 차량유지관리비	3,600,000	200,000 X 2대 X 9개월
⑭ 잡비	2,700,000	200,000 X 9개월
3. 영업이익	-27,843,100	
4. 영업외 수익	10,000,000	
5. 영업외 비용	21,000,000	
6. 법인세 차감전 순이익	-38,843,100	
7. 법인세 등		
8. 당기순이익	-38,843,100	

■ 제2차년도 (단위 : 원)

과목	금액	산출내역
1. 총 수 입	431,532,000	
① 항공판매수수료	223,789,500	
② 국외여행 알선수수료	207,742,500	
2. 판매 및 일반관리비	345,349,200	
① 급여	195,132,000	
② 상여금	25,452,000	
③ 복리후생비	19,513,200	급여의 10%
④ 통신비	12,000,000	100,000 X 12대 X 12개월
⑤ 제세공과금	12,000,000	1,000,000 X 12개월
⑥ 관리비(수도, 광열비)	8,400,000	700,000 X 12개월
⑦ 광고·선전비	8,400,000	700,000 X 12개월
⑧ 사무용품비	1,800,000	150,000 X 12개월
⑨ 도서인쇄비	3,600,000	300,000 X 12개월
⑩ 여비교통비	7,200,000	50,000 X 12명 X 12개월
⑪ 접대비	8,400,000	700,000 X 12개월
⑫ 퇴직급여충당금	25,452,000	급여의 10%
⑬ 차량유지관리비	12,000,000	500,000 X 2대 X 12개월
⑭ 잡비	6,000,000	500,000 X 12개월
3. 영업이익	86,182,800	
4. 영업외 수익	25,000,000	
5. 영업외 비용	30,000,000	
6. 법인세 차감전 순이익	81,182,800	
7. 법인세 등		
8. 당기순이익	81,182,800	

■ 제3차년도 (단위 : 원)

과목	금액	산출내역
1. 총 수 입	543,935,250	
① 항공판매수수료	258,864,750	
② 국외여행 알선수수료	285,070,500	
2. 판매 및 일반관리비	501,926,000	
① 급여	311,325,000	
② 상여금	42,536,000	
③ 복리후생비	31,132,500	급여의 10%
④ 통신비	21,600,000	100,000 X 18대 X 12개월
⑤ 제세공과금	9,600,000	800,000 X 12개월
⑥ 관리비(수도, 광열비)	10,800,000	900,000 X 12개월
⑦ 광고·선전비	9,600,000	800,000 X 12개월
⑧ 사무용품비	2,400,000	200,000 X 12개월
⑨ 도서인쇄비	3,600,000	300,000 X 12개월
⑩ 여비교통비	10,800,000	50,000 X 18명 X 12개월
⑪ 접대비	9,600,000	800,00 X 12개월
⑫ 퇴직급여충당금	31,132,500	급여의 10%
⑬ 차량유지관리비	10,800,000	300,000 X 3대 X 12개월
⑭ 잡비	6,000,000	500,000 x 12개월
3. 영업이익	42,009,250	
4. 영업외 수익	35,000,000	
5. 영업외 비용	25,000,000	
6. 법인세 차감전 순이익	52,009,250	
7. 법인세 등		
8. 당기순이익	52,009,250	

CHAPTER 04

여행업 조직과 업무

SECTION 01. 여행업 조직

SECTION 02. 여행업 업무

SECTION 03. 여행업 현황

SECTION

01 여행업 조직

01. 여행업 조직 개념

여행업 조직은 일반재화를 생산하는 업종과 달리 인적자원 의존도가 높은 인간위주 조직으로 본질적으로 소비자와 직접 대면하는 일선의 업무 비중이 높은 특성을 가지고 있다. 점차 대형여행사의 시장 점유율 확대가 이루어지고 있는 가운데 관련 전공과 비관련 전공의 전문 인력을 확보하여 효과적으로 여행업 경영관리에 있어 통제와 관리가 체계적으로 이루어지고 있다.

일반적으로 조직은 공동의 목적을 추구하는 사람들의 집단이므로 기업이 목표하는 성공적 실행을 뒷받침하는 가장 중요한 요소로 들 수 있는 것이 조직구조이다. 조직구조란 '조직의 목표를 달성하기 위한 조직구성원 및 집단행동에 영향을 미치는 직무와 부서의 안정된 프레임워크(Frame Work)'이다. 조직 개념은 여러 학자들에 의해서 다양하게 정의되고 있다.

테리(Terry)는 조직을 "일정한 목표달성을 위해 필요하다고 생각되는 여러 활동을 결정하고 집합·배열하는 일이며, 이와 같은 활동에 사람들을 배정하는 일이고 적절한 물질적 요소를 준비하는 일이자 각기 책임을 맡은 각 개인에게 권한을 위양하는 일"이라 하였다.

에치오니(Etzioni)는 조직이란 "일정한 환경 하에서 특정한 목표(Goals)를 추구하며, 이를 위해서 일정한 구조를 형성하는 사회적 단위"라고 하였으며, 알렌(L. A. Allen)은 "조직의 목적달성을 위하여 수행해야 할 직무의 성질을 명확히 편성하고, 책임과 권한을 분명히 하여 이것을 위양함으로서 상호관계를 설정하는 과정"으로 규정하고 있다.

이와 같은 정의를 종합해 보면, 공동 목표달성을 위해 다수의 인간들이 의식적으로 모였고, 그 목표달성을 위해 그들의 행동을 역시 의식적으로 조정하는 체계 즉 사람의 집단이 아니라 행동의 체계로 보고 있다. 조직의 규모가 커지고 가치의 활동이 복잡할수록 직원을 적절한 부서로 배치하고 이들 부서가 수행할 활동을 차별화(Differentiation)할 필요가 있다. 전문화된 기업 조직이 기업 활동을 효과적이고 효율적으로 수행할 수 있으나, 기업이 성공하기 위해서는 어떠한 조직구조를 갖출 것인가가 매우 중요하다. 따라서 여행사 경영조직의 기본적 개념은 다음과 같다.

첫째, 기업이 달성하고자 하는 목적과 목표에 적합해야 한다.

둘째, 경영의 여러 직능을 분할·편성하고, 권한과 책임을 적절히 배분하며, 분화된 경영조직과 권한을 조직구성원 각자에게 나눠 주어, 능동적으로 조직에 참여해 나갈 수 있도록 동기부여를 제공하여야 한다.

셋째, 종사원 개개인이 보다 창의적으로 참여할 수 있는 환경을 조성해 주고, 조직 내의 의사소통이 원만히 이루어질 수 있도록 조정하여 경영목적에 달성될 수 있도록 하여야 한다.

02. 여행업 조직특성

여행사 조직은 여행사 규모, 매출액, 업무영역과 주력부문, 사무자동화 정도에 따라 다양한 조직형태를 취할 수 있으나, 기본적으로는 고객 지향적 기업활동에 의한 고객만족과 기업이윤을 추구하기 위한 전사적 시스템이 존재해야 한다. 여행업 성장과 발전은 전문화된 인간위주의 경영, 즉 종사원을 합리적으로 관리하는데 있다. 인적자원 의존도가 높은 이유는 여행업은 사람에 의해 이루어지고 여행자를 위해 존재하며, 여행사의 성공도 사람에게 달려있기 때문이다.

이런 점에서, 여행업은 다양한 환경과 변화에 적절히 대응해 나갈 수 있는 이상적인 경영조직을 형성하여 효율적·합리적으로 경영활동을 수행해 나가지 않으면 기업의 성장과 발전에 한계가 있을 것이다. 여행업 경영자는 종사원의 자질과 능력을 배양하는 보람과 만족을 갖고 업무를 수행할 수 있도록 환경을 조성하여야 한다. 즉 급변하는 환경에 유연하게 적응하고 조직의 효율성을 극대화시키는 것이 필요하다. 이를 위한 여행사 조직구성의 방향성을 지시하면 다음과 같다.

첫째, 고객지향적 이어야 한다. 여행사는 유형의 상품판매가 아닌 무형의 여행상품을 판매하는 대인관계의 중요성이 강조된다.

둘째, 조직의 감소화를 통해 효율적인 조직운영 체계를 마련해야 한다. 조직규모의 대형화에서 흔히 나타나는 관료화 경향을 없애고, 자율적인 조직형태로 발전시키기 위하여 지역, 상품, 고객 등의 작은 단위로 세분화해 나가야 한다.

셋째, 영업부문이 우선되어야 한다. 관리부문보다는 영업부문을 우선으로 운영되어야 한다.

넷째, 필요에 따라서는 기능중심의 수평적 구성을 통해서 조직의 위기 능력을 고양시켜 나가야 한다.

다섯째, 동적 조직이어야 한다. 기업환경은 급속하게 변화하고 있어 신상품 개발 및 판매 분야의 개발을 계획적으로 해 나가야 한다. 기존의 조직으로 대응이 어려우면 수시로 프로젝트팀·판촉팀제 등을 조직하여 탄력적인 운영을 하여야 한다.

여섯째, 단위별로 특성에 맞는 조직 운영체계를 마련하는 것도 하나의 방안이 될 것이다. 이를 위해서는 사업장별 독자적인 조직 및 경영진단을 실시하여야 한다.

일곱째, 조직구성원 개개인을 보다 우수한 인재로 육성하여 각자가 맡은 분야에서 최고의 전문가가 될 수 있도록 동기부여와 지속적인 교육을 지원해야 한다.

이렇게 함으로써 조직구성원들의 새로운 아이디어와 자율적인 상품개발을 적극 유도할 수 있을 뿐만 아니라 각자가 맡은 부문에서 기업 대표자로서의 역할을 수행하게 하여야 한다.

03. 여행업 조직유형

기업이 목표 달성을 위해 어떤 식으로 조직구성을 할 것인지는 매우 중요하다. 일반적으로 한국의 여행업 조직형태는 크게 기능별, 사업부별, 매트릭스별로 구분할 수 있다.

1) 기능별 조직(Functional Structure)

기능별 조직은 대다수 기업의 조직형태로 업무내용이 유사한 직무기능을 묶어 전문화함으로써 업무의 집중·능력·전문성·경제성을 가져오는 장점이 있는 반면에 타 부서와의 업무 협조가 잘 이루어 지지 않아, 부서 간 갈등과 책임감 결여 등의 문제점으로 고객의 불편을 초래할 수 있다. 우리나라 여행사의 기능별 조직은 중·대형 여행사들의 조직형태로 볼 수 있다.

그림 4-1 l 여행업 기능별 조직

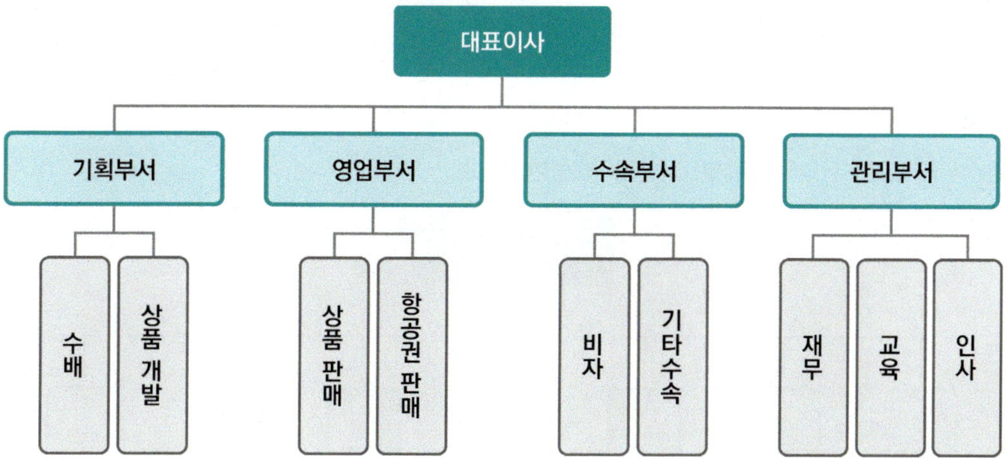

2) 사업부 조직(Divisional Structure)

사업부 조직(Divisional Structure)은 기능별 조직을 극복하고자 생긴 조직형태로서, 각 사업부 관리자에게 최고경영자의 조정기능이 분권화된 자율적 사업부단위별 조직구조라 할 수 있다. 사업부 조직은 1920년대 GM과 Dupont사에 의해 제창 된 것으로 조직 분권화와 집권화의 조화를 이루고자 탄생한 조직형태로서 독립적인 사업부 관리자는 여행시장 환경을 고려하여 전략을 즉시 수립할 수 있는 장점이 있으나, 기능이 중복됨으로써 조직의 비용증대 발생과 사업부 사이에 협력이 이루어지지 않으며, 갈등이 발생하기도 한다. 사업부 조직은 지역별 책임을 주는 조직형태와 여행상품의 종류에 의한 조직으로 나누어 볼 수 있다.

그림 4-2 I 일반여행업의 사업부 조직구조(지역별 조직)

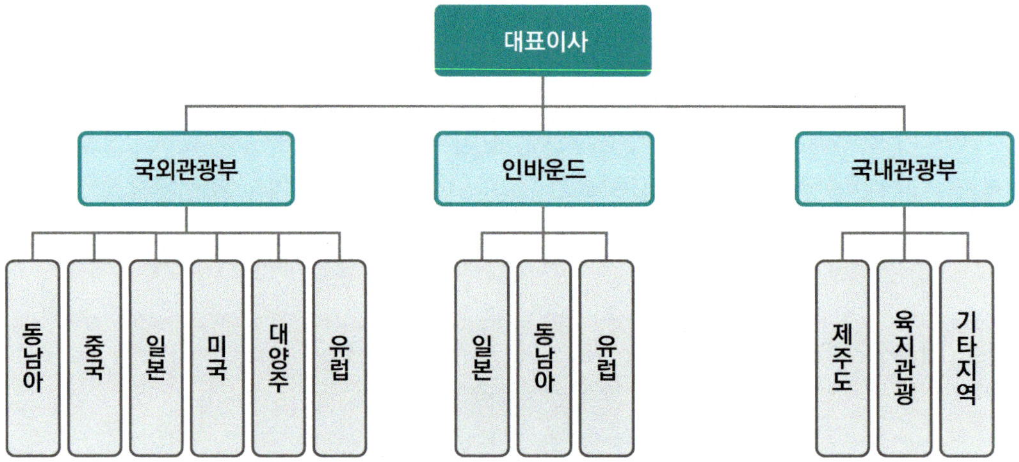

그림 4-3 I 일반여행업의 사업부 조직구조(상품별 조직)

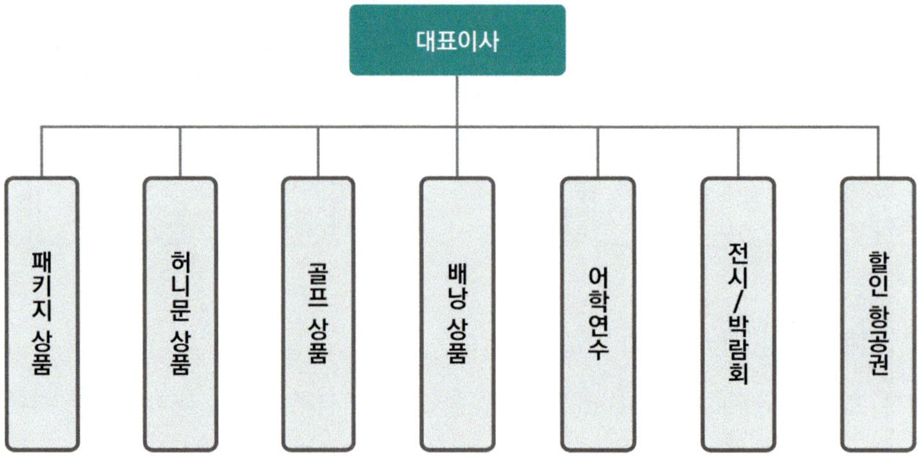

3) 매트릭스 조직(Matrix Structure)

매트릭스 조직은 기능별 조직 구조의 효율성과 사업부 조직의 시장환경 적응성의 결합물로서, 동시에 충족시키는 혼합형 조직이라 할 수 있다.

그림 4-4 | 여행업의 매트릭스 조직구조

04. 여행업의 조직유형 사례

1) 일반여행업 조직도의 유형

그림 4-5 I 일반적인 여행사 조직도

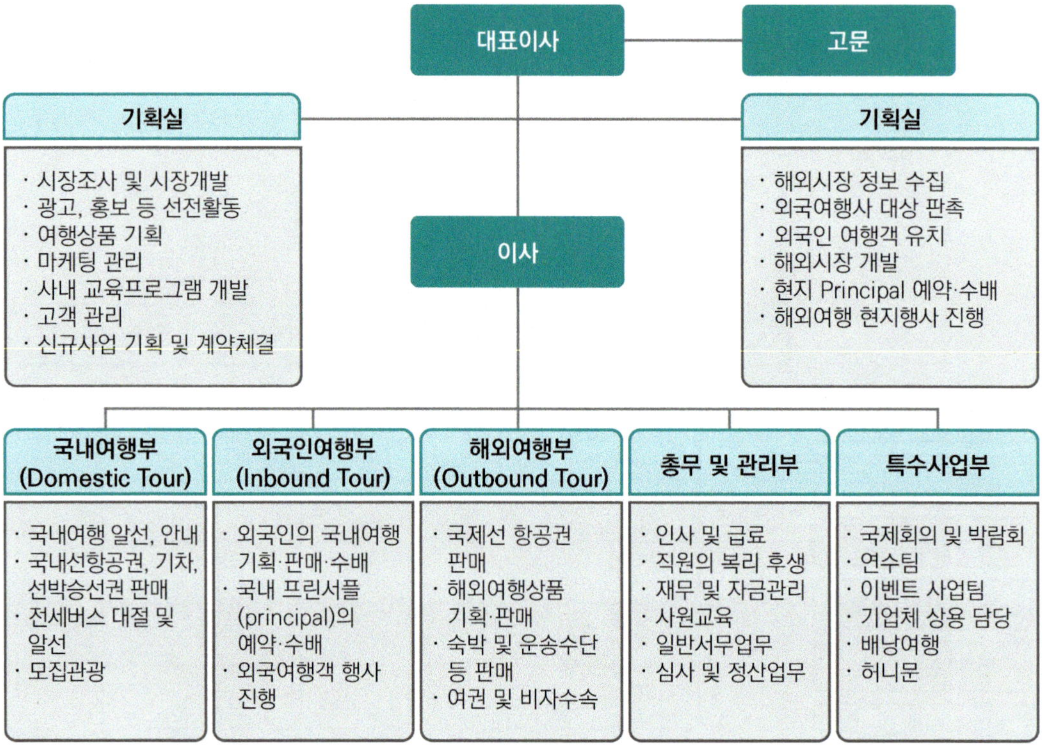

2) 간접판매 조직도 유형

그림 4-6 I 간접판매 여행사 조직도

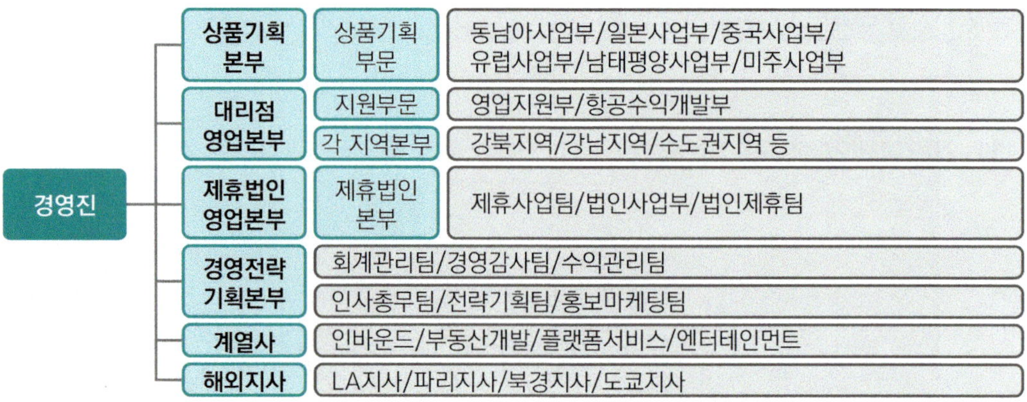

SECTION

02 여행업 업무

01. 여행사 공통 업무

여행사 주요업무는 부서별 상호 업무 연관성을 가지고 수행되고 있으며, 여행소재공급업자와 여행객 사이에서 기업의 이윤과 여행객 욕구 만족을 위하여 보다 체계적이고 전문성을 가지고 운영된다. 최근 온라인 판매 활성화로 영업전략에 따른 조직 구성원에 의한 업무를 병행 또는 별도 운영하는 부서의 업무가 있다.

1) 기획업무

기획업무는 기업이 신규사업개발, 시장조사 연구, 기업 매출 및 이익목표 등 경영적 측면과 시장조사에 의한 고객 수요예측에 따른 판매계획을 하는 영업적 측면, 판매기획에 따른 구체적인 여행상품 구성과 상품판매지침의 기획업무를 말한다.

- 여행상품기획과 개발업무
- 여행상품원가 구성 및 여행일정 작성업무(On & Off-line)
- 항공사, 호텔, 식당, 버스 및 기타 시설관련업자와의 공조업무
- 여행상품 가격결정 및 원가계산업무
- 여행정보 수집 및 브로셔 제작업무
- 광고 및 홍보업무
- NTO(주한 외국관광청)와의 마케팅 교류

2) 판매업무

- 국내여행 및 국외여행상품 상담, 예약, 판매업무
- 외국인 여행객 유치 및 영업업무
- 항공권 및 육상·해상교통관련 예약 및 발권업무
- 국내 및 전 세계 숙박관련 예약 대행 및 판매업무

3) 수배 예약업무

- 지상수배에 대한 예약 및 수배업무
  - 항공, 호텔, 관광지, 식당, 현지교통, 관광시설물 등

4) 안내업무

- 내국인 대상 국내여행(Domestic Tour) 안내업무(국내여행안내사 업무)
- 국외여행(Outbound Tour) 안내업무(국외여행인솔자 업무)
- 외국인 대상 국내여행(Inbound Tour) 안내업무(통역안내사 업무)
- 여행상담, 전화·방문상담 안내업무
- 출(입)국 수속(공항 샌딩 및 미팅)업무

5) 여행수속 및 대행업무

- 비자수속 대행업무
- 여행자 보험 및 기타 대행관련업무

6) 관리업무

- 재무(회계)업무
- 단체행사 정산업무
- 총무·인사관리업무
- 기획·경영정보업무
- 고객관리업무

02. 여행사 업종별 주요업무

1) 국내여행(Domestic Tour) 주요업무

국내여행 업무는 국민의 국내여행에 있어 각 여행사에 따라 업무 구분의 차이가 있으나 일반적으로 다음과 같다.

(1) 차량배치업무

국내 육지와 제주도를 포함한 도서벽지 등 계절에 따라 정기적인 상품기획에 따른 상품판매를 위한 전세버스 배차 및 차량수배업무로서 육지관광에서는 차량 배차 및 관리업무가 매우 중요하다.

(2) 영업(판매)업무

각종 패키지 상품기획 및 상품판매부서로서 계절별 다양한 상품기획과 기업세미나 및 연수, 각 학교 수학여행단체 섭외 업무를 말하며, 각종 차량(전세버스 및 렌트카 등)과 각종 숙박 등 안내 및 판매를 한다.

(3) 행사(안내)업무

판매에 따른 모객 된 여행상품의 행사수배와 행사진행을 담당하며, 국내여행안내사의 교육도 진행한다.

국내여행안내사(국가전문자격증)

관광진흥법에 의하여 문화체육관광부장관이 실시하는 국내여행안내사 자격시험에 합격한 후 문화체육관광부장관에게 등록한 자를 말한다.
국내여행안내사는 국내를 여행하는 관광객을 대상으로 여행 일정 계획, 여행비용 산출, 숙박시설 예약, 명승지나 고적지 안내 등 여행에 필요한 각종 서비스를 제공한다.

(4) 카운터업무

여행상품 상담 및 각종 운송수단(항공, 철도, 선박, 육상교통) 예약과 판매업무 및 숙박과 식당, 골프장 등 예약업무를 한다. 특히 주 5일 근무시행 이후 캠핑카(RV : Recreational Vehicle) 대여 문의가 증가되고 있다.

사진자료 : 애니캠핑카 http://www.anycampingcar.com

2) 국외여행(Outbound Tour) 주요업무

국외여행 주요업무는 여행사의 규모와 관리 형태에 따라 많은 차이가 있으나, 원칙적으로 내국인 대상 국외여행에 관한 다양한 업무를 주요업무로 하고 있다.

(1) 기획·개발업무

전 세계 여행목적지 개발과 시설관련업체와의 업무적 제휴를 위한 마케팅 업무를 통하여 여행사가 상품을 기획하고 판매전략을 수립한다.

(2) 카운터업무

국외 항공권 판매를 위한 상담·예약 및 발권·판매업무, 상용고객을 위한 할인항공권 및 에어텔 상품판매, 단체여행상품 판매를 위한 사전 확보된 단체항공좌석 관리업무 등이 있다.

(3) 영업업무

기획된 여행상품 판매 및 고객주문에 의한 상품판매와 기업(상용)고객, 기업연수 등 다양한 영업활동을 하는 업무를 들 수 있다.

(4) 수속업무

여행객의 국외여행을 위해 비자대행 업무를 하고 있다. 그러나 점차 국가별 비자수속을 전문으로 하는 전문여행사 출현으로 단순 수속상담에 국한되는 경우가 많다.

(5) 행사진행업무

모집된 국외여행객중 단체여행객을 대상으로 국외여행인솔을 담당하는 업무로서 여행출국에서부터 귀국까지 여행객을 안전하게 인솔하고, 현지행사에 있어 여행객과의 여행계약에 근거한 행사를 원활히 진행할 수 있도록 지휘 및 관리감독을 담당한다. 또한 국외행사 중 발생된 쇼핑과 선택관광의 추가수익에 대한 정산과 고객관리 업무를 지원한다.

국외여행인솔자의 자격요건

관광진흥법 제13조에 따라 국외여행을 인솔하는 자는 다음 각 호의 어느 하나에 해당하는 자격요건을 갖추어야 한다.

- 관광통역안내사 자격을 취득할 것
- 여행업체에서 6개월 이상 근무하고 국외여행 경험이 있는 자로서 문화체육관광부장관이 정하는 소양교육을 이수할 것
- 문화체육관광부장관이 지정하는 교육기관에서 국외여행인솔에 필요한 양성교육을 이수할 것(관광진흥법 시행규칙 제22조/문화체육관광부령 제45호, 2011.10.6, 일부개정)

(6) 관리업무

기업과 원활한 영업활동을 지원하기 위한 업무로서, 재무관리, 행정 및 교육관리. 대외접촉업무, 고객관리 등 업무를 말한다.

3) 인바운드(Inbound Tour) 업무

인바운드 업무는 외국여행객을 유치하기 위한 상품기획과 유치에 따른 입국에서부터 출국까지 모든 여행일정과 관련된 여행요소를 사전 수배하고 행사안내를 하는 업무로서 국내여행업무 지역과 동일한 형태를 가지고 있다.

(1) 상품기획업무

외국인 유치를 위한 국내의 다양한 관광자원의 상품화를 위한 상품기획 및 개발을 하여 해외 도매업체나 지점에서 판매할 수 있도록 하며, 유치하고자 하는 국가의 여행업체 또는 단체 요구에 맞는 주문형 상품을 기획한다.

(2) 수배업무

자체 직영지점과 국외 아웃바운드 업체로부터 예약 받은 여행상품의 일정과 조건에 맞도록 자국 내 숙박, 식사, 운송수단(국내항공, 육상교통 등), 관광통역안내사 등을 수배하는 업무를 말한다.

(3) 판매업무

외국 여행객을 유치하기 위한 국외영업 및 판촉활동업무와 여행일정표작성, 견적산출, 행사이후 평가 및 보고서 작성, 여행경비 입금관리 등 전반적인 업무를 한다.

(4) 안내업무

기업을 대표하여 외국여행객이 국내에 입국한 시점부터 모든 일정이 종료되어 출국할 때까지 전체 일정을 안내하고 진행을 하며, 단체 행사 이후 정산업무도 병행을 한다. 안내업무는 관광통역안내사의 관광안내활동이 주 업무이다.

관광통역안내사(국가전문자격증)

관광도 하나의 산업으로서 국가경제에 미치는 영향이 크다고 판단되어 문화체육관광부에서 실시하는 통역분야의 유일한 국가공인자격증으로서 외국인 관광객의 국내여행 안내와 한국의 문화를 소개한다. 현재 12개 언어(영어, 일본어, 중국어, 러시아, 독일어, 불어, 이탈리아어, 태국어, 아랍어, 스페인어, 베트남어, 말레이시아/인도네시아어 등)가 해당된다.

관광통역안내사는 국내를 여행하는 외국인에게 외국어를 사용하여 관광지 및 관광대상물을 설명하거나 여행을 안내하는 등 여행의 편의를 제공한다.

(5) 관리 및 정산업무

기업 수익을 향상시킬 수 있는 중추적인 업무로서 행사 종료 후 관광통역안내사로부터 행사보고서 정산을 집행하는 업무이다.

SECTION 03

여행업 현황

여행업은 관광산업발전에 중추적 역할을 하고 있으며, 모든 관광산업과의 유기적인 관계로서 여행객에게 다양한 여행상품과 타 관광산업의 시설물 및 기타 매력물을 제공하고 있다. 우리나라 여행업의 종류에는 종합여행업, 국내·외여행업, 국내여행업 등 3개의 업종으로 분류되어 있다. 2018년 12월 현재 한국여행업협회에 등록된 전국 시·도별 여행업체 운영현황은 표 4-1과 같다.

표 4-1 | 여행업 등록현황(2018년 12월 기준)

구 분	소 계	일 반	국 외	국 내
서 울	6,375	2,749	1,008	2,618
부 산	1,407	201	527	679
대 구	962	118	403	441
인 천	569	153	181	235
광 주	632	104	245	283
대 전	377	59	146	172
울 산	317	45	133	139
세 종	65	14	24	27
경 기	2,332	503	748	1,084
강 원	454	74	205	175
충 북	484	58	213	213
충 남	572	44	267	261
전 북	614	96	253	265
전 남	445	62	211	172
경 북	631	56	302	273
경 남	953	108	420	425
제 주	1,158	349	617	192
계	18,347	4,793	5,903	7,654

자료 : 2018기준 관광 동향에 관한 연차보고서, 2019.

우리나라는 1989년 1월 1일 해외여행전면자율화이후 여행업의 대외개방이 이루어짐에 따라, 정부는 우리나라 여행업의 국제경쟁력을 제고함으로서 개방에 따른 국내산업의 피해를 최대한 줄이기 위해 여행사의 경영개선 유도, 서비스 향상에 의한 신뢰회복, 여행업 전문 인력양성 등 각종 시책을 추진하고 있다. 또한 '관광진흥법 시행령' 개정을 통하여 여행업에 대한 문화체육관광부 장관 또는 시·도지사의 등록 권한을 각각 시장·군수·구청장에게 이양하였다.

01. 일반여행업

일반여행업은 외국인 여행객 유치의 중추적 역할을 하고 있으며, 우리나라의 일반여행업체는 2018년 12월 현재 4,793개 업체가 운영 중이며, 2018년도 일반여행업체의 외국인 유치 실적은 약 237만 명으로 전체 방한객 약 1534만6천 명 중 15.5%를 차지하였다. 이는 2017년 256만 명에 비하여 7.4% 감소하였다.

표 4-2 I 연도별 일반여행업체의 외국인 관광객 유치실적

(단위 : 명)

연 도	전체 입국자수 (A)	증가율	일반여행업체 외래객 유치실적(B)	증가율	점유비 (B/A, %)
2010	8,797,658	12.5	3,589,611	8.5	40.8
2011	9,794,796	11.3	3,776,171	5.2	38.6
2012	11,140,028	13.7	4,450,731	17.9	40.0
2013	12,175,550	9.3	3,841,528	-13.7	31.6
2014	14,201,516	16.6	4,808,074	25.2	33.9
2015	13,231,651	-6.8	3,515,600	-26.9	26.6
2016	17,241,823	30.3	5,427,891	54.4	31.5
2017	13,335,758	-22.7	2,561,218	-52.8	19.2
2018	15,346,879	15.1	2,371,246	-7.4	15.5

자료 : 한국여행업협회, 2018.12.31. 기준,

그리고 내국인 관광객을 국외로 송출한 실적은 일반여행업을 통한 여행객이 2018년도 약 943만 명으로 전체 출국여행객 약 2,869만 명 중 약 32.9%로 2017년 대비 약 4.5% 감소하였다.

표 4-3 | 연도별 일반여행업체의 내국인 해외 송출실적

(단위 : 명)

연 도	전체 출국인원 (A)	증가율	일반여행업체 내국인 송출실적(B)	증가율	점유비 (B/A, %)
2010	12,488,364	31.5	4,232,597	47.9	33.9
2011	12,693,733	1.6	3,970,425	-6.2	31.3
2012	13,736,976	8.2	4,192,338	5.6	30.5
2013	14,846,485	8.1	5,128,307	22.3	34.5
2014	16,080,684	8.3	5,678,807	10.7	35.3
2015	19,310,430	20.1	7,069,002	24.5	36.6
2016	22,383,190	15.9	8,334,155	17.9	37.2
2017	26,496,447	18.4	9,879,903	18.5	37.3
2018	28,695,983	8.3	9,436,597	-4.5	32.9

자료 : 한국여행업협회, 2018.12.31. 기준,

02. 국외여행업

국민의 해외여행에 따른 여권발급업무 및 여권수속대행 업무 등 해외여행자의 편의를 증진하기 위하여 종전의 항공운송대리점업을 1982년에 등록기준을 강화하여 명칭을 여행대리점업으로 변경하였다. 1987년 7월에는 내국인을 대상으로 하는 국외여행 알선업무를 수행하도록 업무범위를 확대하면서 국외여행업으로 변경하였다. 2018년 12월 현재 등록된 국외여행업체는 5,900개 업체이다. 2020년 국외여행업은 국내·외여행업으로 변경되어 국내여행업을 동시에 영위할 수 있도록 조정되었다.

03. 국내여행업

국내여행업은 다양한 국민관광의 수요충족을 위하여 종전 허가제로 운영되어 오던 국내여행업이 1982년도에 등록제로 변경된 이후 업체 수는 282개 업체에서 2018년 12월 현재 7,654개 업체로 크게 증가되었다. 이는 국민 경제발전에 따른 가처분소득의 증가와 여가시간의 확대 등으로 관광이 국민생활의 중요한 일부분으로 자리 잡게 됨으로써 국민관광이 증가한 결과로 볼 수 있으며, 2005년 7월 1일 전격 시행된 주 5일 근무 단축제 실시의 영향과 관광두레, 관광주간 등의 전략적 실행으로 국내여행업이 활성화되었다고 볼 수 있다.

CHAPTER 05

여행업 마케팅

SECTION 01 마케팅의 이해

01. 마케팅 개념

마케팅이란 용어는 이미 오래 전인 20세기 초반 미국에서 등장한 것으로 알려지고 있다. 그러나 대부분의 사람들은 아직도 마케팅과 판매 또는 광고를 혼동하는 경향이 많다.

Market은 마케팅에서 광범위한 의미로 사용되고 있으며, 이는 상품의 집합체, 상품교환장소, 교환을 수행하는 사람 및 조직체의 집합을 의미하기도 한다. 또한 교환활동에 있어 상대적으로 적극적, 능동적인 사람 및 조직체를 구분하여 통상 Marketer라고 한다.

마케팅의 용어는 영어의 Market(시장)에 ing(현재 진행형)이 붙어 Marketing이 된 것으로, "인간의 욕구 및 필요를 만족시키기 위해서 상품과 서비스를 교환하는 행위(Marketing is exchange of goods and services to satisfy human needs and wants)"라고 할 수 있다. 즉, 소비자만족을 얻기 위해 전개하는 비즈니스 활동이라고 할 수 있다.

미국마케팅협회(AMA : American Marketing Association)는 1985년 마케팅이란 '개인이나 조직의 목표를 충족시키는 교환을 창출하기 위해 아이디어, 재화 및 서비스의 개념화, 가격결정, 촉진 및 유통을 계획하고 실행하는 과정'이라 정의를 하였고, P.Kotler(1980)는 '쌍방의 만족도를 극대화하기 위하여 생산자와 소비자 사이에서 일어나는 교환과정을 강조하면서 마케팅을 교환과정을 통하여 욕구와 필요를 충족시키는 인간활동'이라고 정의하고 있다.

마케팅에 관련된 정의는 학자마다 다양하나 공통된 내용을 정리하면, "마케팅이란 인간의 욕구 및 필요를 만족시키기 위해서 상품과 서비스를 교환하는 행위"라고 할 수 있다.

이러한 마케팅개념에 대한 이해를 위해서는 먼저 인간의 욕구와 필요를 구분할 수 있어야 한다. 인간의 필요(Needs)란 인간의 기본적 욕구 또는 1차적 욕구로서 어떤 기본적인 만족이 결핍됨을 느끼는 상태라고 할 수 있다.

인간의 욕구·필요·만족·교환 등 중요한 개념이 포함되어 있으며 이러한 개념들을 그림으로 제시하면 그림 5-1과 같다

그림 5-1 I 마케팅의 핵심개념

02. 마케팅의 핵심개념

1) 필요(Needs)

마케팅의 기초가 되는 가장 기본적인 개념으로 Needs란 인간의 본질적 욕구로서 기본욕구, 1차적 욕구 또는 잠재욕구라고도 한다. 이는 인간의 욕구는 어떤 기본적인 만족이 결핍됨을 느끼는 상태로서, 사람들은 생존하기 위해서 음식·의복·주거·안전성에 관한 기본적인 물리적 욕구 와 귀속성, 애정, 즐거움 및 휴식에 대한 사회적 욕구 그리고 지식 및 자기실현에 대한 고차원적 의도인 개인적 욕구가 있다. 이러한 욕구는 마케팅 관리자에 의해서 창조된 것이 아니고, 인간 본질의 일부이다. 따라서 인간이 여행하고 싶다는 것은 이러한 필요에 속한다고 할 수 있다.

2) 욕구(Wants)

마케팅에 있어 두 번째 개념은 인간의 Wants로서 현재욕구 또는 2차적 욕구라고도 한다. 문화나 개성에 의해 형태가 만들어질 때에 인간의 욕구로서 나타나는 형태로서

Needs를 전달하는 방법, 필요를 충족시키기 위한 욕구로서 잠재욕구를 충족시키는 구체적인 대상물과 관련이 있다. 간혹 마케팅관리자는 Needs와 Wants를 혼동하기도 한다.

3) 수요(Demands)

인간의 욕구는 항상 무한하고, 그들이 가진 자원은 유한하다. 자신이 가지고 있는 돈을 지출하여 제품을 구입할 시 최대의 만족과 이익을 주는 제품을 선택하게 된다. 즉, 가치를 추구하는 것이다.

따라서 여행객들은 자신들의 욕구와 자원은 존재하는 것으로 생각하고 최대한의 이익과 만족을 충족시켜 줄 만한 제품을 선택한다.

4) 제품(Products)

인간의 Needs, Wants, 수요를 충족시켜 주는 제품, 즉 개인·조직·사회의 미충족 욕구를 충족시키기 위하여 교환의 대상으로 시장에 제시될 수 있는 모든 것이라 할 수 있다. 제품은 소비자가 원하고 또한 욕구를 충족시킬 수 있는 제품이 무엇인지 발견하여 제품을 생산하면 성공의 가능성은 높아질 것이다.

제품의 개념은 유형재에 한정되지 않고 욕구를 충족시킬 수 있는 무엇인가의 것이 제품으로 불리어진다.

5) 가치와 만족(Value & Satisfaction)

가치란 소비자의 욕구를 충족시키는 모든 능력에 관한 추정치로서 소비자는 자기의 욕구를 충족시켜 줄 제품가치를 사전 측정하고 제품을 구입할 때 지불하는 비용에 대하여 최대의 이익과 가치를 제공할 제품을 선택하게 된다.

만족이란 소비자들의 상품에 대한 사전 기대와 실제상품의 성능에 대한 인식의 차이에 의해서 결정된다. 만약 기대보다 성능에 대한 인식이 높았다면 소비자들은 만족을 경험하게 되며, 기대에 못 미치는 경우 불만족을 경험하게 된다. 따라서 가치·비용·만족이라는 개념은 마케팅에서 매우 중요하다.

6) 교환(Exchange)

교환은 특정인에게 무엇인가를 제공하고 필요한 것을 획득하는 행위로서 교환은 마케팅의 중심개념으로 배고픈 사람이 다른 사람으로부터 음식을 획득하고 그 대가로 돈을 지불하는 것이다.

실제교환이 발생하기 위해서는 교환 전보다는 더욱 좋아진다는 교환조건에 양당사자들이 어느 정도 합의하는가에 달려 있고, 생산이 가치를 창조하는 것과 마찬가지로 교환도 가치를 창출해 낸다. 또한 사람에 따라 많은 소비가능성을 가져다준다.

7) 시장(Markets)

마케팅은 인간의 Needs와 Wants를 충족시킬 것을 목적으로 교환을 위하여 시장을 상대로 어떤 작용을 가하는 것을 의미하며, 이런 교환과정을 통해서 이루어지는 인간 활동을 말한다. 교환과정에는 많은 업무를 포함하고 있으며, 판매자는 구매자를 탐색하고, 욕구를 식별하며, 매력적인 제품을 기획하여 판매촉진을 실시하고, 인도와 가격설정을 한다. 제품개발, 조사, 의사소통, 유통, 가격설정, 서비스 등의 제 활동이 마케팅의 중추적 활동이다.

따라서 마케팅이란 기업의 소비자 지향적 경영의 일환으로 소비자의 욕구 및 필요를 알아내는 것으로부터 시작하여, 소비자들이 만족할 수 있는 제품 또는 서비스를 생산 및 전달하는 과정이라고 볼 수 있다.

03. 여행사 마케팅 믹스

마케팅믹스의 개념은 1964년 보덴(Borden) 이후 맥카시(McCarthy)에 의해 일반화 된 개념으로 기업이 표적시장에서 마케팅 목표를 추구하는 데 있어서의 도구의 집합을 뜻한다. 마케팅 믹스의 개념을 일반화시킨 맥카시는 마케팅 업무를 상품 또는 서비스 판매를 통하여 특정소비자집단의 욕구를 충족시키는 식으로 파악하여 이를 위하여 상품

(Product), 가격(Price), 유통경로(Place), 촉진(Promotion)의 분석 및 믹스가 필요하다고 보았다. 이는 기업이 고객들로부터 원하는 반응을 얻을 수 있도록 하기 위해 사용한 통제 가능한 마케팅 변수의 집합이라 할 수 있다.

즉, 마케팅 목표를 합리적으로 달성하기 위하여 마케팅 관리자는 기업의 여러 가지 마케팅 수단을 표적시장의 고객욕구에 지향하도록 최종 결합시키는 것을 말한다.

1) 상품믹스(Product Mix)

여행사는 무형인 여행상품을 생산할 때 단일상품이 아닌 여러 종류의 상품을 생산한다. 예를 들면 여행기획자는 브로셔의 범위 내에서 여러 상품을 생산하게 되고, 대규모 호텔은 휴가여행을 대비한 단기 패키지상품을 생산하게 된다. 즉, 상품믹스는 최적의 상품 종류, 상표, 상품 스타일, 서비스 인적자원, 장소, 조직, 활동, 아이디어 등과 관련된 의사결정이다.

2) 가격믹스(Price Mix)

가격은 생산자의 예상판매량 목표달성과 수익목표, 잠재고객이 추구하는 상품에 대한 돈의 가치 사이에서 서로 상품에 대한 교환 작용이 이루어진 협상용어로서, 여행사의 상품가격은 일정한 가격이나 표준가격이 대부분 정해져 있으나, 여행업의 특성이라 할 수 있는 계절성과 경쟁업체의 상품에 대응할 수 있는 상품가격의 할인 및 촉진가격을 적절히 적용해야 한다.

또한 고객이 상품을 획득하기 위하여 지불하는 비용이다.

3) 유통믹스(Place Mix)

일반적으로 경로(Distribution)를 'Place'로 표현되고 있다. 최근 대형여행사에서는 여행소매업자 확대 전략과 여행객의 욕구를 더욱 충족시키기 위하여 시장과 시장(M to M; Market to Market)과의 파트너 쉽을 통한 유통망을 구축하고 있다. 유통믹스를 광의적 개념과 협의적 개념으로 나누어 볼 수 있다.

(1) 광의적 개념

여행사 자체가 여행자와 여행상품소재 공급업체 사이의 중간상으로 존재하여 중요한 유통경로로 이용되고 있기 때문에 관광산업 전반의 핵심적인 유통업자로서 위치하고 있다.

(2) 협의적 개념

여행업 유통은 여행상품을 기획하고 생산하는 여행사와 이를 판매하는 기능에 집중하는 도매업여행사와 소매업여행사로 구분하고 있는 경우도 있으나, 이는 기능상의 문제일 뿐 도·소매를 병행하고 있거나 지역 또는 상품의 전문성을 가진 여행사가 대부분이므로 이를 여행사의 유통을 분류하는 방법으로 사용하기는 곤란하다.

4) 촉진믹스(Promotion Mix)

여행사의 촉진믹스는 광고(Advertise), 판매촉진(Sales Promotion), 인적판매(Personal Sales), 대중관계(PR : Personal Relate) 등을 포함하고 있다. 촉진은 잠재고객들이 상품을 인식하도록 하며, 그들의 욕구와 수요를 자극시키는 활동으로 기업에서의 지출비용이 큰 비중을 차지한다.

사례 | (중국) 「신(新) 해외 패키지여행 빅데이터 보고서 2019」 발표

- 중국관광연구원과 Ctrip 빅데이터 연합연구소의 「신(新) 해외 패키지여행 빅데이터 보고서 2019」에 따르면 중국의 해외 패키지여행 방식이 저가, 저품질 형태에서 가족단위 소규모단체를 위한 고급, 맞춤형으로 변화
- 2019년 상반기 중국인 해외여행객 수는 8천만 명을 넘어섰는데, 이 중 패키지여행이 다수를 차지. Ctrip 기준 2019년 상반기 소규모 해외 패키지여행 상품 신청 건수는 전년 동기 대비 2배 증가
  - * 소규모 패키지여행 : 부모·자식, 커플, 부모·부모 등 1개 상품 평균 3.3명으로 구성된 소규모 단체 여행상품
- 소규모 패키지여행은 사생활 보호와 1일 이상의 자유시간을 가질 수 있다는 장점이 있어 중국 내 해외 패키지여행 트렌드로 급부상

시안지사/동방망, 11.12

출처 : 한국관광공사, 2019.

사례 | 유커 못지않은 중동의 큰손, 카타르 관광객 모셔라

중국인 관광객('유커': 遊客)에 이어 세계 관광시장의 큰손으로 불리는 중동 무슬림의 유치를 확대하기 위해 정부가 제도적 기반 마련에 나섰다.

문화체육관광부(2차관 김종)와 카타르 관광청(청장 이사 빈 모하메드 알 모한나디)은 박근혜 대통령의 중동 순방을 계기로 3월 8일(일) 12시 30분(현지시각), 카타르의 수도 도하(Doha)에서 인적교류 확대 등을 내용으로 하는 관광협력 양해각서(MOU)를 체결하였다.

세부적으로는 △관광 분야 주요 정보와 통계 교류 △의료관광, 문화관광, 스포츠관광 등 관광사업 개발 △양국의 관광상품 홍보와 마케팅 △양국 민간 분야와 업계 간 교류 등의 협력 등의 내용을 담고 있다.

지난해 유엔 세계관광기구(UNWTO) 통계에 따르면, 2013년 중동 지역의 해외여행자 수는 전년 대비 2.2% 성장한 3,230만 명으로 추정된다. 특히, 카타르는 1인당 국내총생산(GDP)이 94,744불(세계 3위, '14 IMF 기준)일 뿐 아니라 걸프만 안의 6개 중동산유국(GCC: 걸프협력회의) 중에서 네 번째(US$ 56억)로 여행객의 해외지출 규모가 큰 고부가가치 시장으로 꼽혔다.

* '12년 중동산유국 6개국 아웃바운드 지출 순위(출처: UNWTO World Tourism Barometer, 2014년 4월)
• 사우디아라비아(US$ 170억) 〉 아랍에미리트(US$ 151억) 〉 쿠웨이트(US$ 90억) 〉 카타르(US$ 56억) 〉 오만(US$ 13억) 〉 바레인(US$ 7억)

카타르를 포함한 중동 주요 산유국의 방한 관광객 수는 아직까지는 중국 관광객 수에 크게 미치지 못하는 수치를 기록하고 있다. 하지만, 1인당 지출액이 많은 귀빈(VIP)급 방문객이 다수를 차지한다는 측면에서 카타르를 비롯한 중동 무슬림관광객은 우리 관광산업이 한 단계 더 도약하는 데 중요한 잠재 고객으로 부상하고 있다.

이는 2013년 방한 중동인의 총지출경비 중 '최대금액 초과' 비중(7.1%)이 중국(3.1%)보다 높다는 점*에서도 잘 드러난다. 또한, 2013년 방한 의료관광객 중 1인당 평균진료비가 가장 높은 나라는 아랍에미리트(1,771만 원)이며, 진료비의 금액이 중국(181만 원)의 10배 가까이 된다는 점*도 같은 카타르 등, 중동 주요 산유국의 의료관광객의 유치를 확대해야 하는 이유이다.

* 출처: 문화체육관광부 '2014 외래관광객실태조사'('14년 4월)
** 출처: 보건복지부 '2013 외국인환자 유치실적 조사 결과'('14년 4월)

문체부 관계자는 "이번 양해각서 체결은 카타르와의 인적교류가 더욱 확대되는 기반을 마련할 것"이라며 "특히, 중국인 의존도가 큰 국내 관광시장이 '포스트 유커(중국인관광객)' 시대를 앞당기는 데 필요한 중동 무슬림 관광 시장 개척에도 큰 전환점이 될 것"으로 기대했다.

자료 : 문화체육관광부. 2015. 03. 09.

SECTION 02

여행업의 마케팅계획

01. 마케팅계획의 개념

마케팅계획(Marketing Plan)은 대부분 전술적 또는 단기간 계획이라고 부르며, 단기간의 계획만으로 마케팅계획을 세우는 것은 충분하지 않고, 장기간 전략적 계획이 필요하다. 대개 장기간 전략적 계획은 3년 이상의 계획으로 전술적 계획보다 더 일반적이고 광범위하다고 볼 수 있다.

1) 마케팅계획의 필요성

급변하는 환경 속에서 여행사는 지속적인 성장을 위해 수익성 있는 상품 및 시장 포트폴리오를 구성할 수 있도록 노력을 하여야 한다. 지속적으로 변화하는 고객 욕구를 충족시킬 수 있는 상품을 개발해야 하며, 능동적으로 대처할 수 있어야 한다. 즉 미래의 수익 창출을 위한 성장 방법으로 기업 내 매출감소를 방지하고 성장의 둔화를 해소하며, 소비자의 라이프스타일 변화에 따른 구매패턴 및 취향과 시장경쟁에 즉각 대응하여야 한다. 또한 경쟁업체의 변화를 직시하여 기업 내부의 강점을 최대한 활용하여 고객의 욕구에 충족시킬 수 있는 마케팅전략을 수립해야 한다.

2) 전략적 마케팅계획의 개념

계획(Planning)이란 자원을 최대한 활용하면서 기업의 목표와 자원을 마케팅 기회와 연결시키는 과정 및 활동을 말한다. 기업은 목표가 무엇이며 목표를 달성할 수 있는 자원(재정, 인력 등)의 정도와 기업이 성공할 수 있는 기회(경제, 사회, 정치적 환경 등)를 정확히 파악해야 한다.

마케팅 계획은 단기계획과 장기계획을 충족시켜야 하는데, 단기계획(전술적)은 현재 및 단기간 내에 기업이 운영비용을 고려하여 일정기간 내에 어떤 상품을 얼마의 가격으로 팔아야 수익을 창출할 것인가를 결정하는 것이다. 장기계획(전략적)은 보통 단기계획(전략적)보다 일반적이고 광범위한 전략으로 대략 3년 이상의 계획을 수립하여야 하며, 미래 투자를 위한 추가 자본원을 찾는 것으로 기업의 목표와 전략이 분명하지 않다면 추가 자금의 공급은 어려울 것이다.

3) 마케팅계획의 역할

먼저 여행사 내 의사소통의 원활한 기능을 제공한다. 여행사가 마케팅계획을 수행하는데 있어 구성원들에게 기업이 추구하고자 하는 목표가 무엇이며, 목표를 달성하기 위해 각자가 해야 할 역할이 무엇인가를 전달해 준다. 둘째, 효율적 자원배분을 위한 투입요소로서의 역할로 최고경영층에게 마케팅활동 수행에 필요한 자원의 규모를 알 수 있게 해주고, 마케팅목표달성에 필요한 자원의 분배를 연결하는데 중요한 근거 자료가 된다. 마지막으로 통제수단으로서의 역할로서 마케팅계획은 연간 기업이 달성하고자 하는 목표량이 구체적으로 제시되어 있으므로 마케팅활동을 수시로 재평가하고 조정할 때 사용할 수 있는 기준의 역할을 한다.

02. 여행사 마케팅계획 과정

모든 여행사는 과정에 의존할 수 없을 뿐만 아니라 현존하는 상품, 시장 포트폴리오 구조와 수익성 수준, 심지어 2년의 짧은 기간 동안의 구조를 예상할 수 없다. 따라서 급변하는 사회 환경 속에 고객의 욕구를 충족시킬 수 있는 상품을 지속적으로 개발해야 한다. 또한 기업의 매출액 감소, 성장 둔화, 소비자의 구매패턴, 취향, 생활양식 등 급격한 변화에 대처하여 시장경쟁에서 살아남을 수 있는 마케팅 수립이 전략적으로 시행되어야 한다. 마케팅계획의 전략적 수립은 다음과 같다.

1) 1단계 : 기업 사명 설정

여행업을 경영하면서 얻고자 하는 목표와 이와 관련된 범위의 설정을 의미한다. 여행사 설립초기에 분명한 목표로 출발하지만 점차 시간이 지나 불분명해진다. 이와 같은 점을 고려하여 기업의 사명을 성취하기 위해서는 다음과 같이 충분한 검토가 필요하다.

❶ 우리가 현재 수행하고 있는 사업이 무엇인지?
❷ 우리의 표적고객은 누구인지?
❸ 고객이 가치가 있다고 생각하고 있는 것은 무엇인지?
❹ 우리가 향후 추진해야 할 사업은 어떤 것인지?

이러한 기업의 사명들이 여행사 내부의 각 사업단위별 추진 범위를 설정해야 하며, 사업단위의 상품, 경쟁업체, 시장세분화, 표적시장, 사업수행지역, 기업 포지셔닝 등의 목표와 정책을 수립해야 한다.

2) 2단계 : 기업의 환경분석

기업의 사명을 완수하기 위해서는 여행사가 처해 있는 환경을 고려하여야 한다. 기업은 먼저 실현 가능한 사업을 수행하여 끊임없이 변화하는 환경에 적응하며 생존과 성장을 하기 위해서는 기업 환경에 둘러싸여 있는 광범위한 환경동향에 대한 정보와 효과적인 분석을 통해 미래 환경을 예측하고 지속적인 계획과 수정을 하여야 한다. 기업 혁신의 핵심인 경쟁에 있어 가장 중요한 것은 시장 내에서 기회를 찾아내는 것이며, 아울러 경쟁기업의 분석도 철저히 진행되어야 한다.

경쟁분석은 경쟁기업의 미래 전략에 대응하기 위한 자사의 효율적인 마케팅계획을 설정하는데 있기 때문에 경쟁기업 분석을 위해 가장 중요한 분석기법으로는 'SWOT'분석이 있다. 이는 기업 내부 환경의 강점(Strengths)과 약점(Weaknesses), 기업의 경영환경에 영향을 미치는 외부 환경의 기회(Opportunity)와 위협(Threats)에 대한 분석을 의미한다.

(1) 외부환경분석(Uncontrollable Analysis)

일반적으로 사업단위는 시장에서 이익을 획득하는데 영향을 미치는 거시적 환경요인(Macro Environment Factors)인 인구통계학적(정치·경제·사회·문화·환경·법규·기술적 등) 요인과 미시적 환경요인(Micro Environment Factors)인 고객, 경쟁자, 유통채널, 공급업자 등을 들 수 있다. 즉, 사업과의 직접 관련성이 높은 외부환경요인인 기회요인(Opportunity Factor)과 위협요인(Threats Factor)을 찾아 사업 환경을 분석하여야 한다. 외부환경요인 중 중요하게 작용하는 요인을 살펴보면 다음과 같다.

① 주요경쟁자는 누구이며, 경쟁자들의 시장점유율과 마케팅 전략은 무엇인가 등의 경쟁자에 대한 분석이 중요하다.

② 경제적 영향은 여행수요에 결정적인 저하를 유발한다. 여행수요에 직접적인 영향을 미치는 것으로 경기불황에 따른 소득저하와 소비위축 및 인플레이션 등의 경제적 악재는 물가상승 등을 유발하여 가계경제에 부담을 준다.

③ 기후는 여행업이 통제할 수 없는 자연현상으로 기후가 좋지 않게 되면 선박과 항공기의 운항에도 영향을 미치고 또한 여행객 유입에도 크게 영향을 미친다.

④ 환율변화나 인플레이션 등으로 휴가비용이 다른 상품보다 더 많이 인상된다면 여행을 포기하고 여행상품을 대체할 인기 있는 상품인 TV, 게임, 비디오 등 다른 여가형태로 소일거리를 하고자 대체재 상품을 선택할 것이다.

⑤ 여행상품은 근본적으로 서비스에 의존하여 모방성이 쉽고, 차별성이 작다. 따라서 다소의 가격변화에도 수요에 큰 영향을 미치는 수요의 탄력성이 강하다.

⑥ 전체 인구의 증가나 감소, 특정 연령층의 변화, 혼인관습의 변화(독신의 증가)등은 여행업의 장기목표를 수립할 때는 인구통계적 변화를 충분히 고려해야 한다.

⑦ 관련기관(기구)의 규제 및 통제는 여행업의 자격규정, 상품의 가격내용을 통제 실시하며, 여신 조건을 조정하고 언론매체들의 새로운 여행지소개와 일부 특정상품의 비난 등은 수요에 영향을 미친다.

⑧ 국지전쟁, 파업, 테러, 환율 등 급작스런 변화나 공항세와 부가세 인상으로 인한 여행경비 상승이 수요 감소를 유발한다.

(2) 내부환경분석(Controllable Analysis)

여행사가 외부환경의 기회와 위협에 대한 대처할 능력이 있는가를 파악하기 위하여 내부환경분석을 하여야 한다. 내부 환경 분석은 환경 내에 있어서 매력적인 기회를 식별하는 일로서 각 사업은 정기적으로 마케팅, 재무, 서비스 지원, 조직구성의 능력과 특성 등 사업 수행을 위하여 기업이 지녀야 할 능력과 관련된 내부의 강점요인(Strengths Factor)과 약점요인(Weaknesses Factor)을 분석하는 것이다. 이는 기업의 사업경쟁력을 강화시킬 수 있다. 여행사의 경영환경에 있어 여행사 환경의 내부적요소인 강점과 약점 및 여행사환경의 외부적요소인 기회와 위협요소를 인식하여 이에 적절히 대처해 나가야 한다.

표 5-1 I 마케팅 핵심개념

<table>
<tr><th colspan="2">구 분</th><th>내용</th><th>예</th></tr>
<tr><td rowspan="2">내부환경</td><td>강점</td><td>소비자의 측면에서 보았을 때 다른 경쟁자에 비해 긍정적으로 보이는 강점</td><td rowspan="2">■ 직원의 업무숙련도
■ 전문성 및 서비스수준
■ 상품의 종류
■ 업장 디자인
■ 회사이미지</td></tr>
<tr><td>약점</td><td>경쟁자와 비교하여 부정적으로 보이는 단점</td></tr>
<tr><td rowspan="2">외부환경</td><td>기회</td><td>경영성과에 이로운 영향을 미칠 것으로 예상되는 성장기회요소</td><td rowspan="2">■ 경기동향
■ 해당지역에서의 새로운 상권의 형성
■ 인구통계적 특성의 변화
■ 경영비용의 상승요인
■ 정치 불안정</td></tr>
<tr><td>위협</td><td>경영성과에 해로운 영향을 미칠 것으로 예상되는 위협요소</td></tr>
</table>

3) 3단계 : 마케팅 목표설정

SWOT분석을 통해 사업수행을 위한 기업의 내부와 외부 경영환경을 분석한 후 이를 바탕으로 계획된 사업의 구체적인 사업목표를 설정한다. 목표란 기업이 성취하려는 업적 수준으로 가능한 한 계량적이고 현실적이어야 하며, 판매량의 예측과 기획·통제 및 평가에 활용될 수 있다.

기업의 공통적인 목표는 판매증가, 시장점유율 증가, 투자회수율 개선 그리고 기타 재정적 문제 등으로 일단 목표가 수립되면 사명기술서와 일치하는지 살펴보아야 한다.

(1) 사업목표의 종류

여행사에서 사업의 목표는 대부분 다양한 목표들이 복합적으로 구성되는 것이 일반적이라고 할 수 있다. 대표적인 사업목표로는 사업의 수익성(Profitability), 시장점유율(Market Share)증대, 시장 인지율(Awareness & Reputation) 향상, 판매 성장률(Sales Growth), 리스크 억제율(Risk Containment), 서비스 품질관리(Service Quality Control)와 불편사항 억제율, 새로운 시장수요 개척(Developing New Markets) 등이 있다. 이러한 사업목표들은 각 사업목표들이 서로 연계되어 주어진 기간 내에 달성되도록 동시에 추구하는 것이다.

(2) 사업목표 설정방법

사업목표의 종류들을 설정하고 그 목표에 의해서 수행될 업무관리가 되어야 한다.

① 중요도순

가. 목표는 가장 중요한 것부터 중요하지 않은 것으로 계층적 정리

나. 사업의 특성에 따라 정해진 기간 동안 매출액 증대 또는 시장점유율 향상이 가장 중요한 목표로 설정될 수 도 있고,

다. 수익률향상과 서비스 불편사항 억제율이 가장 중요한 목표로 설정될 수도 있다.

② 목표의 계량성

모든 여행사의 목표는 계량적으로 '시장점유율 5% 확장' 또는 3년 이내에 시장점유율 25% 확보'라는 정량화된 목표를 표시하는 것이 바람직하며, 목표에 따라 인적·재무자원을 지원하고 성취된 목표량을 계량하여 이를 평가하고 다시 재 반영함으로써 사업의 계획·실행·수정·관리를 수행할 수 있는 토대가 될 수 있다.

③ 목표의 현실성

사업목표는 사업수행을 위한 기업환경분석을 바탕으로 설정되어야 하며, 현실적으로 불가능한 목표는 설정돼서는 안 된다.

④ 목표의 일관성

서로 상쇄관계(Trade-Off)에 있는 목표를 설정할 때 서로 일관성이 있도록 계획하는 것이 매우 중요하고 상쇄관계에 있는 목표들로는 '수익'관련 목표, 수익을 저해하는 '투자를 수반'하는 목표', '높은 성장률'의 목표, '낮은 리스크'의 목표, '현존시장의 확장' 목표와 '신규시장개발'의 목표 등이라 할 수 있다.

4) 4단계 : 마케팅전략 수립

목표는 사업단위가 무엇을 달성하고자 하는가를 나타낸다. 전략은 그 곳에 도달하는 방법에 대한 계획으로 모든 사업단위는 그 목표를 달성하기 위해서 전략을 수립해야 한다. 이러한 경쟁전략의 유형은 여러 가지 있지만, 마이클 포터(Michael Porter)는 3가지 유형을 제시하였다.

(1) 원가우위 전략(Overall Cost Leadership)

경쟁사보다 최저비용의 실현으로 시장점유율을 확보하기 위하여 생산 및 유통비율을 최저로 한다. 이와 같이 유사한 차별화 집중전략을 채택한 경쟁자들 중에서 기업이 성공하기 위해서는 최저의 원가를 실천해야 하는 어려움이 있다.

(2) 차별화(Differentiation) 전략

여행사는 대부분 가치 있는 목표시장을 선점하기 위하여 경쟁 여행사보다 우월하게 성과달성에 집중한다. 즉 서비스선도자, 상품 품질선도자, 스타일선도자, 기술선도자 등이 되도록 노력하여야 한다.

(3) 집중화(Focus) 전략

전체적으로 대규모 시장을 공략하는 것보다는 시장을 세분화하여 세분시장수요의 욕구를 파악하고 집중한다. 표적세분시장 가운데 원가우위전략 또는 차별화 전략을 추구를 통하여 목표시장의 집중화를 강화하여야 한다.

마이클 포터에 따르면 동일한 세분시장에 대하여 동일한 전략을 추구하는 기업들은 전략적 집단을 구성하는데, 그러한 전략을 최적으로 수행하는 기업이 최고의 이익을 성

취할 수 있으며, 확실한 전략을 추구하지 않는 기업과 중간 정도의 기업은 최저의 기업이 된다고 제시하고 이들 기업은 항상 탁월한 전략을 수립하지 못한다고 하였다.

5) 5단계 : 사업프로그램 설정

여행사가 사업목표를 달성하기 위한 기본적인 전략을 수립하게 되며, 이러한 전략을 수행할 보조적인 활동프로그램을 개발해야 한다. 프로그램 개발에는 여행사의 주요마케팅 믹스인 상품·가격·유통·촉진 및 보조적 수단의 믹스 요소도 포함되어야 한다. 여행사가 서비스 선도력을 달성하고자 결정하였다면 정확한 종사원 교육과 고객 불평·불만의 신속한 처리 프로그램을 개발해야 한다.

6) 6단계 : 예산계획수립

마케팅 예산수립은 기업 전체 재정계획의 일부로서 마케팅활동의 관건이라 해도 과언이 아니다. 마케팅 예산은 내년의 예상판매수입과 유동현금을 고려하여 결정되며, 주로 인건비와 경상비와 판매촉진비로 구성된다. 기업의 연간목표가 마케팅전략을 결정하고 이 전략에 따라 활동이 정해지고, 활동에 따라 예산이 결정된다. 예산계획수립의 방법에는 여러 가지가 있다.

(1) 목표달성법

목표를 달성하는데 필요한 합리적인 금액을 결정하는 것으로 대부분의 성공한 기업들이 현실적이고 보편적으로 사용하는 방법이다.

(2) 판매고정률법

차기년도 마케팅비용을 금년도 총 판매액의 고정비율로 정하는 방법이다. 마케팅은 판매와 연결되어 있기 때문에 판매가 감소하면 마케팅 예산도 감소한다. 단, 경쟁의 관점에서 볼 때 예산을 증액 또는 감소하기도 해야 한다. 이 방법은 비교적 판매수익이 안정적이고 반복고객이 확고하거나 경쟁·정치·교통·외환 등의 문제로 수요변화가 없는 기업에 적합하다.

(3) 최대비용법

마케팅에 가능한 최고금액을 배정하는 것으로 다른 비용을 줄여서라도 마케팅비용을 때로는 확보하는 것이다. 이러한 방법은 마케팅 지출을 극대화함으로써만이 판매를 극대화할 수 있다고 믿는 경영자들이 사용한다.

(4) 경쟁자 비용 비교법

마케팅비용을 산정하는 기준을 경쟁사의 비용 또는 업계 전체의 평균비용을 이용하기도 하는데 사업을 처음 시작하는 경영자들이 주로 이용한다. 경쟁사의 예산을 모방하는 기업은 마케팅전략도 모방하게 되어 상대적인 경쟁력을 상실할 수도 있으므로 신중하게 사용해야 한다.

(5) 투자 회수율법 또는 수익률법

원하는 만큼의 이윤을 달성할 수 있는 판매액을 결정하고, 이러한 이윤을 달성하기 위한 마케팅 예산을 배분하는 방법으로 이윤이 달성되는 정도에 따라 마케팅 예산이 연계되어 늘어난다.

(6) 잔여액법

잔여액법은 일종의 여유 자금법이라고 하며, 필요한 예산을 먼저 고려한 후에 마케팅비용을 결정하는 방법으로 대부분 여행사에서 주로 많이 사용하고 있다. 만약 마케팅 예산을 고려한다면 기업이 현상 유지하는 정도에 그치거나 경쟁사에 밀려 퇴보하기 쉽다.

(7) 제로베이스법(ZBB : Zero-Based Budgeting Method)

제로베이스법은 지난 해의 예산을 무시하고 새로 시작하거나 제로상태에서 시작하는 것으로 그 해에 실제로 필요한 예산을 정확하게 편성하고자 하는 것이다.

7) 7단계 : 실행

명확한 전략과 충분히 고려된 지원프로그램이 있다 하더라도 충분하지 못하므로 계획의 성과를 증대시키려면 마케팅부서의 강화와 마케팅조사를 통한 정보획득을 기초로 표적시장의 선정, 제품개발, 종사원 교육, 광고 및 촉진 강화 등에 관한 상세한 실행내용과 인정 등이 결정되어야 한다.

직원들과 전략에 관한 의사를 전달하고 전략 실행을 이해시켜야 한다. 전문적인 기술을 갖춘 직원과 자원을 소유해야 전략을 실행할 수 있다.

8) 8단계 : 평가 및 수정

여행사가 전략을 수행함에 있어 그 결과를 추적·조사하고, 또한 내적환경과 외적환경의 새로운 개발이 진행되어야 한다. 어떤 환경은 거의 매년 안정적인 반면에 다른 환경을 예측할 수 있는 정도로 서서히 변화하며, 또 어떤 환경은 너무나 빨리 변화하여 예측이 불가능할 때도 있다. 기업이 예측할 수 있는 환경은 언제나 변화한다는 것이다. 따라서 여행사는 실행과 프로그램 및 전략에 따라서 목표까지도 조정하고 변경해야 한다.

CHAPTER 06

여행상품의 이해와 개발

SECTION

01 여행상품의 개념과 특성

01. 여행상품의 개념

상품이란 소비를 위해 생산된 상거래와 교환의 대상이 되는 재화이다. Kotler(1994)는 상품은 '관심(Attention), 취득(Aquisition), 사용(Use) 또는 소비(Consumption)를 위해 시장에 제공되는 것'으로 상품이 시장에 제공되는 목적은 고객의 욕구를 충족시키기 위해서다. 상품은 물리적 대상, 서비스, 사람, 장소, 기업, 그리고 아이디어를 포함한다고 하였다. 또한 Renaghan(1981)은 상품은 '유형제품과 서비스의 결합물'로서 이 결합물은 표적시장(Target Market)의 욕구를 충족시키는 데 목적을 두고 있다고 하였다.

일반적으로 상품은 크게 핵심상품(Core Product), 유형상품(Tangible Product), 부가상품(Augmented Product)으로 구분할 수 있다.

첫째, 핵심상품은 상품이 제공하는 가장 기본적인 목적 또는 편익과 관련이 있으며, 표적고객의 욕구를 충족시키기 위한 본원적인 서비스 혹은 편익이다.

둘째, 유형상품은 핵심 상품의 효용과 관련된 것으로 소비자의 구매행동에 영향을 미치는 요소로서 품질(Quality), 특성(Features), 브랜드(Brand Name), 스타일(Style), 패키징(Packaging) 들로 구성되어 있다.

셋째, 부가상품은 고객들에게 상품의 매력 증가와 확신을 주는 요소들로 배달(Delivery), 판매 후 서비스(After Sale Service), 보증, 배치·진열(Installation), 이미지(Image), 신용(Credit) 등으로 구성되어 있다. 특히 여행상품은 유사성이 강하여 차별화(Differentiation)하기 어렵기 때문에 부가상품 또는 부가 서비스를 통해서 고객들의 관심을 끌고 재 구매를 유도하여야 한다.

여행상품은 여행사에서 판매하는 모든 상품이라 할 수 있다. 여행사에서 생산 및 판매하는 상품과 여행상품의 소재를 제공하는 시설관련업체의 사용원을 의미한다.

여행상품의 정의를 보면 와합(S. Wahab)은 '여행상품을 여행(동태적 부분)과 목적지의 체류(반동태적 부분)를 이루는 전체적 결합에 상호보완적 요소의 혼합체라 하였으며, 메들릭(S. Medlik)은 '여행자 마음속의 이미지를 포함한 여행목적지로서의 유인대상물(Attractions)과, 시설(Facilities), 접근성(Accessilility)을 포함한 시설 및 목적지로의 접근성' 이라하였다.

UNWTO(세계관광기구 : United Nations World Tourism Organization)는 "여행목적지, 숙박, 교통수단, 보조서비스와 관광매력을 결합시킨 것"이라고 정의하고 있다.

따라서 여행상품은 여행소재, 서비스, 매력성 및 제반과정 등이 결합된 거래 대상물이라고 볼 수 있고, 여행기업이 여행자의 욕구를 유발시키고 충족시켜 줄 여행대상을 바탕으로 각종 서비스를 제공하여 생산한 유·무형의 상품을 말한다.

02. 여행상품의 특성

여행상품은 시설관련공급업자가 제공하는 소재를 조립한 형태로서 시간경과에 따라 가치가 없어지는 시간형의 상품특성을 가지고 있다.

1) 무형성(Intangibility)

여행상품은 만지거나 볼 수 도 없고, 냄새와 맛도 느낄 수 없다. 또한 일반재화처럼 시식과 사전 사용 경험을 할 수도 없어 고객은 여행상품을 구매 후 직접 경험하는 시점부터 최종소비과정이 종료된 시점에 상품의 만족을 평가할 수 있고, 오직 기억만으로 남게 된다. 또한 유형상품처럼 여행상품을 전시하거나 고객의 관심을 유도할 수 없어 판매가 어렵다. 상품 전달방법으로는 상품광고 전단지나 신문광고 및 타인의 경험을 신뢰하는 "구전정보"가 대단히 중요하다. 그러나 무형상품의 특성이 강해 소비자와의 법적 분쟁이 쉽게 발생할 수 있다.

2) 결합성(보완성)

여행상품 구성요소가 다양한 형태로 결합되어 상품이 형성된다. 이는 여행객에게 선택의 폭을 넓혀 주며, 상품 구매의 연관(상호 보완)성이 있다.

3) 수요의 계절성(Seasonality)

여행상품은 시기(시간)에 따라 수요(Demand)의 편차가 심하다. 성수기에는 수요가 증가하고, 그 외 비수기에는 감소하는 현상이 두드러져 수요의 탄력성이 강하다. 일반적으로 계절에 따라 특성수기(High Peak Season), 성수기(High Season), 준성기(Shoulder Season), 비수기(Low Season)로 구분하고 있으며, 또한 주중과 주말, 항공시간 선택에 있어 선호시간대와 비선호시간대로 구분되고 있다. 이러한 수요 불균형의 계절성에 따른 여행상품가격 차별화전략으로 여행의 대중화를 가능하게 하여야 한다.

4) 유통의 용이성

정보시스템 발달로 유통이 간소화되었고, 고객이 사전 직접정보 검색에 따른 상담의 편리성 및 상품 유통구조가 단순화되어 있다. 특히 최근에는 인터넷을 이용한 여행상품 판매율이 높게 나타나고 있다.

5) 생산과 소비의 동시성(Simultaneous Production and Consumption)

유형상품은 대부분 한 장소에서 생산되어 다른 장소로 이동된 후 소비되지만, 여행상품은 먼저 판매되고 생산과 소비가 동시에 발생된다. 이는 여행소재공급업자의 시설 내에서 생산되고 소비되기 때문에 공급업자와 여행자는 서로 상호작용을 해야 한다. 즉, 수요가 없으면 공급도 발생치 않는다.

6) 소멸성(Perishability)

여행상품의 생산과 소비의 동시성과 함께 소멸된다. 단, 예약시 초과예약으로 보완하려 하나 판매예측이 어렵다. 즉, 마개 없는 싱크대에서 수도꼭지물이 흘러내리는 것과 같은 것이다.

7) 모방성

여행업에서 직접 생산하기보다 여행소재공급업자들로부터 단일상품을 제공받아 조립·구성하는 복합적인 상품으로 쉽게 모방이 용이하다. 따라서 상품의 노하우는 아이디어, 경영시스템 등으로 제도적인 보조 조치 확립이 필요하다.

8) 주관성

여행상품의 효용과 가치는 고객의 주관적 기준에 의해 결정된다. 동일한 상품이라도 고객의 욕구와 감정 상태에 따라 그 효용과 가치가 달라지므로 고객의 만족도가 다르게 나타난다. 이에 대응하기 위하여 여행시장세분화 전략이 더욱 요구된다.

SECTION 02

여행상품의 구성요소와 분류

01. 여행상품의 구성요소

여행상품은 여행자 욕구 충족을 위해 다양하고 이질적인 요소들의 구성체로 결합되어져 있으며, 구성요소수준의 결합에 따라 상품의 성격과 품질 그리고 만족도 또한 차이가 발생한다.

1) 운송(교통)수단

일반적으로 여행은 항공운송, 육상교통, 해상교통 등 다양한 이동한 수단인 교통시설을 말한다. 이동교통수단으로는 항공기, 선박(크루즈), 열차, 버스, 렌트카 등으로 안전성, 신뢰성, 좋은 장비, 휴게시설 등을 고려하여야 한다.

(1) 항공교통수단

관광목적지까지 이동하는 대표적인 교통수단인 항공교통수단은 시간적 소요가 적고 대량운송이 가능하기 때문에 선호된다. 대형항공사(FSC: Full Service Carrier)와 저비용항공사(LCC: Low Cost Carrier)로 구분된다. 대형항공사는 퍼스트클래스, 비즈니스클래스, 이코노미클래스 등 다양한 좌석등급을 운영 중이며, 항공운송중 기내식, 영화상영 등 다양한 서비스를 제공한다. 저비용항공사는 좌석의 등급과 기내식, 수하물 등 부대서비스를 최소화하거나 선택적으로 이용할 수 있도록 제도화하여 항공에 들어가는 경비를 절감하고 항공료를 낮추는 운영방식을 가지고 있다.

(2) 현지교통수단

현지교통수단은 관광목적지에 도착하여 이용하게 되는 교통수단을 총칭한다. 항공, 전용버스, 렌터카, 현지 대중교통 등 육상교통과 크루즈, 유람선과 같은 해상교통, 고속철도나 관광열차 등의 철도교통 등 다양한 현지교통수단이 있다.

2) 숙박시설

여행 중 피로를 풀 수 있는 숙박과 휴식공간시설로서 호텔, 민박, 콘도미니엄, 유스호스텔, 크루즈 등을 들 수 있으며, 호텔 및 객실등급과 숙박의 이미지와 수준, 수하물처리 서비스, 식음료 등을 고려하여야 한다. 또한 국외여행상품일 경우 일반적으로 숙박시설 사용 기준을 2인 1실 기준으로 여행상품가격이 형성된다.

3) 관광지

여행의 목적이 될 수 있는 관광지는 다양한 국가의 문화·역사·풍속, 산업·예술·스포츠, 박물관, 사적, 동식물, 해안, 각종 여가시설 등 매력물로서 여행객 마음속에 이미지화(Image Making)되는 부분에 중요하게 작용된다. 그러므로 여행자원의 매력을 충분히 느낄 수 있는 다양한 자료, 주차공간, 방문자정보 등이 고려되어야 할 사항이다.

4) 식사

여행을 통하여 다양한 국가의 식·음료를 접하게 된다. 호텔식, 전통음식, 현지식, 한식 등을 들 수 있으며, 여행에 있어 인간의 기본적 욕구를 충족하는 것으로 음식의 품질, 식당 좌석수, 서비스유형, 주차시설, 접근성, 휴게시설 등을 포함한다.

5) 여행안내원

여행안내원은 인적자원으로서 인적 의존도가 높은 여행 특성상 여행상품의 내재적 가치를 높이는 중요한 역할을 하므로 여행업에서는 지속적인 교육훈련과 양호한 복지혜택을 제공하여야 한다.

(1) 국외여행인솔자

국외여행인솔자는 여행사에서 파견되는 일정한 자격을 갖춘 자로서, 여행이 시작되는 시점부터 종료되는 시점까지 여행객의 편의와 안전을 책임지며 여행 일정 진행의 관리 및 감독 역할을 한다. 일부 지역에 따라 관광목적지에서 현지가이드의 역할을 동시에 수행하기도 한다.

(2) 현지가이드

현지가이드는 현지 지상수배업체 소속으로 관광목적지에서 관광지에 대한 설명과 여행에 수반되는 제반 서비스를 제공한다. 일부 지역에 따라 현지인 로컬가이드를 동행하여 안내하기도 한다.

6) 여행보험

고객이 국내 및 해외여행 중 발생될 수 있는 각종 안전사고(상해·질병·사망 등)를 대비하여 여행출발 전 가입하게 된다. 통상 국내여행일 경우 고객의 자유재량에 따라 가입할 수 있으며, 국외 패키지여행일 경우는 여행상품가격에 포함되어 자동 가입을 해 준다.

7) 기타

기타 구성요소로서 쇼핑은 여행에 있어 또 하나의 즐거움이며 관광활동에 필요한 것으로 각종 편의품, 특산품, 여행용품, 면세점, 공장직영상점 등으로 다양한 품목, 지역특산물, 휴식 공간 등을 고려하여야 한다.

선택관광(Option)은 여행상품에 포함되지 않았지만 관광지에서 관광객들의 자유의사에 따라 선택가능한 추가적인 관광활동으로 별도의 비용을 지불하고 진행이 가능하다.

여행 부가서비스는 여행관련 정보 및 국외여행을 위한 여권 및 방문국 사전입국 비자 수속업무 서비스로서 매우 중요한 구성요소라 할 수 있다. 또한 국제면허증신청절차, 국제학생증 발급, 로밍서비스 등 부가적인 서비스 요소는 매우 다양하다. 따라서 여행객 계층과 특성을 잘 고려하여 이를 제공하여야 한다.

연결체계의 경우 여행대상과 여행대상 간의 연결, 상품과 상품간의 연결, 의사소통의 연결, 교통수단의 연결, 판매조직망의 연결, 판매서비스연결 등을 포함한다.

02. 여행상품의 분류

오늘날 여행시장은 다양한 특성을 가진 잠재여행객들로 인하여 수많은 형태의 여행상품이 기획·개발되고 있다. 여행상품은 여행목적, 여행규모, 여행기획자, 여행경비, 교통기관, 판매형태, 여행형태 등의 기준에 의하여 분류될 수 있다.

1) 기본분류

여행상품의 기본적인 분류로는 국내여행상품, 국외여행상품, 외국인여행상품으로 볼 수 있다. 국내여행상품은 내국인이 국내를 여행하는 것으로 대한민국 국민이 제주도를 여행하는 것이 대표적인 예라고 할 수 있으며 Domestic Tour라고 부른다. 국외여행상품은 내국인이 국외를 여행하는 것으로 대한민국 국민이 미국 뉴욕을 여행하는 것을 예로 들수 있으며, Outbound Tour라고 부른다. 외국인여행상품은 외국인이 국내를 여행하는 형태가 대표적이라고 볼 수 있으며, Inbound Tour라고 한다.

2) 참가형태에 의한 분류

여행상품을 참가형태로 분류하면 여행을 하고자 하는 단체가 원하는 여행상품을 의뢰하는 단체조직형과 만들어진 여행상품에 개인이 여행상품을 예약하는 개인참가형, 자유여행인 FIT로 구분할 수 있다.

3) 참가규모에 의한 분류

참가규모에 따른 여행상품 분류는 개인여행(FIT), 단체여행으로 구분한다.

4) 판매시장에 의한 분류

여행상품을 판매시장에 따라 분류하면 상품을 만들고 참가자를 모집하는 일반모집형, 기업이나 단체의 여행목적을 달성하기 위한 인센티브형, 지인 간의 친목유대를 위한 유연단체형, 인터넷과 홈쇼핑에서 판매되는 통신판매형으로 구분된다.

5) 기획주최자에 의한 분류

기획주체자에 따른 여행상품은 여행사가 사전에 기획하고 판매하는 기획여행, 둘 이상의 단체나 기업이 주최하는 공동주최여행, 관광객이 원하는 조건에 따라 기획되는 주문여행, 주최자가 관광객을 초대하는 초대여행으로 분류할 수 있다.

6) 여행목적에 의한 분류

여행목적에 따른 여행상품은 순수여행, 겸목적여행, 선진화되거나 현지의 사정을 살펴보기 위해 떠나는 시찰여행, 연수여행으로 분류할 수 있다.

7) 여행형태에 의한 분류

여행형태에 따른 여행상품은 패키지여행(시리즈투어), 크루즈여행, 회의여행, 전세여행, 보상여행(인센티브), 이벤트여행, 선택여행, 여행사 관계자 등을 초대하여 관광지를 홍보하는 Fam Tour로 분류할 수 있다.

8) 체류형태에 의한 분류

체류형태에 따른 여행상품은 주유형, 체재형, 개방형으로 구분할 수 있다.

9) 참가자 계층에 의한 분류

여행상품을 참가자 계층으로 분류하면 수학(졸업)여행, 신혼여행, 중년여행, 노인여행으로 구분된다.

<table>
<tr><td></td><td>미국동부 선지의료기관 답사
대한항공 워싱턴 왕복, 5성급 호텔 사용 조건</td></tr>
<tr><td></td><td>칸쿤 패키지
아시아나항공, LA경유, 시크릿더바인(올인크루시브)</td></tr>
<tr><td></td><td>셀러브리티크주르 북유럽 11일
대한항공, 디럭스 오션뷰 선실 사용조건</td></tr>
</table>

SECTION 03 여행상품의 유통구조

01. 여행상품 유통업자

여행업은 매체적 역할로서 유통업이라고도 한다. 여행소재공급업자의 시설물을 대리판매하여 판매수수료를 받거나 시설물을 다양하게 결합하여 여행상품을 개발·판매하여 여행객에게 제공을 한다. 이러한 여행상품을 제공하는 유통업체를 구분하면 다음과 같다.

1) 여행소재공급업자(Principle)

여행소재공급업자란 관광관련 시설물을 소유하고 있는 공급자로서 여행상품을 구성하는 요소를 제공하는 여행상품소재의 요소이기도 하다. 공급업자는 최종소비자와 직접적인 유통관계를 형성하고 있으나, 여행사와 간접유통 관계를 유지하면서 수요를 창출하고 있다. 여행소재공급업자는 여행상품의 품질과 상품가격에 영향을 미치고 있다.

2) 직접판매여행업자(Direct Seller)

직접판매여행업자는 대리점 등의 중간판매처를 통하지 않고 고객에게 여행상품을 직접판매하는 B2C방식이다. 중간유통과정에 따른 마진이 없기 때문에 더 저렴한 가격에 상품을 공급할 수 있고, 고객과 직접 소통한다는 점에서 고객의 니즈파악과 신속한 문제해결이 용이하다.

3) 여행도매업자(Wholesaler)

여행도매업자는 여행수요를 미리 예측하여 항공운송과 여행목적지에서의 숙박, 관광매력물, 위락 등 유·무형 서비스를 준비한다. 이를 통해 다양한 여행상품으로 생산하여 자사의 지역지점 및 여행대리점에 공급하여 최종 소비자에게 판매하는 유통업자라 할 수 있다.

즉, 공급업자의 시설물을 결합하여 여행상품을 기획·개발하고 이를 소매여행사에게 상품을 제공하고 여행소매업자가 판매하여 모집한 여행객의 여행계약에 따라 항공 및 지상수배 업무와 여행목적지에서의 행사를 진행한다.

4) 여행소매업자(Retailer)

여행소매업자는 여행도매업자나 여행소재공급업자로부터 상품을 제공받아 최종 소비자에게 상품과 상품관련 다양한 여행정보를 제공하고 판매하는 업자를 말한다. 여행소매업자는 여행상품 판매에 따른 일정한 상품수수료를 여행도매업자로부터 받으므로, 여행상품기획 및 개발비용 부담이 없고, 경영의 안전성을 꾀할 수 있는 장점이 있다. 국내의 대다수 중·소여행사가 여행소매업자로 볼 수 있다.

5) 온라인여행업자(OTA: Online Travel Agency)

온라인여행업자는 인터넷비즈니스의 특성을 여행분야에 적용하여 여행업을 수행하는 기업이다. 정보통신기술의 발달로 여행자들은 여행사에 방문하지 않고도 여행목적지 및 여행계획과 관련된 정보를 온라인상에서 탐색하고 구매하는 과정이 가능해졌다. 온라인여행업자는 여행소재공급업자의 상품을 여행객에게 온라인상에서 중개하고 수수료를 받는 직접판매여행업자의 역할을 수행하고 있다.

6) 지상수배업자(Land Operator)

지상수배업자는 일반적으로 여행목적지에서 발생되는 지상수배업무를 전문으로 하는 업체를 말한다. 우리나라의 경우 흔히 '랜드사'라는 용어로 사용되고 있다. 현재 지상수배업체의 법적인 근거가 마련되지 않아 대다수 국외여행업 업종으로 등록하고 운영되고 있다.

지상수배업자는 한국 여행객 유치를 위하여 목적지에서 발생되는 숙박, 현지교통, 관광매력물, 식사, 쇼핑, 안내 등 여행일정과 원가를 산출하여 한국소재 여행사를 대상으로 판매촉진활동을 하여 여행사와의 계약이 체결되면 한국 여행객 유치와 행사진행의 업무를 진행한다.

이러한 지상수배업자는 대표적으로 몇 가지 유형으로 분류할 수 있다.

(1) 외국여행사 운영형태

외국에 있는 여행사가 한국 여행객 유치를 위해 자국의 다양한 여행상품을 기획·개발하여 우리나라 여행사를 대상으로 인바운드 업무를 추진하는 형태이다.

(2) 한국 지상수배업체 운영형태

한국의 지상수배업체가 외국 현지에 법인을 설립하여 본사에서 모집한 여행객에게 여행 서비스를 제공하는 업무 형태를 말한다.

(3) 외국 지상수배업체 운영형태

외국 현지에서 독립적으로 운영되는 지상수배업체와 업무 계약체결을 통해 여행 서비스를 제공하는 업무 형태를 말한다. 이는 한국 여행사의 현지연락사무소 역할을 하는 형태로서 일정한 수수료를 보장받아 여행사를 대신하여 지상수배업을 진행하는 형태이다.

02. 여행상품 유통경로

여행상품 생산자가 최종 소비자에게 상품이 전달되는 경로를 유통경로(Channel of Distribution)라 한다. 여행 유통은 종전 여행소재공급업자(이하 공급업자라 칭함)의 시설물을 위탁 판매하여 알선수수료를 받던 시기와 달리 여행사는 여행객의 욕구에 부합되는 여행상품을 직접 개발한 기획여행상품(패키지 상품)이 날로 대량생산되고 있다. 이로 인한 상품판매 유통경로를 전략적으로 추진하여야 한다.

1) 1단계 유통

공급업자가 최종 소비자에게 직접판매하는 유통형태를 말한다. 정보기술발달로 인한 인터넷이 활성화되어 시설관련 정보와 상품을 온라인을 통해 전달하고 직접판매하는 비율이 증가되고 있다. 특히 항공권 및 숙박권, 그리고 현지교통관련 상품과 정보를 소비자가 직접 탐색하고 구매하는 개별여행객이 날로 증가되고 있다.

2) 2단계 유통

공급업자가 중간 유통업자를 통해 최종 소비자에게 상품을 판매하는 형태를 말한다. 중간유통업자는 공급자의 시설물 위탁판매뿐만 아닌 여행상품을 결합하여 이와 관련된 다양한 여행정보를 최종 소비자에게 제공하고 판매를 하고 있다. 우리나라 여행사는 점차 대형 중간유통업자의 형태를 띄어 최종 소비자인 여행객보다 공급업자에게 상당한 영향력을 발휘하고 있다. 즉, 대량생산에 의한 대량판매로 원가우위와 상품 및 가격의 차별화로 경쟁기업보다 우위성을 확보할 수 있고 여행수요시장을 선점하고 있다. 최근 주목받고 있는 새로운 2단계 유통구조의 형태로 Expedia, Priceline, Ctrip 등과 같은 글로벌 온라인여행사(OTA)가 등장하였다.

3) 3단계 유통

3단계 유통은 2단계 유통에서 여행소매업자 유통이 추가된 유통경로를 말한다. 중간유통구조가 여행도매업자와 여행소매업자로 구분될 수 있으며, 여행소매업자는 여행도매업자가 생산한 여행상품을 최종소비자에게 판매하여 모집한 다음 일정한 상품 수수료를 받는다.

4) 4단계 유통

3단계 유통구조에서 전문판매유통업자가 추가된 유통구조를 말한다. IT 발달로 기업과 기업간의 전략적 제휴를 통한 상호 Win-Win 구조가 형성되었고, 이를 통한 여행상품

역시 전문판매부서가 형성되어 여행단체조직자와 같은 유형이 유통구조의 한 형태로 등장하게 되었다.

우리나라의 여행상품 유통경로구조를 다음과 제시하고자 한다.

그림 6-1 | 여행업 유통구조

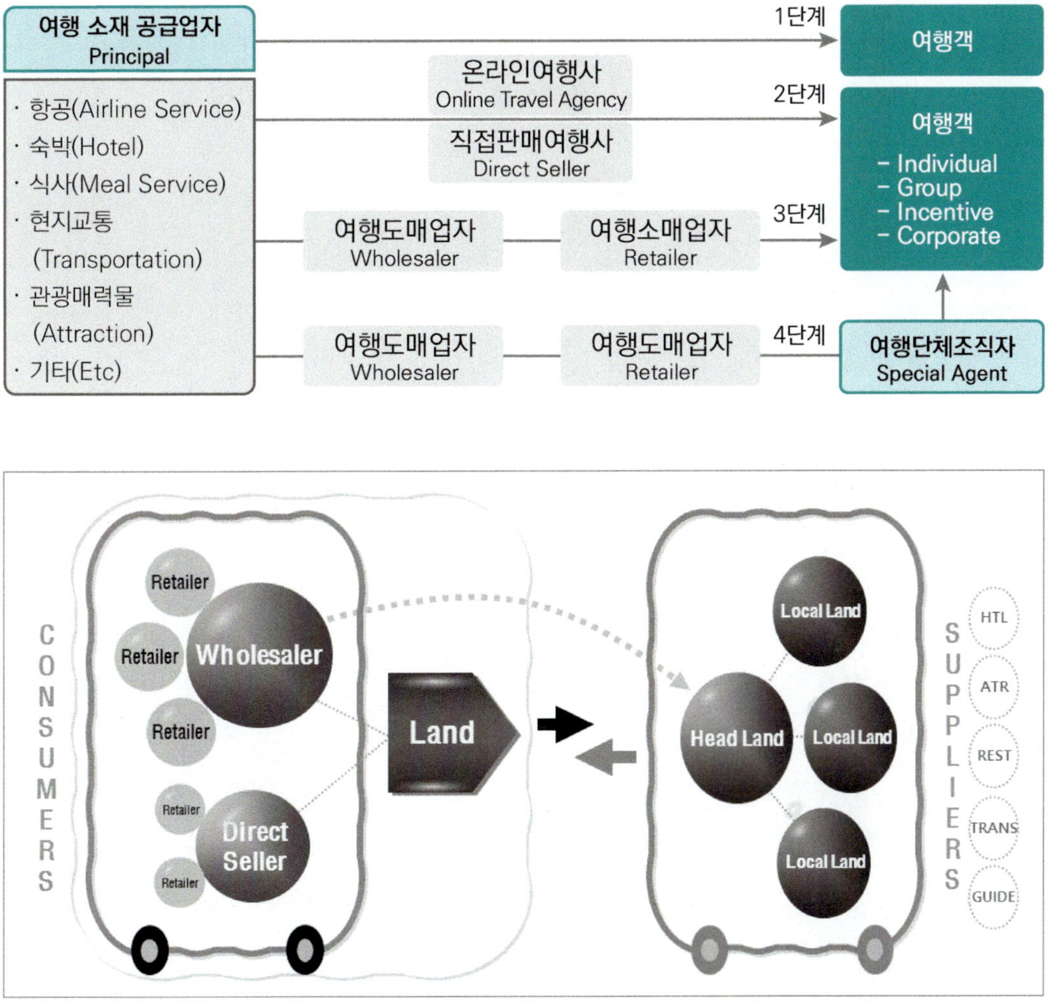

03. 여행상품의 변화

1961년 관광진흥법이 개정된 이후 여행사의 판매상품의 변화는 급격히 발전되어 왔다. 여행상품은 무형성이 강한 상품으로 상담과 예약 및 여행소재공급업자의 시설물을 대매하는 기능의 수동적 개념에서 1989년 1월 1일 해외여행전면자율화 이후 일부여행사는 상품기획의 주체적 역할로서 상품기획과 개발 및 홍보로 능동적 개념으로 전환되었다.

특히 1990년대 이후 신흥여행사인 삼홍여행사, 온누리여행사, 씨에프랑스 등이 출현하여 신문광고를 통해 자사의 상품을 판매하여 잠재(신규)수요를 창출할 수 있는 동기부여(Motive)를 제공하였다. 이는 당시 우리나라 여행시장의 수요를 확대하는 계기를 마련하였다. 즉, 기획여행의 시초라 할 수 있다. 단체행사가 가능하여 여행상품의 원가 및 비용을 절감하는 현상까지 이르게 되었다. 소비자 측면에서는 저렴한 여행상품 이용에 따른 편익과 여행사 측면에서는 여행상품판매에 대한 불안정이 완화되었고, 현금순환으로 자금 활용의 이점이 발생하였다.

그러나 여행사간 상품경쟁으로 수익이 감소하는 현상이 두드러지게 나타났다. 1990년대 중반이후에는 지역전문여행사나 상품전문여행사인 배낭전문여행사, 어학연수전문여행사, 허니문전문여행사, 오지전문여행사, 성지순례전문여행사 등 틈새를 공략한 중소전문여행사가 출현하여 활발할 영업이 형성된 시기이기도 하였다.

1997년 12월 IMF이후 급격한 환차손실 등 여러 난관에 부딪쳐 수많은 여행사가 피해를 입었으며, 여행시장의 수요도 급격히 감소하였다. 1998년 일부 대형여행사는 상품가격인하로 다시 잠재수요를 창출하고자 노력하였고, 해외거주 교민들의 한국관광캠페인에 따른 인바운드여행이 다소 활기를 되찾아 1999년 여행시장이 다시 호전되었다.

당시 정부에서는 외국인 유치 여행상품기획 여행사에게 다양한 지원을 통해 외국인 유치에 적극 지원을 하였으며, 또한 국외여행상품판매 전문여행사가 다시 급증하여 상품판매경쟁이 또 다시 시작되었다.

2000년대에 들어와 여행사가 주식시장 상장으로 여행사의 상품판매형태는 직접판매와 간접판매의 구분이 확연해졌고, 대형여행사는 항공사의 항공좌석을 전세 또는 부분전세를 통하여 저렴하면서도 질적인 상품을 선보이면서 시장을 선도해 나갔다. 또한 인터넷을 활용한 온라인여행사의 출현이 급증하여 다양한 온라인 이벤트와 저렴한 상품가격으로 새로운 온라인 여행시장이 성장하였다. 국내의 대표적인 온라인여행사로서는 넥스투어, 투어익스프레스, 온라인투어 등이 있고, 현재는 주요 여행사 대다수가 온라인과 오프라인의 영업형태를 병행해 나가면서 보다 많은 잠재수요를 창출하고 있다.

여행상품은 여행사가 상품기획주체로 기획한 여행상품(Package Tour)이 주를 이루고 있으며, 소비자의 라이프스타일 변화와 2005년 7월 1일 시행된 주 5일 근무단축제로 단기여행상품이 활성화되었고, 대량관광에서 점차 대안관광을 찾고자 하는 수요는 특수목적여행(SIT : Special Interest Tourism)을 선호하는 추세로 전환되었다.

또한 저비용항공사의 등장과 경쟁으로 항공경비가 절감되었고 국외문화에 거부감이 없는 젊은 소비층을 중심으로한 자유여행시장이 큰 성장세에 있으며, Expedia, Priceline, Ctrip과 같은 글로벌 온라인여행사(OTA)가 호텔상품과 액티비티, 항공권 등을 공격적으로 판매하여 좋은 성과를 나타내고 있다. 국내 여행사들도 글로벌 온라인여행사에 대응하기 위해 단품시장을 적극적으로 개발하고 있다.

SECTION 04

여행상품개발과 전략

여행사의 성장은 새로운 여행상품을 기획·개발·생산·공급을 어떻게 효율적으로 수행하는가에 달려 있다. 새로운 여행상품개발은 기업의 안정과 발전을 촉진시키며, 기존상품을 대체할 수 있는 가능성에 대한 전략적 대응수단을 제공할 수 있으며, 여행시장구조 변화에 대한 적응력을 제공한다. 또한 여행상품수명주기별 수요시장에 대응할 수 있으며, 기존고객을 유지할 수 있고 신규고객을 창출할 수 있다. 따라서 여행사에서의 신상품 개발은 동일업종에서 경쟁우위를 확보함과 동시에 기업의 수익을 보존·창출할 수 있으므로 가장 중요하고 필수적인 요소라 할 수 있다.

01. 여행상품 개발방법

신 여행상품 개발방법은 각 여행사 주변 환경에 따라 변화될 수 있으나, 일반적인 방법으로는 신 여행상품 개발을 통한 상품배열의 추가, 즉각 대응할 수 있는 상품모방에 의한 추가, 타 여행사의 사업권 매입 또는 합병, 여행사업권 획득을 통하여 상품을 추가할 수 있다.

최근 중국 및 일부 동남아시아의 항공사 및 호텔 판매대리점(GSA; General Sales Agency/총판매대리점) 사업권 획득을 통한 상품 추가 형태가 발생되고 있다.

일반적으로 우리나라 여행사의 경우 규모의 영세성으로 신 여행상품개발에 있어 능동적 전략보다는 수동적 전략을 채택하고 있는 경우가 대부분이다. 이는 여행상품의 모방이 용이한 특성으로 신 여행상품개발보다는 모방형 전략을 많이 이용하고 있다.

그러나 상호 과당경쟁으로 이어져 수익구조가 악화되는 현상을 초래하고 있어 단기적인 효과보다 장기적인 관점에서 새로운 아이디어 창출 및 채택과 상품설계, 서비스의 품질을 높일 수 있는 상품개발과정을 체계적으로 수립하여 기업의 매출을 신장할 수 있도록 노력하여야 한다.

신 여행상품개발 과정은 상품과 고객의 요구에 따라 상이할 수 있어 일률적이지 못하지만, 상품개발과정을 크게 네 가지로 구분하면 다음과 같다.

1) 여행상품 개발과정

일반적으로 여행상품(Tour Product) 개발은 상품아이디어 단계, 공급업자와 협상단계, 비용 및 가격결정단계, 촉진단계로 크게 나눌 수 있다.

(1) 제1단계 : 상품아이디어 단계

창의적인 사고와 과거 이용고객의 여행 만족과 불만족 자료를 충분히 활용을 하여야 하며, 경쟁사의 성공사례 상품과 여행소재공급업자로부터 새로운 시설 확충에 관한 정보수집을 통하여 미래 잠재고객의 성향에 맞는 상품을 개발하여야 한다.

(2) 제2단계 : 공급업자와 협상단계

새로운 상품개발에 따른 여행소재공급업자와의 충분한 요금협상과 할인율협상을 하여야 하며, 계절에 따른 전세상품이나 각종 이벤트 상품개발이 있을 경우 특별할인 및 판촉요금을 협상하여야 한다. 대형여행사의 경우 항공좌석과 숙박을 사전 확보하기 위하여 상호 전략적인 제휴마케팅을 체결하거나 사전 대금을 지불하여 저렴한 가격과 좌석 및 객실을 확보하는 추세로 전환되고 있다.

(3) 제3단계 : 비용 및 가격결정단계

개발된 상품의 조건에 맞추어 운송교통, 식사 유형 및 질, 숙박시설유형, 체재기간, 관광 및 입장료, 관광조건에 대한 다양한 여행경비 원가를 조정하여 기업의 적정한 수익을 포함한 판매가격을 책정한다.

(4) 제4단계 : 촉진단계

완전히 결합된 여행상품을 소비자에게 인지시키고, 구매 욕구를 발생시키기 위한 다양한 촉진단계로서 브로셔(Brochure)제작, 간결하고 신속한 유통구조 형성, 다양한 대중매체(Media)를 이용한 광고, 기사성 홍보, 여행대리점이 판매할 수 있도록 사전 Study Tour실시, 온라인 판매 극대화를 위한 인터넷 수단을 활용한 포괄적인 촉진활동을 전개해 나간다.

02. 여행상품 개발전략

신 여행상품개발은 시장에서의 기회와 기업내부능력간의 조화로 성공할 가능성이 높다. 따라서 관광기업은 전반적인 사업전략계획을 수립하여야 한다.

1) 신상품개발전략

국내여행사는 능동적(선제)전략보다 수동적(반응)전략을 많이 채택하며, 반응전략 중에서도 모방형 전략을 주로 사용하고 있다. 이는 기업규모의 영세성과 위험요소가 적기 때문이나 고객 욕구만족에는 역부족인 단기적인 전략으로 볼 수 있다.

(1) 수동적 전략(반응전략)

외부 환경변화의 압력에 대응하기 위한 전략으로 주로 여행시장의 규모가 작아 상품개발비용을 회수할 수 없거나 시장 혁신을 위한 방어벽이 있을 때, 그리고 필요한 자원을 부족하게 보유하고 있을 때 사용한다. 수동적 전략(반응전략)의 유형은 다음과 같다.

① 방어전략(Defensive Strategy): 기존상품개량으로서 신상품의 경쟁성을 방어하는 전략
② 모방전략(Imitative Strategy): 신상품등장과 비슷한 시기에 빠르게 모방하는 전략으로 비교적 위험성 적다.
③ 차선모방(Second but Better Strategy): 타 기업의 신상품개발을 기다리다가 판매 후 질이나 기능을 모방하되, 더욱 우위성을 갖게 하는 전략
④ 대응전략(Responsive Strategy): 고객욕구에 목적이 있어 대응하고자 하는 의미의 전략으로 고객욕구 지향적인 전략

(2) 능동적 전략(선제전략)

여행시장에서 기회 포착과 경쟁기업들의 움직임에 즉각 대응코자 기업 내 자원배분을 최대 활용하여 시장을 선제공격하는 전략이다. 먼저, 기업의 성장과 새로운 시장진출, 둘째, 신상품 시장출시에 호응할 때, 셋째, 많은 판매량과 높은 이익 얻을 수 있는 표적시장 개척 등을 위하여 재정적 자원·스텝·시기성에 적절히 대응하기 위해 실시하는 전략이라 할 수 있다.

능동적 전략은 경쟁사에 위축되지 않고 여행시장 혁신을 이루고자 하는 경우에 사용되는 전략으로서 다음과 같은 유형이 있다.

① 연구개발전략(R&D : Research and Development): 상품품질과 기능상 기술 향상적 전략
② 마케팅전략(Marketing Strategy): 고객욕구에 맞는 상품개발판매전략
③ 기업가전략(Entrepreneurial Strategy): 기업자들이 아이디어 창출, 내부자원 확보, 열광적 모험심 등 구축하는 전략
④ 매입(획득)전략(Acquisition Strategy): 신상품개발회사나 신상품 판매권을 그대로 매입하는 전략으로 기업매입, 특허매입, 라이센스 매입 등 전략

2) 여행상품의 수명주기 (PLC : Product Life Cycle)

여행상품이 개발되어 여행시장에 도입된 후 성장기와 성숙기를 거쳐 쇠퇴기의 단계를 밟는 과정을 의미하며, 상품의 시기성과 방향을 시사해 준다. 시장수요의 변화나 이익선의 추이를 바로 나타내어 주는 이른바 '바로메터'가 수명주기이도 하다.

(1) 상품수명주기 현상의 주요원인

여행상품은 유한한 수명을 가지고 있으며, 상품판매량은 각 단계를 거치게 되고, 단계별 상이한 도전·기회 및 문제를 판매업자에게 부과한다. 상품의 이익은 상품수명주기의 상이한 각 단계에 따라 증가하거나 감소한다. 따라서 각 수명주기별 적절한 대응전략이 필요하다.

첫째, 시장포화 현상이다. 여행사마다 동일한 여행상품을 시장에 등장 시켰을 경우 성장기와 성숙기 일정기간 후 과다수요로 판매가 감소하여 곧 바로 쇠퇴기로 접어 들 수 있다.

둘째, 신기술의 등장이다. 기존 여행상품보다 진보된 신상품이 개발되어 시장에 도입되었을 경우 기존 상품의 구매력은 감소하여 여행상품의 수명이 단축된다.

셋째, 경쟁에 의한 경우로 여행업체간 치열한 판매경쟁으로 인한 상품판매 점유율이나 이익이 점차 분할된다.

(2) 기업의 전략적 관리 필요

기업은 고객의 욕구 만족과 기업의 최대한 이익을 창출하기 위해서는 전략적 상품계획수립이 절실히 필요하다. 그러므로 다음과 같은 기업의 전략적 관리가 필요하다.

첫째, 기업은 표적화 된 시장을 점유하기 위하여 세부적인 마케팅 예산을 수립한다.

둘째, 소비자가 상품을 인지할 수 있도록 유통·광고·인적판매·가격·판매촉진 등 전략 수립

셋째, 여행시장 환경에 맞추어 수시로 수정, 개선하는 적절한 조정적 전략

(3) 여행상품 수명 주기별 특성

① 기획·개발기(Planning·Developing Stage)

신 여행상품 아이디어 기획 및 개발단계로서 신규 여행업 설립시점이나 기존 판매하고 있는 여행상품이 쇠퇴기를 맞이하여 새롭게 여행상품을 기획·개발 계획시기의 주기로서 정확한 목표시장 설정을 통한 조사 분석과 결과를 토대로 상품을 개발한다.

② 도입기(Introduction Stage)

여행상품이 개발되어 시장에 출시되는 시기로 '시장개척기' 또는 '시장개발기'라고도 한다. 여행상품에 대한 소비자의 인지도나 수용도가 매우 낮은 주기로서 초기 상품광고나

사전 상품구매 경험이 있는 고객들의 구전을 활용하여 기업과 상품의 인지도를 서서히 환기시켜 나가야 한다. 그러나 판촉비용 많이 소요되고 매출이 아주 저조한 시기이다.

도입기에는 여행상품 설명회, 상품 전시회, 경품행사 등 적극적인 판촉활동 등 지속적인 투자기간이 필요하고 수시로 마케팅 믹스전략을 통한 대응책을 마련한다.

③ 성장기(Growth Stage)/발전기/경쟁기(Competitive Stage)

소비자들이 상품에 대한 인지도가 높아짐에 따라 서서히 매출의 증가로 빠른 성장 시기를 가져올 수 있는 시기이다. 고객이 구매한 여행상품의 만족도가 높을 시 구전홍보효과를 볼 수 있는 시기이기도 하며, 신규수요가 급속히 창출되기도 한다. 그러나 경쟁이 발생하는 시기(경쟁기업의 동종상품 시장출시)로서 다양하고 차별화된 마케팅전략(경쟁사에 대한 대응전략)으로 신규목표시장을 추구하여 특정 브랜드상품의 특징이나 이점을 강조하여 판매증가를 유도하여야 하는 시기이다. 성장기에는 서비스 품질개선, 서비스 특징과 요소 부가, 새로운 유통경로, 가격에 민감한 고객을 위한 탄력적인 가격정책을 전개해 나가야 한다. 성장기는 성장 전기(성장기)와 후기(경쟁기)로 구분하는 경우도 있다.

④ 성숙기(Maturity Stage)/포화기(Saturation Stage)

성숙기는 상품구매가 지속적으로 확대되는 완만하게 자연증가율을 나타내는 주기로서 고객확보율을 고정화하여 충성고객확보에 주력하며 대량생산과 판매체제를 갖추게 된다. 또한 원가절감과 이익률이 높아지고 경쟁사와의 경쟁이 심화된다. 이 시점에서는 신규목표시장과 상품의 품질·기능·스타일 등을 변경하는 상품변경전략을 전개해 나가야 한다. 그리고 지출비용을 통제하고 비용절감과 신상품개발을 위한 단순상품을 폐기하는 것을 고려하여야 한다.

⑤ 쇠퇴기(Decline Stage)

쇠퇴기는 기존상품의 판매가 저하되는 주기로 상품판매 매출액이 감소되므로, 판매전략상 판매방법을 수정하고 기존상품의 약점을 장점화 할 수 있는 방안을 검토하거나 기업의 매각 등 양자택일을 통한 전략을 전개해 나가야 한다.

03. 여행상품의 가격

여행상품가격이란 여행자가 여행사의 여행서비스를 통해 얻는 가치에 대하여 지불하는 대가를 말하는 것으로, 마케팅믹스전략 4Ps중 상품(Product), 유통(Place), 촉진(Promotion)은 비용을 유발하지만, 가격(Price)은 수익이 되는 요소이다. 그러나 이러한 가격결정은 기업의 내부와 외부요인에 따라 가격을 결정하는데 영향을 미친다.

여행사는 여행상품을 구성하는 요소를 제공하는 여행소재공급업자와의 협의를 통하여 상품원가를 결정하게 되지만, 대부분의 여행사는 항공사와 호텔 그리고 지상수배업자(랜드사)가 제시하는 상품원가에 좌우된다고 볼 수 있다. 이 원가요금에 일정한 수익을 가산하여 여행상품 판매가격을 형성하게 된다.

1) 여행상품 가격결정 형태

여행상품은 상품기획 주체가 누구인지에 따라 상품가격이 결정된다.

(1) 기획여행

기획여행은 여행사가 여행상품기획의 주최가 되어 여행시장 수요의 욕구 조사를 통하여 대중적이고 연속적인 여행상품을 기획·개발하여 신문광고나 인터넷, 인적판매를 통하여 모집을 실시하는 여행의 형태로서 시장환경의 변화와 경쟁사의 상품가격을 비교 분석하여 지역상품별 사전 가격을 형성하는 형태를 말한다.

(2) 유연단체 조직자와 협의를 통해 결정된 가격

유연단체(Affinity Group)는 각종 친목회, 동호회, 동창회 등 다양한 형태의 단체로서 단체 주최자의 요구에 따라 여행사에서 제시한 여행조건과 가격에 대하여 상호 협의를 통해 최종 결정을 한다. 일련의 '주문여행'이라 볼 수 있으며, 여행업에서는 '인센티브팀'라는 용어로 사용되고 있다.

(3) 입찰여행

정부 및 공공기관의 가격 및 행사 조건에 의한 입찰로 결정되는 가격으로 비교적 기획여행이나 유연단체의 가격결정형태보다 비교적 까다롭고 어려운 가격결정 형태라 할 수 있다.

2) 여행상품 가격결정요소

여행상품은 일반적으로 직접비용과 간접비용 및 기타비용을 근거로 가격이 결정된다. 가격결정은 여러 가지 요인이 작용할 수 있다. 직접비용으로서는 여행객이 순수관광을 위한 여행상품소재의 원가에 해당되는 것으로, 항공료, 항공 Tax, 유류할증료, 여행목적지 지상경비, 각종 Tax, 여행자 보험 등이 있으며, 2005년 7월1일부로 전 항공 유류할증료가 여행객 부담경비로 전환되었다. 간접비용으로는 여행상품의 판매를 위한 마케팅비용과 여행단체의 성격에 따른 행사 예비비, 안내원의 수당과 출장경비 그리고 환율에 따른 환차이익 및 손실을 들 수 있다.

마지막으로 직접경비와 간접경비에 최종 여행사의 수익을 포함하여 판매가격이 형성된다. 세부적인 여행상품가격결정요소를 살펴보면 다음과 같다.

표 6-1 I 여행상품의 가격결정 요소

구분	결정요인	세부내용
직접경비	원가구성요소	■ 여행상품가격에 가장 큰 영향 ■ 상품기획 주최에 따라 구성요소 변화 - 항공료, 항공Tax*, 유류할증료, 현지 지상비용, 기타비용
간접경비	마케팅요소	■ 유통비용 : 대리점 수수료, FOC - 직판과 간판의 판촉비용의 차이에 따른 경쟁력 ■ 촉진비용 : 패캐지 상품가격에 가장 큰 영향 - 광고, 판매촉진비용, 설명회 개최비용 등 ■ 상품개발비용 : 상품개발을 위한 답사비용
	일반관리비용	■ 사무실 운영에 따른 일반관리비용
	인플레이션과 환율	■ 차기연도 인플레이션을 감안한 가격 결정 ■ 달러와 유로화 변화에 영향
	영업수익율	■ 수익율 정책(통상10%)

* 유류할증료는 여행객이 최종 항공권을 발권하는 시점의 환율이 적용되어 금액이 산출됨.

사례 | 추천여행 상품

출처 : 하나투어(hanatour.com)

CHAPTER 07

국외여행업무

SECTION 01. 국외여행업 기초업무

SECTION 02. 국외여행업 운영업무

SECTION 03. 지상수배업무와 여행일정표 작성업무

SECTION 04. 여행요금 구성요소와 산출방법

Travel Agency Business Administration

SECTION 01

국외여행업 기초업무

우리나라는 1989년 1월 1일 이후 해외여행자유화 시행으로 인하여 대한민국 국민이면 누구나 여권을 발급 받을 수 있게 되었다. 그리고 여행업의 국외여행업무(Outbound Tour)에 있어 가장 기초적인 업무는 사증(Visa) 발급을 위한 제반 수속업무와 여행객을 위한 부수적인 수속서비스 업무를 포함하고 있다.

01. 여권업무

여권은 여행자의 국적과 인적사항을 기재한 신분증명서로서 해외에서 신원을 보증해 주고 여러 가지 용도로 사용된다. 우리나라 여권법에서는 외국에 여행하고자 하는 국민은 여권법 제12조의 규정에 의하여 여권을 소지하도록 의무화하고 있으며 일반여권을 발급받아야 한다.

우리나라는 국제민간항공기구(ICAO)의 권고에 따라 전자여권을 발급하고 있다. 각국은 여권을 소지한 여행자에 대하여 자국민임을 증명하고 자국민이 해외여행을 하는 동안 편의와 보호에 대한 협조를 받을 수 있도록 하기 위해 발급한다. 여권의 개념을 정리하면 다음과 같다.

- 여권은 해외여행을 할 때 반드시 필요
- 대한민국 정부가 외국으로 출국하는 사람에 대해 신분을 증명

■ 외국 국가정부에 대해 여행자의 보호를 요청하는 일종의 공문서로서 여권은 여행 전부터 여행 후까지 여러 가지 용도로 사용

1) 여권의 용도

(1) 여행 출국 전

- 전 세계국가의 비자 신청 시
- 국제운전면허증신청 시
- 국제청소년여행(FIYTO카드) 신청 시
- 외화환전 시
- 면세점에서 상품 구입 시

(2) 입(출)국 시

- 항공권을 탑승권으로 교환 시
- 세관신고 시
- 국내 및 해외 입(출)국수속 및 신고 시
- 병역의무자가 병무신고 및 귀국신고 시

(3) 여행 중

- 호텔 투숙할 때
- 여행자 수표(TC) 사용과 환전 시
- 해외에서 예금 인출 시
- 렌터카 임대할 때
- TC 도난(분실) 당했을 경우

2) 여권의 종류와 구성

(1) 목적에 의한 분류

<table>
<tr><th>종 류</th><th>발급대상</th><th>발급처</th></tr>
<tr><td rowspan="2">일반여권</td><td>대한민국 국적을 소지한자로써 해외여행에 결격사유가 없는 사람에게 발급</td><td rowspan="2">전국 시, 군, 구청 여권과</td></tr>
<tr><td>일반여권 중 해외이주자(해외이주법시행령 제3조 제3항 단서의 규정에 해당하는 자를 포함한다)에 대한 거주여권은 다른 일반 여권과 구분하여 발급한다.</td></tr>
<tr><td>관용여권</td><td>공무원(또는 준 공무원)이 공적인 업무로 해외에 출장을 가고자 하는 자.</td><td rowspan="2">외교통상부 여권과</td></tr>
<tr><td>외교관 여권</td><td>국가 대표성을 가진 공무원이 외국정부와 접촉하거나 외교교섭을 필요로 하는 자.</td></tr>
<tr><td>여행증명서</td><td>여권에 준하는 문서로서 여권의 분실 등 긴급사항 발생 시 발급하는 여행증명서(Travel Certificate)이다.</td><td>재외공관 영사과</td></tr>
</table>

(2) 전자여권 유효기간 및 발급수수료

종류	유효기간	수수료	비고
복수여권	10년	50,000원	24면, 알뜰여권
		53,000원	48면
	5년	45,000원	만 8세 이상~만 18세 미만자
		33,000원	만 8세 이하 미만자
	5년 미만	15,000원	만 20세~24세 미만의 병역미필자 만24세 이상의 병역미필자로서 6개월 이상 5년 미만 국외여행허가자
단수여권	1년 이내	20,000원	1회 여행만 가능
기재사항변경	-	5,000원	사증란 추가(1회)

(3) 여권의 구성 및 발급절차

우리나라에서 발급되는 여권은 여권의 위·변조 방지와 품질 개선, 여권관리 업무의 효율화를 위해 사진부착식 여권에서 사진전자식 여권으로 그리고 지금은 국제민간항공기구(ICAO)의 권고에 따라 2008년 6월부터 전자여권을 도입하게 되었다

전자여권(e-Passport : Electronic Passport) 도입은 여권 위·변조 및 여권 도용 억제를 통해 여권의 보안성을 극대화하여, 궁극적으로 해외 여행하는 우리 국민들의 편의를 증진시키는 데 그 목적이 있다.

첫째, 여권 위·변조 억제, 전자여권에 내장되는 칩에는 기존 여권에 수록된 정보가 한 번 더 수록되며, 각종 보안 기술이 추가 적용된다. 이를 통해 신원정보면과 칩을 동시에 조작하는 것이 사실상 불가능해지며, 설사 조작한 경우라고 해도 출입국 과정에서 자동적으로 적발된다.

둘째, 여권 도용 억제, 정보 이중 수록을 통해 가장 빈번한 여권 위·변조 형태인 사진 교체가 방지되며, 2010년부터는 지문 수록 전자여권 발급을 통해 본인 확인 및 도용 억제 기능이 한층 강화되었다.

전자여권이란, 비접촉식 IC칩을 내장하여 바이오인식정보(Biometric Data)와 신원정보를 저장한 여권을 말한다.

- 바이오인식정보 수록 범위 : 얼굴, 지문(양손 검지, '10.1.1~)
- 신원정보 수록 범위 : 기존 여권과 동일(성명, 여권번호, 생년월일 등)
- 신용정보, 범죄기록, 혈액형 등 기존 여권에 수록되지 않았던 정보는 수록되지 않는다.

전자여권 또한 기존 여권과 마찬가지로 종이 재질의 책자 형태로 제작되었고, 다만 앞표지에는 국제민간항공기구(ICAO)의 표준을 준수하는 전자여권임을 나타내는 로고가 삽입되어 있으며, 뒤표지에는 칩과 안테나가 내장되어 있다.

그림 7-1 I 전자여권(e-Passport)

전자여권 앞표지 전자여권 뒤표지

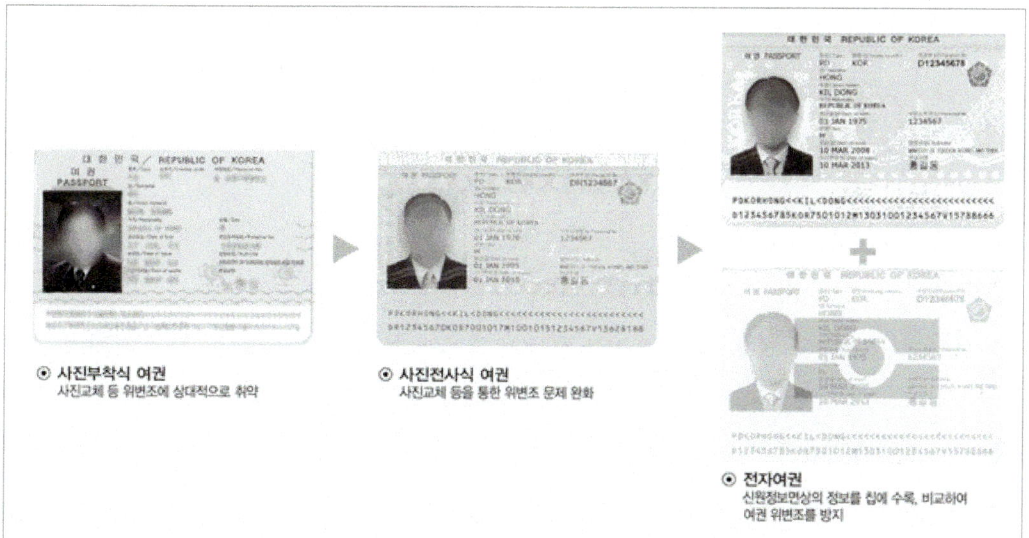

* 자료 : 외교통상부 해외안전여행, www.0404.go.kr

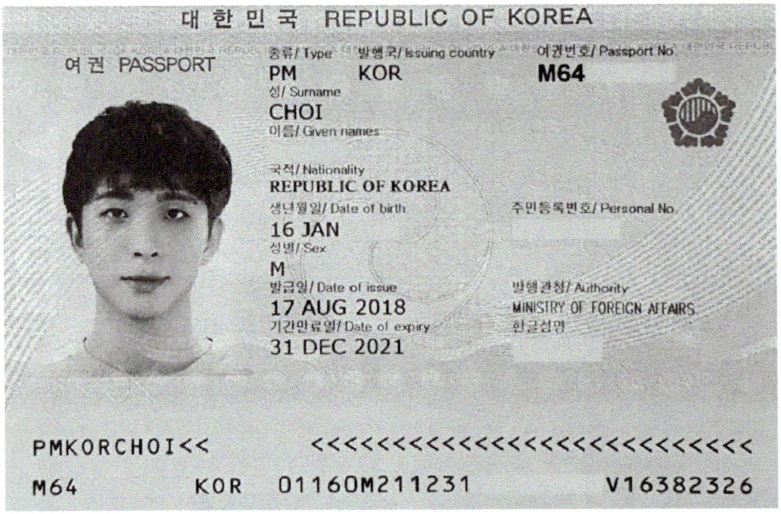
대 한 민 국 REPUBLIC OF KOREA
여 권 PASSPORT
종류/ Type: PM
발행국/ Issuing country: KOR
여권번호/ Passport No.: M64
성/ Surname: CHOI
이름/ Given names
국적/ Nationality: REPUBLIC OF KOREA
생년월일/ Date of birth: 16 JAN
주민등록번호/ Personal No.
성별/ Sex: M
발급일/ Date of issue: 17 AUG 2018
발행관청/ Authority: MINISTRY OF FOREIGN AFFAIRS
기간만료일/ Date of expiry: 31 DEC 2021
한글성명
PMKORCHOI<< <<<<<<<<<<<<<<<<<<<<<<<<<<<<<<<<<<
M64 KOR 01160M211231 V16382326

① 여권의 구성

여권 및 여행증명서에 기재하여야 할 사항은 다음과 같다. 여권의 종류는 여권 사용자에 따라 상이하나 본 내용은 여행사의 업무와 밀접한 일반여권을 기준으로 구성한다.

❖ 여권의 종류 (Type of Passport) :

- 일반여권 :
  - 복수여권(PM) : 유효기간 중 횟수에 제한없이 10년(5년) 이내의 유효기간 부여
  - 단수여권(PS) : 1회에 한하여 여행을 할 수 있는 여권으로 1년 유효기간 부여
- 관용여권(PO)
- 외교관여권(PD)
- 거주여권(PR)
- 여행증명서(TS)

❖ 발행국(Issuing Country) 영문코드기재 : KOR

❖ 여권번호(Passport No.) : M00000000

❖ 성명(Surname & Given Name) : 성명은 영문성명과 국문성명으로 표기되며, 기혼 여성일 경우 배우자의 영문성명도 표기된다.

❖ 국적(Nationality) : Republic of Korea

❖ 생년월일 (Date of Birth) : 생년월일은 일자, 월, 연도순으로 표기된다.(ex. 01. AUG. 2006)

❖ 주민등록번호(Personal No.) : 뒷 번호 표기

❖ 성별(Sex) : 남자일 경우 M(Male), 여자일 경우 F(Female)로 표기

❖ 발급일(Date of Issue) 및 기간만료일(Date of Expiry) : 여권의 효력이 발생하는 날인 발급일과 효력이 상실되는 유효기간만료일이 표기된다.

- 복수여권(PM) : 유효기간 중 횟수에 제한 없이 10년(5년) 이내의 유효기간 부여
- 단수여권(PS) : 1회에 한하여 여행을 할 수 있는 여권으로 1년 유효기간 부여

❖ 발행관청(Authority) : 여권 발행국가의 코드와 발행관청의 영문명이 기재된다. (Ministry of Foreign Affairs and Trade)

❖ 소지인의 서명(Signature of Bearer) : 여권 소지자임을 증명하기 위한 서명란에는 남이 모방할 수 없는 본인의 서명을 한다. 해외여행 중 여행자수표(Traveler Cheque) 등의 사용 시 여권상의 서명과 동일하여야 한다.

❖ 사증란 : 일반 복수여권은 상기 항목을 제외한 나머지 부분이 사증란으로 여행목적국의 비자와 각국 출입국시 검열스탬프를 찍는 면으로 사용한다.

❖ 국내외 연락처 : 여권 분실 또는 기타 목적을 위하여 국내외 연락처를 기재하는 면

❖ 기타 외교통상부령이 정하는 사항

❖ 여권용 사진

여권 사진규정

여권사진의 규격은 국제민간항공기구(ICAO)에서 정한 기준을 따르고 있다. 여권은 해외여행시 인정되는 유일한 신분증으로 여권사진은 본인임을 확인하는데 매우 중요한 요소이다. 여권사진은 6개월 이내 촬영된 사진으로 각 나라의 출입국 심사(자동출입국 시스템 포함)시 본인임을 확인할 수 있도록 실제 소지인을 그대로 나타내어야 하며, 변형하여서는 안된다. 여권접수가 지연되거나 거부되지 않도록 아래 기준에 맞는 사진을 제출하여 주시기 바란다.

사진크기

- 가로 3.5cm, 세로 4.5cm인 천연색 상반신 정면 사진이어야 한다.
- 머리길이(정수리부터 턱까지)가 3.2 ~ 3.6cm 이어야 한다.
- 여권발급 신청일 전 6개월 이내 촬영된 사진이어야 한다.

품질·배경

- 일반 종이에 인쇄된 사진은 사용할 수 없으며, 인화지에 인화된 사진으로 표면이 균일하고 잉크 자국이나 구겨짐 없이 선명해야 한다.
- 포토샵 등으로 수정한 사진은 사용할 수 없다.
- 배경은 균일한 흰 색이어야 하고, 테두리가 없어야 한다.
- 다른 사람 및 사물이 노출된 사진은 사용할 수 없다.
- 인물과 배경에 그림자나 빛 반사가 없어야 한다.

얼굴방향·표정

- 얼굴과 어깨는 정면을 향해야 한다.(측면포즈 불가)
- 입은 다물어야하며 웃거나 찡그리지 않은 자연스러운 표정(무표정)이어야 한다.
- 얼굴을 머리카락이나 장신구 등으로 가리면 안되고 얼굴 전체(이마부터 턱까지)가 나와야 한다.

영아(24개월 이하)

- 모든 기준은 성인과 동일하다.
- 장난감이나 보호자가 노출되지 않아야 한다.
- 입을 다물고 촬영하기 어려운 신생아의 경우, 입을 벌려 치아가 조금 보이는 것은 가능하다.

출처 : 외교부

② 여권 발급절차

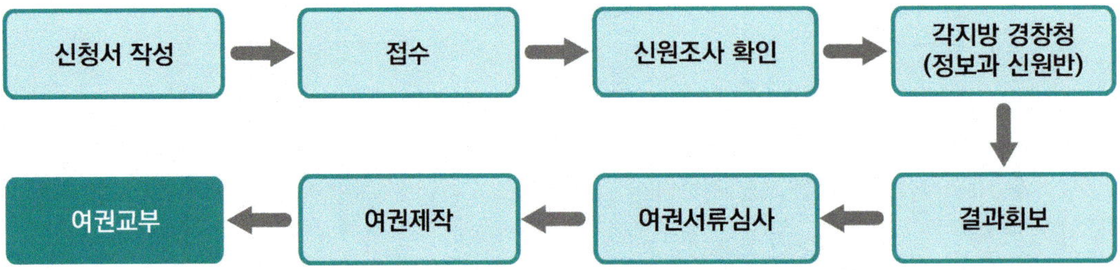

* 신원조사확인중 「미 회보」로 분류된 경우 다소 시일이 소요될 수 있으나, 특별한 사정이 없는 한 30일 이내에 신원조회가 처리되도록 규정되어 있다. 이러한 경우에는 보완자료가 요청될 수 있으며 이에 증빙 자료를 제출하여야 한다.

③ 여권발급 구비서류

❖ 여권발급신청서

❖ 여권용 사진 1매(긴급 사진부착식 여권 신청시에는 2매 제출)

❖ 신분증

❖ 재외공관에서의 신청 경우 : 주재국의 체류허가서(입국비자 등)

❖ 국외여행허가서 : 25세~37세 병역 미필 남성

❖ 미성년자(18세 미만)의 경우

- 여권 발급동의서(동의자가 직접 신청하는 경우는 생략)
  - 동의자(부모, 친권자, 후견인 등 법정대리인) 작성
  - 부모동의서로써 본인에 대한 신분확인과정을 거친 것으로 인정하므로 해당 미성년자의 신분증은 제출하지 않아도 된다.
- 동의자의 인감증명서(여권 발급동의서에 날인된 인감과 동일여부 확인)
  - 동의자가 직접 신청시 생략
- 기본증명서 및 가족관계증명서(행정전산망으로 확인 불가능시)
- 기타

• 부모가 이혼한 경우 : 법적으로 지정된 친권자가 동의
• 부모가 국외 체류 중인 경우 : 체류지 관할공관의 영사확인 또는 공증인의 공증(영사확인 요)을 받은 친권자의 여권발급동의서를 제출하여야 한다.
여권발급동의서의 사본 제출도 가능하며, 인감증명서 제출은 생략
• 외국시민권자인 경우, 공증인의 공증확인서 제출

(2) 병역관계서류(www.mma.go.kr)

대한민국 남자로 25세 이상 병역미필 병역의무자(병역면제자, 영주권 병역 연기자 포함)와 의무 종사기간인 자는 출국 전 공항청사 내에 있는 병무청사무소(인천공항 1청사의 경우 3층 G카운터 부근)에서 출국 시 필요한 서류를 구비하여 병무신고를 해야 한다. 출국 시에는 여권, 지방 병무청장이 발행하는 국외여행허가증명서를 구비하여 법무부 출국심사시 제출하여야 한다. 국외여행허가서는 모든 지방병무청 민원실, 인천공항 병무민원센터, 인터넷으로 접수가 가능하다.

■ 여권법 시행규칙 [별지 제1호서식] 〈개정 2018. 9. 28.〉

여 권 발 급 신 청 서

※ 뒤쪽의 유의사항을 반드시 읽고 작성하시기 바랍니다. (앞쪽)

여권 선택란	※ 아래 여권 종류, 여권 기간, 여권 면수를 선택하여 네모 칸 안에 'V'자로 표시하십시오. 표시가 없으면 일반여권의 경우 10년 유효기간의 48면 여권이 발급되며, 자세한 사항은 접수 담당자의 안내를 받으시기 바랍니다.		
여 권 종 류	□ 일반 □ 관용 □ 외교관 여행증명서(□ 왕복 □ 편도)	여 권 면 수	□ 24 □ 48
여 권 기 간	□ 10년 □ 단수(1년) □ 잔여기간	담당자 문의 후 선택	□ 5년 □ 5년 미만

필수 기재란	※ 뒤쪽의 기재방법을 읽고 신중히 기재하여 주시기 바랍니다.					
사 진 · 신청일 전 6개월 이내 촬영한 천연색 상반신 정면 사진 · 흰색 바탕의 무배경 사진 · 색안경과 모자 착용 금지 · 가로 3.5cm x 세로 4.5cm · 머리(턱부터 정수리까지) 길이 3.2cm~3.6cm	한 글 성 명	□□□□□□□□				
	주 민 번 호	□□□□□□ - □□□□□□□				
	본인연락처	□□□□□□□□□□□□□ '-' 없이 **숫자만** 기재합니다.				
	※ 긴급연락처는 **다른 사람**의 연락처를 기재하십시오.(해외여행 중 사고발생 시 지원을 위하여 필요)					
	긴급연락처	성명		관계		전화번호

추가 기재란		※ 로마자 성명은 여권을 **처음 신청**하거나 기존의 로마자 성명을 **변경**하는 경우에만 기재하시고, 뒤쪽 아래의 로마자성명 기재방법을 읽고 신중히 기재하여 주시기 바랍니다.
로마자 (대문자)	성	□□□□□□□□□□□□□□□□
	이름	□□□□□□□□□□□□□□□□
최종 국내주소		해외거주자만 기재합니다.
등 록 기 준 지		담당공무원의 요청이 있을 경우 기재합니다.

선택 기재란	※ 원하는 경우에만 기재합니다.
배우자의 로마자 성(姓)	□□□□□□□□□□ ※ 작성하는 경우 여권에 'spouse of 배우자의 로마자 성'의 형태로 기재되며, 대문자로 기재해 주시기 바랍니다.
점 자 여 권	□ 희망 □ 희망 안 함 ※ **1~3급 시각장애인**일 경우에만 네모 칸 안에 'V'자로 표기하시기 바랍니다.
여권 유효기간 만료 사전 알림 서비스	□ 동의 □ 동의 안 함 ※ 동의하는 경우, 「여권법 시행령」 제45조 및 제46조에 근거하여 고유식별정보가 통신사에 제공되며, 국내 휴대전화로 여권 유효기간 만료를 알리는 문자메시지가 발송됩니다.

위에 기재한 내용은 사실이며, 「여권법」 제9조 또는 제11조에 따라 여권의 발급을 신청합니다.

년 월 일

신청인(여권명의인) 성명 (서명 또는 인)

외 교 부 장 관 귀 하

본인은 여권 발급 신청과 관련하여 담당 공무원이 전자정부법 제36조에 따른 행정정보 공동이용 등을 통하여 본인의 아래 정보를 확인하는 것에 동의합니다. 동의하지 않는 경우에는 해당 서류를 직접 제출하여야 합니다.

신청인(여권명의인) 성명 (서명 또는 인)

※ **담당공무원 확인사항** : 『병역법』에 따른 병역관계 서류, 『가족관계의 등록 등에 관한 법률』에 따른 가족관계등록전산정보자료, 『주민등록법』에 따른 주민등록전산정보자료, 『출입국관리법』에 따른 출입국전산정보자료, 『장애인복지법』에 따른 장애인등급정보자료

접수 담당자 기재란					
접 수 번 호		특이사항			
접 수 연 월 일					
신원조사접수번호					
신원조사회보일					
신 원 조 사 결 과					
(영수확인)	(납입확인)	확인란	접수자	심사자	발급자

210㎜×297㎜[백상지 120g/㎡]

(뒤쪽)

유 의 사 항

1. 이 신청서의 기재사항에 오류가 있을 경우 신청인(여권명의인)에게 불이익이 있을 수 있으므로 정확하게 기재하시기 바랍니다.
2. 이 신청서는 기계로 읽혀지므로 접거나 찢는 등 훼손되지 않도록 주의하시기 바랍니다.
3. 유효기간이 남아있는 여권이 있는 상태에서 새로운 여권을 발급받으려면 유효기간이 남아있는 기존 여권을 반드시 반납해야 합니다. 새로운 여권이 발급되면 여권번호는 바뀝니다.
4. 사진은 여권 사진 규정에 부합해야 하며, 여권용 사진 기준에 맞지 않는 사진에 대해서는 보완을 요구할 수 있습니다.
5. 긴급연락처는 해외에서 사고 발생 시 지원을 위하여 필요하오니, 본인이 아닌 가족 등의 연락처를 기재하시기 바랍니다.
6. 로마자 성명 기재방법은 아래 별도 설명을 참고하시기 바랍니다.
7. 해외이주 등으로 국내 주소가 없는 경우에는 신원조사를 위하여 최종 국내주소나 등록기준지를 기재하시기 바랍니다.
8. 여권 유효기간 만료 사전 알림 서비스는 국내 휴대전화만 가능합니다.
9. 무단으로 다른 사람의 서명을 하거나 거짓된 내용을 기재할 경우 「여권법」 등 관련 규정에 따라 처벌을 받게 되며, 여권명의인도 불이익을 받을 수 있습니다.
10. 여권발급을 위해 담당 공무원이 신청인의 병역관계 정보, 가족관계등록정보, 주민등록정보, 출입국정보, 장애인 등급정보 등을 확인하여야 하는 경우 신청인은 관련 서류를 제출하여야 하며, 담당 공무원이 행정정보 공동이용을 통해 이러한 정보를 확인하는 것에 동의하는 경우에는 해당 서류를 제출할 필요가 없습니다.
11. 단수여권과 여행증명서는 유효기간이 1년 이내로 제한됩니다. 단수여권으로는 발급지 기준 1회만 출·입국할 수 있으며, 여행증명서로는 표기된 국가만 여행할 수 있습니다.
12. 18세 미만인 사람은 법정대리인 동의서를 제출해야 하며, 유효기간 5년 여권만 발급받을 수 있습니다.
13. 여권 발급을 신청한 날부터 수령까지 처리기간은 근무일 기준 8일(국내 기준)입니다.
14. 발급된 지 6개월이 지나도록 찾아가지 않는 여권은 「여권법」에 따라 효력이 상실되며 발급 수수료도 반환되지 않습니다.
15. 여권은 해외에서 신원확인을 위해 매우 중요한 신분증이므로 이를 잘 보관하시기 바랍니다.
16. 여권을 잃어버린 경우에는 여권의 부정사용과 국제적 유통을 방지하기 위하여 국내의 여권사무 대행기관이나 재외공관에 분실신고를 하시기 바랍니다. 분실신고가 된 여권은 되찾았다 하더라도 다시 사용할 수 없습니다.
17. 사증란 추가는 여권의 유효기간이 남아있고 여권을 펼쳤을 때 아직 사용하지 않은 사증란이 좌우로 남아있는 경우 한 차례만 가능합니다.

로마자성명 기재방법

1. 여권의 로마자성명은 해외에서 신원확인의 기준이 되며, 본인이 직접 기재하거나 대리인을 통하여 작성하는 경우 모두 여권법령 등에 따라 변경이 제한되므로 신중하고 정확하게 기재해야 합니다.
2. 여권을 처음 발급받는 경우 로마자성명은 가족관계등록부에 등록된 한글성명을 음절 단위로 음역(音譯)에 맞게 표기하는 것이 원칙이며, 이름의 음절 사이에는 붙임표(-)를 사용할 수 있습니다.
3. 여권을 처음 발급받는 경우 특별한 사유가 없을 때에는 이미 여권을 발급받아 사용 중인 가족(예: 아버지)의 로마자 성(姓)과 일치시키기를 권장합니다.
4. 여권을 재발급 받는 경우에는 원칙적으로 종전 여권의 로마자성명[배우자 성(姓) 표기 및 로마자이름 띄어쓰기 포함]과 동일하게 표기됩니다.

처 리 절 차

접 수 → 심 사 → 발 급 → 여권 교부

02. 비자업무

1) 비자(Visa)의 개념

여권이 소속 국가에서 국외여행을 할 수 있는 자격을 부여하는 신분증이라고 한다면, 비자는 입국하려고 하는 해당국가에서 발행하는 입국허가증이다. 비자는 해당국가의 재외공관(대사관·영사관)이 여행자가 소지하고 있는 여권의 유효성과 방문목적의 적절성 등 자국에서의 입국 및 체재에 대해 심사하여 발급하는 일종의 입국허가증이다. 비자(Visa)를 우리말로는 사증(査證)이라고 하며, 방문하고자 하는 모든 국가에 대한 비자 취득이 필요한 것은 아니다. 국가와 국가 간에 '비자면제협정체결'을 맺은 나라를 방문하게 되는 경우에는 비자를 발급 받을 필요가 없다. 이 경우 방문목적과 방문기간에 따라 차이가 있으나 관광 및 방문 등 단기 체류예정자에 해당된다. 이와 같이 비자면제협정을 체결한 나라의 경우에는 국가에 따라 무비자(No Visa) 방문기간에 차이가 있으므로 방문계획수립 시 확인할 필요가 있다.

2) Visa 면제 협정 체결국가

표 7-1 | 사증(비자)면제협정 체결국

지 역	국 가 명
아시아 (27)	말레이시아, 몽골, 방글라데시, 베트남, 싱가포르, 이란, 이스라엘, 인도, 일본, 터키, 태국, 캄보디아, 카자흐스탄, 파키스탄, 필리핀, 타지키스탄, 투르크메니스탄, 우즈베키스탄, 라오스, 미얀마, 키르키즈스탄, 중국, 아르메니아, 오만, 쿠웨이트, 아랍에미리트, 요르단
남아메리카 (30)	과테말라, 그레나다, 니카라과, 도미니카공화국, 도미니카연방, 멕시코, 바하마, 바베이도스, 브라질, 베네수엘라, 벨리즈, 세인트루시아, 세인트빈센트-그레나딘스, 세인트키츠네비스, 수리남, 아이티, 아르헨티나, 앤티가 바부다, 에콰도르, 엘살바도르, 우루과이, 자메이카, 칠레, 코스타리카, 콜롬비아, 트리니다드토바고, 파나마, 파라과이, 페루, 볼리비아
유럽 (37)	그리스, 네덜란드, 노르웨이, 덴마크, 독일, 루마니아, 룩셈부르크, 몰도바, 몰타, 벨기에, 벨로루시, 불가리아, 사이프러스, 스웨덴, 스위스, 라트비아, 러시아, 리투아니아, 리히텐슈타인, 스페인, 슬로바키아, 아제르바이잔, 아이슬란드, 아일랜드, 에스토니아, 영국, 오스트리아, 우크라이나, 이탈리아, 체코, 포르투 갈, 폴란드, 프랑스, 핀란드, 헝가리, 크로아티아, 조지아
대양주(2)	뉴질랜드, 바누아트
아프리카 (12)	라이베리아, 레소토, 모로코, 베냉, 이집트, 튀니지, 알제리, 앙골라, 가봉, 카보베르데, 모잠비크, 탄자니아

자료 : 법무부(2019 기준)

우리나라와 비자면제 협정을 체결한 국가를 일정기간 내에서 방문하게 되는 경우에는 비자를 발급받을 필요가 없다. 비자면제 협정에 의해 비자 없이 방문할 수 있는 국가와 면제기간은 다음과 같다. 외교부 해외안전여행 사이트(www.0404.go.kr)를 참고하거나 해당 국가의 주한대사관을 통해 정확한 확인이 가능하다.

3) 비자의 종류

비자는 상대국의 입국목적과 방문횟수 및 체류기간, 여행자의 여권유형 등에 따라 분류된다.

(1) 입국목적에 따른 분류

① 입국비자

해당국에 입국을 주목적으로 하는 경우에 발급되는 비자로서 관광비자, 상용비자, 유학비자, 취업비자, 이민비자, 문화공연비자 등이 있다.

② 통과비자(TWOV : Transit Without of Visa)

여행객이 여행일정상 최종목적지 국가에 가는 도중 항공기 연결 등의 필요에 의해 경유 및 환승할 경우 중간경유국가에서 단기간 관광과 체류목적으로 머무르거나, 항공편 환승이 바로 연결되지 못하여 입국하는 경우 정식 입국허가비자를 받지 않고도 연결편 항공권만 소지하게 되면 해당 국가의 공항 등에서 통과 목적의 통과비자를 받아 입국할 수 있는 제도이다.

(2) 방문횟수에 의한 분류

① 단수비자(Single Entry Visa)

1회에 한하여 입국이 허가되는 비자를 말하며 다음 방문 시에는 다시 비자를 발급받아야 한다.

② 복수비자(Multiple Entry Visa)

비자의 유효 기간 내에서는 방문횟수에 제한 없이 해당국가에 입국할 수 있는 비자를 말한다.

(3) 여권유형에 따른 분류

① 일반비자 : 일반여권 소지자에게 발급하는 비자

② 공용비자 : 공무목적의 관용여권 소지자에게 발급해 주는 비자

③ 외교관비자 : 외교목적의 외교관여권 소지자에게 발급해 주는 비자

여행 Tip | 전자여행허가제(ESTA : Electronic System for Travel Authorization)

전자여행허가제(ESTA)란,
미국비자면제프로그램(VWP : Visa Waiver Program)을 이용하여 미국을 방문하고자 하는 여행자의 자격여부를 확인할 수 있는 인터넷 기반의 신청서이다.
여행객들은 미국으로 입국하기 위해 작성하는 출입국 신고서(I-94W)에 기입하는 정도의 정보를 전자여행허가제 신청서에 입력하게 된다. 비자 면제프로그램을 이용하여 미국으로 여행하는 분들은 항공 및 선박에 탑승하기 이전에 전자여행허가 승인을 받아야 한다.
미국비자면제프로그램을 이용할 경우 전자여권이어야 하며, 그 외 여권은 사전 미국비자를 득해야 한다. 그러나 이미 유효한 비자가 있는 경우 비자 발급 목적에 맞게 미국을 여행할 수 있으며, 별도의 전자여행허가제(ESTA)를 통해 여행승인을 받지 않아도 된다.

우리나라는 2008년 11월 17일부터 가입이 되어 있다.
비자면제프로그램은 특정국가의 국적을 가지 외국인이 사업 혹은 관광의 목적으로 미국을 90일 이내 여행할 때 비자 없이 여행할 수 있도록 하는 것이다.
비자면제프로그램을 통과한 여행자는 신청서의 권리 포기 항목에 나와 있는 대로, 검토 혹은 탄원할 권리를 포기하는 것에 동의해야 한다.

- 단기 출장 및 관광 목적으로 방문
- 유효한 전자여권 소지
- 미국 입국일로부터 90일 이내에 출국
- 전자여행허가(ESTA) 승인

비자면제프로그램을 이용하기 위해서는 온라인 신청서를 작성 후 승인을 받아야 한다.

자료 : http://www.estakorea.co.kr

03. 기타업무

여행업무와 관련하여 부가적인 업무 중에 하나가 환전, 여행자보험, 국제면허증, 국제학생증 등과 관련된 업무이다. 특히 국외여행시에 환전은 필수적인 사항이며 여행자보험은 국내 및 국외여행 시 여행자 본인 또는 여행사에서 여행객들의 안전 및 보상 등 보호차원에서 필수적으로 가입을 하고 있다.

1) 환전

일반적으로 환전이라 함은 국가간의 채권과 채무관계를 현금을 직접 수송하지 않고 제3자를 통한 지급위탁의 방법에 의하여 결제하는 수단으로 환의 국내에 국한될 때는 내국환이라고 하며, 국제간에 채권 및 채무를 결제할 경우에는 외국환이라 한다.

여행객이 여행목적에 따라 환전가능금액이 상이하나, 국외여행에서 사용할 때는 외화현금, 여행자수표, 신용카드, 송금(여행지 송금) 등 편리한 대로 선택할 수 있다. 통상적으로 환전은 시중은행 외국환 취급은행과, 국제선 공항의 청사내의 은행에서 할 수 있다.

(1) 현금 환전

현재 우리나라 은행에서 외국환으로 화폐를 환전할 수 있는 국가는 약 31개국이다. 국외여행객이 여행을 위한 환전은 통상 소액의 현금을 환전하게 된다. 그러나 분실에 대한 위험부담이 많아 신용카드나 여행자수표를 준비하는 것이 바람직 할 것이며, 현금 환전은 여행자수표보다 비싼 환전환율이 적용된다. 또한 우리나라 사람들은 미국화폐를 선호하나 여행목적국의 화폐를 준비하는 것이 더욱 사용하기 편리하다.

(2) 여행자 수표

세계 최초의 여행자 수표는 1891년 American Express Company에 의해 고안 되었으며, 유가증권으로서 외화표시 자기앞수표라고 할 수 있다. 여행자수표(Travelers Check : TC)의 가장 큰 장점은 고액의 현금을 소량으로 소지할 수 있다는 점과 분실에 따른 안전성을 확보할 수 있다는 것이다. 즉 여행자수표로 환전하는 경우에는 구입즉시 수표

앞면 두 곳의 서명란 중 한 곳에 서명을 하고 수표의 일련번호를 기록해 둔다. 수표 사용시에는 두 곳의 서명란 중 또 다른 한 곳에 서명하여 제시하면 현금처럼 사용할 수 있다. 따라서 한쪽에만 서명을 한 여행자수표의 분실시에는 기록해둔 일련번호와 함께 신고를 하면 재발급을 받을 수 있다.

이와 같이 여행자수표는 외환취급 은행에서 쉽게 환전할 수 있으며 현금보다 안전하고 사용범위도 현금과 동일하다. 여행자수표 내에는 다음과 같이 두 곳의 서명란이 있다.

① 여행자수표 단위

여행자수표의 단위는 America Express Company의 경우 미화 20달러, 50달러, 100달러, 500달러, 1,000달러 5권 종으로 발행되며, 마스터 카드 여행자수표는 미국달러, 영국파운드, 호주달러, 카나다달러, 일본 엔, 프랑스 프랑, 독일 마르크, 네덜란드 질더, 유로통화, 스페인 페세다 등으로 발행된다.

② 여행자 수표 사용방법 및 장·단점

수표 서명란의 양쪽 모두에 서명하였거나, 양쪽 모두에 서명하지 않은 상태로 분실 또는 도난당한 경우에는 환급을 받으실 수 없다. 따라서 수표구입 즉시 한곳에만 서명을 하고 일련번호를 기록해 두어야 한다. 그리고 여행 시 수표나 현금은 여행용 가방에 넣지 말고 몸에 휴대하는 것이 보다 안전하다. 이와 같이 Purchase Agreement(구매계약서)는 수표와 별도로 보관하고, 사용수표 기록장에 사용한 여행자수표 번호를 적어두면 더욱 신속하게 환급을 받을 수 있다.

여행자수표의 장점은 구입 즉시 우측상단에 손님의 서명을 해두면 이후에는 분실하더라도 환급받을 수 있으며 외화현찰보다 저렴하게 구입할 수 있고 여행 후 남은 금액을 다시 팔 경우에도 싸게 팔 수 있다. 또한 여행자수표는 현금과 동일하게 사용할 수 있을 뿐 아니라 다양한 권종으로 용도에 따라 편리하게 선택할 수 있다.

여행자수표의 단점은 많은 은행과 카드회사의 광고와는 다르게 일부 면세점, 백화점 등 대형매장 이외의 상당수 소규모 업소들이 여행자수표로의 물품구매를 기피하기에 불편할 수도 있다. 또한 분실 및 도난 시 신고는 본인이 하여야 하며 부득이 대리인을 통하여 신고한 경우 가능한 빨리 본인이 재신고하여야 한다. 분실신고시 정확한 분실 수표의 번호를 제시하여야 하며 환급을 위해서는 본인이 직접 신분증, Purchase Agreement를 지참하고 환급 취급점을 방문하여 "여행자수표 환급 신청서"를 작성하여 제출하여야 한다.

(3) 신용카드

신용카드(Credit Card)는 현금보다 안전하고 사용하기에 편리하며, 환전에 따른 수수료 부담도 없다. 국외여행에서의 신용카드 사용의 장점으로는 ① 전 세계에서 현금과 동일하게 사용 ② 현금보다 안전 ③ 현금보다 경제적 ④ 신분확인에 유용하다.

신용카드의 분실은 큰 손실을 가져올 수 있으므로 소지에 주의하고, 분실하는 경우 즉시 카드회사로 신고하여 승인 정지요청을 해야 한다. 신고는 각 카드사의 고객센터나 어플리케이션으로 접수가 가능하다. 가족이 대신하여 신고할 경우 주민번호와 카드 비밀번호가 필요하다.

(4) 외국송금

여행경비를 직접 가지고 출국하지 않고 여행목적지 거래은행의 해외지점 또는 외국은행에 본인을 수취인으로 하여 송금한 후 현지에서 찾아 사용하는 것을 말한다. 또한 여행 중 여행경비가 없을 경우 방문지의 특정은행을 지정하여 송금을 받아 사용할 수 있다. 정확한 송금을 위해서는 몇 가지 주의사항이 있다.

- 수취인 성명
- 수취인의 주소 및 전화번호
- 수취인의 외국거래은행명
- 거래은행 코드
- 지점 명 또는 지점코드

2) 여행자 보험

(1) 여행자보험의 정의

여행 중 불의의 사고로 인한 상해, 질병, 휴대품 분실 등 각종 손해를 보상해 주는 여행종합보험을 말한다. 여행자가 사전에 계약한 일정기간동안, 즉 거주지를 출발하여 여행을 마치고 귀국하여 거주지에 도착할 때까지를 보험가입기간으로 정한다.

① 보험가입

보험은 개인 또는 여행사를 통하여 가입을 할 수 있으며, 여행기간(시간 적용) 및 보상금액에 따라 다소 차이가 있으며 일정한 인원수에 따라 금액을 할인해 주기도 한다. 또한 국제선 공항 및 항만에서 보험사에 직접 가입을 할 수 있고, 인터넷을 통하여 가입을 할 수 있다.

여행사에서는 대부분 주거래 보험사를 선정하고 있으며, 보험가입시에는 여행객의 성명, 주민등록번호, 주소, 여행지, 여행기간을 명시하게 된다.

② 보험상품 선택

보험은 보험사의 다양한 상품을 정확히 검토한 후 결정을 할 필요가 있다. 특히 여행 중 여행지에서 신속하고 원활한 서비스를 받을 수 있는지, 만약 현지의 서비스를 직접 받지 못할 보험서비스업체와 제휴가 되어있는지 확인해야 한다.

③ 보험의 특성

여행자보험은 타 보험상품과 비교하여 다음과 같은 특성이 있다.

- 단기성이다.
- 여행자가 신청한 기간만 보험의 효력이 유효하다.
- 여행자가 여행을 종료하면 소멸된다.
- 보험료가 저렴하고 가입절차가 간단하다.
- 손해배상의 범위가 다양하다.

(2) 해외여행자보험의 약관

우리나라에는 해외여행자보험 취급 많은 국내 보험사와 외국보험사가 있어 보장되는 보험의 범위와 조건 등을 보험약관사항을 통해 검토해야 한다.

① 사망 후유장해보험금

사고로 인한 사망 시 기본금의 전액을 지급하고 신체의 일부분을 잃었거나 그 기능이 마비되었을 때 후유장해 보험금을 지급한다.

② 의료실비 보험금

피보험자가 여행도중 사고를 입고 그 직접의 결과로서 사고일로부터 180일 이내에 발생한 상해로 의사의 치료를 요할 경우 진찰비, 수술비, 간호원비, 입원비 등의 의료실비를 지급한다.

③ 질병 치료실비 담보 특별약관

여행 도중 발생한 질병으로 보험기간과 보험기간 만료 후 30일 이내에 의사의 치료를 받기 시작하였을 때 가입자가 지불한 실비를 보상한다.

④ 질병사망 위험담보 특별약관

여행도중 발생한 질병으로 사망하였거나 질병이 원인이 되어 보험기간과 보험기간만료 후 30일 이내에 사망한 경우 선택한 사망 보험금을 지급한다.

⑤ 배상책임담보 특별약관

여행도중 우연한 사고로 타인의 신체나 재물의 멸실, 훼손 또는 오손에 대한 볍률상의 손해배상 책임을 부담함으로써 입는 손해를 보상한다.

⑥ 특별비용 담보 특별약관

탑승한 항공기나 선박이 행방불명 또는 조난된 경우, 산악 등반 중에 조난된 경우, 상해나 질병으로 사망 한 경우, 또는 직접원인으로 14일 이상 입원한 경우 등에 수색구조비용, 구원자의 항공운임 등 교통비 및 숙박비, 유해이송비용, 제 잡비 등을 피보험자 또는 피보험자의 법적 상속인이 부담하는 비용을 보상한다.

⑦ 항공기 납치 담보 특별약관

여행도중 피보험자가 탑승한 항공기가 납치됨에 따라 예정 목적지에 도착할 수 없게 되는 동안 매일 70,000원씩 20일을 한도로 보험금을 지급한다.

⑧ 휴대품 손해

피보험자가 여행 도중에 생긴 우연한 사고로 인한 도난 및 파손 등 휴대하는 피보험자 소유의 휴대품에 대한 손해보상을 한다.

⑨ 가입 시 주지사항

국내에서만 가입이 가능하며 해외에서 여행자보험 가입 시 보상이 되지 않으며 여행자보험 증권 우송은 국내만 가능하다.

3) 기타 증명 수속준비

(1) 국제운전면허증(International Driving License)

외국을 여행하는 경우 간혹 렌터카를 대여하는 경우가 생길 수 있는데 이때 꼭 필요한 것이 국제운전면허증이다. 국내의 운전면허증을 소지한 사람은 누구나 간단한 절차를 통해 발급 받을 수 있다.

신청은 주소지 운전면허 시험장이나 각 시험장에서 할 수 있으며 가족의 대리 신청도 가능한데, 이 경우에는 가족임을 증명할 수 있는 서류를 제출해야 한다. 유효기간은 발행일로부터 1년으로 한정되어 있으므로 자신이 소지하고 있는 국내면허증 역시 남은 기간이 1년 이상이 되어야 한다.

구비서류는 다음과 같다.

- 국제운전면허 신청서
- 여권(또는 여권신청 중임을 증명할 수 있는 발급신청 접수표)
- 운전면허증
- 천연색 사진 1매, 수수료 7,000원

(2) 국제학생증(International Student Identity Card)

국제 학생증(International Student Identity Card)은 전 세계에서 통용되는 학생증이다. 스위스 취리히에 본부를 두고 있는 국제학생연맹(ISTC)에서 발행하는 것으로 여러 가지 할인과 특전을 받을 수 있다.

유럽지역에서는 다른 지역의 국가보다도 훨씬 많은 혜택을 학생들에게 베풀고 있는 반면 미국령 지역에서는 그다지 유용하지 않다.

자료 : www.isic.co.kr

발급대상

* **재학생** : 만12세 이상의 모든 학생
(초/중/고/대학생/대학원생)

* **휴학생** : 만12세 이상의 휴학생
(단, 제적생 불가)

* **유학생** : I-20 Form 또는 기타 입학 허가서를 받은 유학/연수생 (단, 6개월 이상)

국제학생증 발급을 위한 구비서류는 다음과 같다.

- 발급수수료 17,000원(1년 유효기간)
- 증명사진 1매
- 학생증명서류와 신분증, 여권, 운전면허증 중 하나
  - 재학생일 경우 재학증명서(발급일 1달 이내)
  - 휴학생일 경우 휴학증명서(발급일 1달 이내).
  - 유학/연수생일 경우 학생비자 또는 해외 교육기관에 등록한 증명서(입학허가서+학비 송금 영수증)
- 유효기간 발급일로부터 13개월

(3) 국제청소년증(International Youth Travel Card)

국제청소년증은 세계 50여 개국에서 통용되고 있으며 1,000여 개가 넘는 각종 할인 혜택으로 여행의 자유로움을 만끽하고 있다. 신청자격은 만 30세 이하의 청소년이 해당된다.

자료 : www.isic.co.kr

- 회원 신청서 1부
- 반명함판 사진 1매
- 주민등록증/여권/운전면허증 택일
- 발급비용 17,000원(1년 유효기간)

SECTION 02

국외여행업 운영업무

01. 국외여행업무의 개념

국외여행수요는 1989년 1월 1일 해외여행전면 자율화 이후 매년 급격한 성장세를 보이고 있다. 최근 수년간 외국인 유치업무(Inbound Tour)와 국내여행(Domestic Tour) 업무에 비해 국외여행(Outbound Tour)업무는 비약적인 발전을 해왔다. 내국인의 국외여행 증가는 점차 순수관광목적 이외 다양한 목적의 여행수요가 급진적으로 증가하고 있다. 이는 국민소득증가와 여가시간의 확대로 인한 여행객들의 욕구가 다양해지면서 새로운 여행목적지와 매력을 가진 여행상품의 종류도 증가하고 있다. 또한 새로운 기술을 습득할 수 있는 전시 및 산업박람회 수요와 재충전의 기회를 갖고자 하는 휴양지 상품, 교육목적, 자기계발 등 다양한 목적의 수요가 늘어나고 있다.

과거와 달리 여행사도 이들을 대상으로 판매촉진의 수단도 강화되고 있으며 틈새시장의 목표로 활발한 경영을 하고 있다. 즉, 국외여행이란 '국외를 여행하는 내국인을 대상으로 제공되는 여행관련제반업무'를 말하며, 여권과 사증발급업무를 포함하고 있다. 흔히 'Outbound Tour'라고 한다.

국외여행업은 공익성의 특성을 내포하고 있으며, 여행객이 국외여행에 있어 민간외교관의 역할을 할 수 있도록 국가 이미지 향상에 적극 관심을 가지고 경영을 해야 한다. 또한 보다 양질의 여행상품을 제공해야 하는 책임도 있다.

02. 부서별 주요업무

1) 기획여행업무

(1) 기획여행상품업무

아웃바운드 업무에서 가장 큰 비중을 차지하는 것이 상품기획이다. 그 중 기획여행상품이 차지하는 비중은 아웃바운드 업무 중에서 높다. 기획여행이란 '여행사가 국외여행을 하고자 하는 여행자를 위하여 여행의 목적지, 일정, 여행자가 제공받을 운송, 숙박 등의 서비스내용과 그 요금 등에 관한 사항을 미리 정하고, 신문이나 인터넷 광고 등을 통해 여행자를 모집하여 행사하는 여행'을 말한다. 이를 Package Tour라하며, 일정기간 동안 지속적으로 판매하는 소위 '시리즈 상품(Series Product)'이라고도 한다.

기획여행상품은 상품의 기획 주체가 여행사이므로 여행사는 철저한 시장분석을 통해 시장상황과 동 업종 및 고객욕구를 분석하고 계절별·목적지별·수요별 여행소재를 개발한다. 상품화를 위한 각 상품 해당 항공사에 항공좌석을 사전에 확보하여 여행소재공급업자와 요금 협의를 통해 여행상품구성요소의 원가산출 및 상품화를 한다. 기획여행상품(PKG)은 여행자 입장에서 비교적 저렴한 가격으로 편리하고 안전한 여행상품을 구매할 수 있는 이점이 있으며, 여행사 입장에서는 대량생산과 판매로 기업의 수익구조를 창출할 수 있는 이점이 있다. 그러나 여행사간 광고의 경쟁과 상품의 경쟁심화로 기업의 수익구조가 감소되기도 한다. 따라서 여행사는 시장경쟁에서 벗어나고 수익을 극대화할 수 있는 차별화된 특화상품개발에 주력을 해야 한다.

기획여행상품은 목표하고자 하는 시장을 세분하여 자사의 기존상품과 경쟁사의 유사상품에 대한 분석을 병행하여야 한다. 최근 소비자의 라이프스타일 변화에 따른 여행수요의 예측이 어려워, 상품기획자는 참신한 아이디어 발상으로 목표시장에 부합될 수 있는 상품을 개발하여 잠재수요 창출 및 여행객의 욕구에 만족할 수 있어야 한다. 채택된 아이디어에 맞는 상품전략을 수립하여 여행소재공급업자와의 요금협의를 통해 상품가격을 형성하고 내부 테스트를 거쳐 다양한 촉진전략수단인 신문광고, 브로셔, 소매여행업자 등을 통해 소비자에게 상품판매를 실시한다.

그림 7-2 I 기획여행상품 개발과정

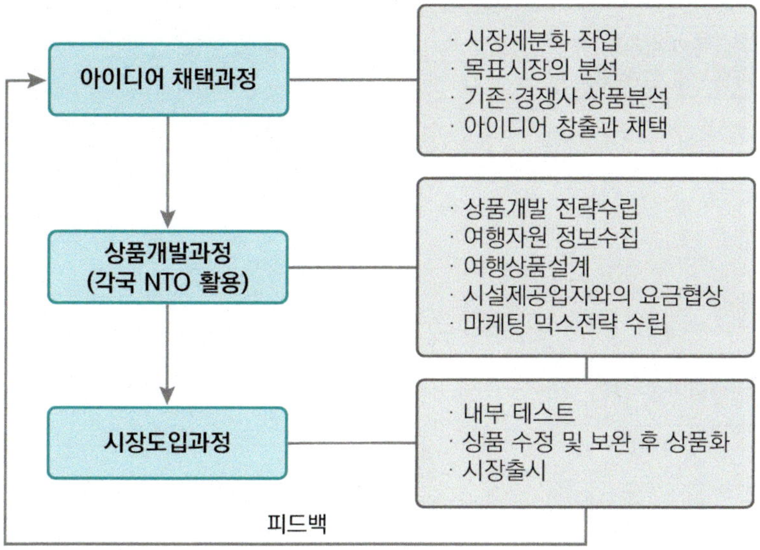

(2) 주문여행 상품기획업무

주문여행상품은 고객의 요청에 의해 여행사가 상품을 조립하여 제공하는 것으로 '고객의 주문에 의해 기획되는 상품'이라 한다. 주문여행상품은 여행객의 다양한 욕구를 충족시켜야 한다는 점에서 비교적 여행조건과 과정상에 있어서 까다로운 것이 특징이나 상품의뢰자와 여행사가 상호 협의를 통해 상품을 결합한다. 이는 기획여행상품인 패키지상품과 상반되는 현상이다. 주문여행상품 기획자는 고객의 요구에 즉시 제공할 수 있는 풍부한 여행정보와 지식을 겸비하여야 한다.

주문여행의 개발과정은 구매자의 욕구나 특성이 충분히 반영되어야 여행자의 불편사항을 최소화하고 만족도를 높일 수 있는 동시에 여행사의 수익성이 보장되는 상품이다. 그러나 기획여행상품의 저가격전략으로 인한 주문여행상품 역시 여행가격 책정이 다소 낮아지고 있다.

그러나 만족스런 여행경험을 제공하게 되면 고객과 지속적인 관계를 유지할 수 있어 충성고객화 할 수 있는 확률이 높아 기업경영에 있어 장기적으로 기여할 수 있는 고객이 된다.

그림 7-3 I 주문여행상품 개발과정

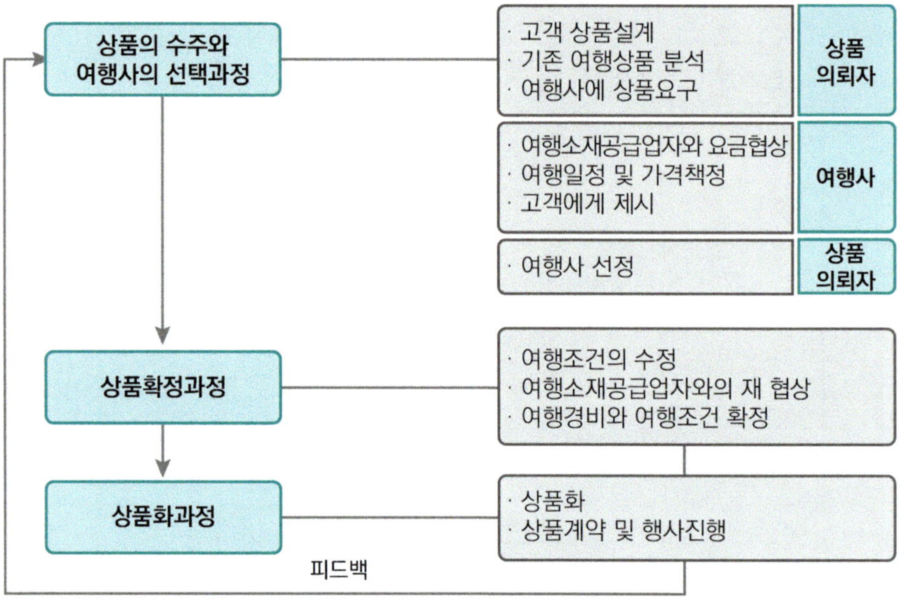

2) 마케팅 업무

여행사의 마케팅업무는 대다수 여행사가 기획된 상품의 판매활성화를 위한 홍보물 제작, 상품안내서, 경품, 동영상 등 홍보물 제작과 배포는 물론 다양한 매체를 활용한 광고활동으로 신문·잡지·전문지·홈페이지 등 광고와 DM실시를 하고 있다. 또한 여행상품의 해당 국가의 주한 관광청에 다양한 자료 입수는 물론 각종 협찬 및 프로모션을 한다. 유통구조의 확대로 여행수요를 다각적으로 확대하고자 전국 대리점관리를 통해 간접판매의 경로를 개척한다.

3) 판매부서

모든 기업의 핵심부서는 당연히 실질적인 기업의 이윤창출의 일선 부서가 영업을 담당하는 판매부서일 것이다. 훌륭한 상품이 기획되고 만족할 만한 상품이 출시되었다고 해도 영업이 활성화되지 않으면 무용지물일 것이다. 판매부서는 기획된 상품의 상담과 예약접수는 물론 항공권 상담 및 판매도 한다. 또한 유연단체(Affinity Group) 관리와 일일 모집한 고객집계현황, 여행객들의 여권 및 비자 관련 수속업무, 항공좌석관리 및 발권 등 다양한 판매업무를 책임지고 있다. 패키지 전문여행사에서는 판매업무를 담당하는 직원을 소위 'Operator(OP)'라 한다.

4) 수배업무

수배업무는 각 부서에서 판매한 여행상품의 예약관리를 담당하는 업무로서 상품별·출발일별 모객된 여행객의 인원을 실시간 확인하여 해당 상품을 위한 사전 확보된 항공좌석과 지상에서 발생되는 지상관련 수배업무를 책임진다. 또한 수배업무에 따른 행사예산을 수립하는 단체별 행사 예산서 작성 및 예산안을 확정한다. 또한 행사준비를 확정하고 국외여행인솔자를 배정하며 행사 후 단체정산업무까지 관리한다.

5) 고객관리업무

국외여행인솔자가 단체행사 시작부터 행사종료 후 귀국한 이후까지 고객관리부서의 업무로 볼 수 있다. 먼저 행사 중 고객불편사항을 점검하여 불편사항이 접수되면 전체행사를 점검하여 보상 또는 불편사항을 처리하여 준다. 고의적인 불편접수의 사례증가로 중·대형 여행사는 고문변호사를 선임하여 법적인 문제는 전문가에게 위임하여 처리한다. 그러나 만족스런 행사가 이루어졌을 경우 고객은 기업의 충성고객으로서 이탈하지 않고, 준 종사원으로서의 역할을 해 나간다.

따라서 최근의 고객관리부서는 고객불편사항 처리뿐 아니라 고객과의 유대감 형성과 지속적인 여행상품 안내를 위해 SNS채널관리 업무를 병행하는 경우도 있다.

SECTION 03

지상수배업무와 여행일정표 작성업무

01. 지상수배업무의 개념과 과정

1) 지상수배업무의 개념

지상수배란 '여행목적지에서 발생되는 호텔, 숙박, 식당, 현지교통, 가이드 등을 확보하고 쇼핑 및 기타 관광에 관련된 활동을 할 수 있도록 준비하는 업무'를 말한다. 여행사에서는 모집(예약)된 여행객의 원활한 여행을 위하여 지상수배를 실시한다. 지상수배를 위탁받은 업체를 지상수배업체라 하며, 소위 여행업계에서는 랜드(Land)사라 한다. 국외여행업자는 국가별 이러한 업무를 위탁받아 수행하는 현지 업체를 매년 공개적으로 심의 후 선정하여 여행의 지상(Land)부문의 수배를 의뢰한다. 최근에 일부 대형여행사는 일부국가를 중심으로 자사의 지점을 직접 설치·운영하여 지상수배 업무를 직접 관리하기도 한다.

2) 수배업무과정

수배는 간략하고 정확하게 의뢰를 해야, 향후 책임소재를 분명하게 밝힐 수 있다. 수배의 실수는 여행객이 만족스런 경험을 못하는 경우이자 기업의 손실을 가져다주는 아주 중요한 사안이기도 하다. 다음은 여행사에서의 수배의뢰 과정을 간략하게 살펴보면 다음과 같다.

(1) 지상수배업체(랜드사)에 지상 수배의뢰

여행사에서 고객의 의뢰를 받거나 기획된 상품의 조건을 점검하여 간략한 수배의뢰서를 기준으로 최소 2~3개 업체에 수배를 하고자 하는 여행조건을 명확히 제시하여 지상비 견적을 요청한다. 그러나 대형 패키지여행사는 연간 계약을 통해 지상수배에 관한 업무 및 운영을 직접 운영하기도 한다.

(2) 견적 확인 후 랜드사 선정

여행조건에 부합되는 견적서를 받아 담당부서 또는 담당자에게 확인시킨다. 담당부서는 여행의 목적·특성·조건 등을 확인한 후 지상수배업체(랜드사)를 확정한다. 대형여행사는 매년 목적지별 지상수배업체를 선정, 실시간으로 지상수배업무를 진행하기도 한다.

(3) 선정된 랜드사에 지상비 견적요청

정확한 행사의 여행일자 및 기간, 예정항공편, 호텔등급, 인원, 기타 등 주문사항을 기재하여 재차 의뢰한다.

(4) 수배문서 확인과 회신

정확한 수배가 될 때까지 여러 차례 확인과 변경통지 등을 하고, 문제가 있을 때 대안을 서로 협의하여 검토한다. 이때 상호 교환된 수배문서는 반드시 보관한다. 최근에는 온라인 메신저를 통해 수배의뢰 및 확인을 하기도 한다.

(5) 수배 확정

기획이나 영업상에서 수배내용에 변경요청이 있을 때, 수배담당자는 수배업자와 조정하며, 이때 정확한 행사인원, 행사일정, 이용항공편, 인솔자, 기타 요구사항 등 여행조건의 세부사항까지 정확히 수배내용을 확정한다.

(6) 지상비 지불청구 확인

랜드사가 지상경비를 청구하면 선 지급하거나 행사중 현지 지불 또는 후 결재 등의 방법을 상호 협의 결정하고 지불한다. 단, 대형여행사는 연간계약에 따른 상호 지상비 지불일자를 사전 확정하여 그 기일에 지불하는 경우도 있다.

02. 여행일정표 작성업무

1) 여행일정표 의의

여행일정표는 무형의 여행 현상을 유형의 상품으로 구체화시킨 것으로서 여행객이 여행상품의 선택에 결정적 영향을 미친다. 그러므로 여행일정표작성에 있어서 여행상품의 주체가 여행사인지 또는 여행자의 주문에 의한 것인지가 고려되어야 하며 그 유형은 다음과 같다.

(1) 기획여행(Ready Made Tour)

주최여행 또는 패키지여행으로 여행사가 상품의 기획 주체가 되어 개인이 단체여행에 참가할 수 있도록 저렴하고 대중적으로 기획한 상품이다.

여행사가 여행상품 개발 확정 → 여정계획 및 작성 → 여행자상품구매 시 비교·검토

(2) 주문여행(Order Made Tour)

고객의 요청에 따라 정해진 여행으로 여행요금이 기획여행을 기준으로 다소 비싸며 여정을 자유롭게 만들 수 있다.

여행자 여행사 방문 → 희망과 조건에 적합한 여정 의뢰 →고객과 의사 교환 후 여정 작성

2) 여행일정표 작성 시 고려사항

여행일정표 작성은 여행자 입장에서 여행자의 기대가 충족되고 만족을 얻을 수 있는 여행일정을 수립하여야 하며, 여행사 입장에서는 여행자의 신뢰를 확보함으로써 여행상

품의 판매력을 제고시킬 수 있는 완벽한 일정의 의미를 갖추어야 한다. 또한 여행자의 요구조건, 여행객의 기호와 특성, 여행목적, 여행경비, 여행시기와 기간, 여행일수 등을 고려한 상대적 관점에서 여행객과 충분히 협의를 거쳐 작성되어야 한다. 여행일정표 작성시에는 다음과 같은 기초적인 사항을 고객으로부터 파악함으로서 고객의 요구를 최대한 반영하여야 한다.

① 업무상 국외출장(상용, 공용, 시찰, 전시/박람회 등)의 경우 여행목적이 주가 되고, 여행일수와 경비는 부수적으로 볼 수 있다.

② 순수관광목적(PKG, 허니문, 효도 등)의 여행은 여행일수와 경비, 시기가 제일의 조건이 된다.

③ 유연단체(Affinity Group)는 여행목적이 다양하기 때문에 여행요금의 구성에 관하여 충분한 협의(가이드 및 드라이브 팁, 쇼핑, 선택관광 등)를 하여야 한다.

④ 포상여행(Incentive Tour)의 경우에는 Tour Organizer가 여행경비를 모두 부담하기 때문에 여행 경비를 중시하는 경향이 있다.

3) 여행일정표 작성

(1) 일반적 유의사항

① 여행자들의 욕구에 맞추어 작성한다.

② 여행자들이 요구한 교통편의 출발시간과 현지도착시간을 정확히 한다.

③ 여행출발 2시간 전에 정확한 장소에서 공항미팅이 이루어질 수 있도록 한다.
(단, 성수기와 단체규모가 클 경우 항공기 출발 3시간 전에 공항미팅)

④ 여행목적지에서 이용하는 교통수단, 가이드에 대해 정확히 표기한다.

⑤ 항공이용시 중간경유 국에서 환승 또는 경유를 할 때 시간의 여유를 둔다.

⑥ 현지숙박(호텔) 선정시 호텔의 위치와 규모가 큰 호텔을 택하고 호텔등급을 정확히 명시한다. 일반적으로 트윈베드 기준(2인 1실)이며, 신혼부부일 경우 더블베드룸을 사용하기도 한다.

⑦ 현지여행 중 식사는 다양한 메뉴로 선택하고 중복되지 않게 한다.(조식은 호텔식)

⑧ 여행 일정에 무리가 없어야 한다.

⑨ 무리한 쇼핑과 선택관광은 피하고, 여행일정과 적절히 조화를 맞춘다. 그러나 최근 저가격 여행상품 판매가 활성화되어 사전 고객에게 쇼핑센터명 및 방문횟수와 의무 선택관광에 관한 사전 공지를 일정표상 명기하기도 한다.

⑩ 자유시간을 가질 수 있도록 시간을 배려한다.

⑪ 여행 중 기상조건에 따라 계획된 여정 진행이 불가할 경우를 고려하여 사전 대안을 마련

⑫ 주요관광지의 휴관일정을 사전 확인한다.

⑬ 여행일정 중 마지막 일정은 편안한 일정으로 편성한다.

⑭ 모든 여행일정은 여행객이 추억을 만들 수 있도록 다양한 기회를 제공한다.

⑮ 여행 중 부득이 일정을 변경할 시는 확실히 공지한다.

(2) 여행일정표의 구성요소

표 7-2 l 여행일정표 구성요소

구성요소	① 상품명(행사명) ② 여행기간과 일시 ③ 여행목적 ④ 항공이용편명, 시간, 현지 교통편 ⑤ 숙박횟수 및 투숙호텔(숙박)명, 등급, 객실TYPE, 투숙인원 ⑥ 식사횟수 및 메뉴 ⑦ 현지 지역 명 및 관광 세부일정 ⑧ 공항미팅시간 및 공지사항

3) 여행일정표(Tour Itinerary) 작성 사례

표 7-3 I 여행일정표

<table>
<tr><td colspan="2">단 체 명</td><td colspan="3">다낭 3박 5일</td><td>출발인원</td><td>20명 이상</td></tr>
<tr><td colspan="2">여행기간</td><td colspan="3">0000년 월 일 ~ 0000년 월 일(박 일)</td><td>상품가격</td><td></td></tr>
<tr><td colspan="2">여행지역</td><td colspan="5">인천 - 다낭(2) - 후에(1) - 기내(1) - 인천</td></tr>
<tr><th>일자</th><th>지역</th><th>교통편</th><th>시간</th><th colspan="2">여행일정</th><th>식사</th></tr>
<tr><td rowspan="2">제1일</td><td rowspan="2">인천
다낭</td><td rowspan="2">OZ755
전용차량</td><td rowspan="2">18:45
21:50</td><td colspan="2">인천공항 1터미널 3층 출발장 A카운터 미팅
인천 국제 공항 출발
다낭 국제 공항 도착 (약 5시간 소요)
다낭 국제공항 도착하여 가이드 미팅
미팅 후 호텔로 이동 및 휴식</td><td rowspan="2">석 : 기내식</td></tr>
<tr><td colspan="2">숙박: 다낭 서린 호텔 또는 동급(준특급)</td></tr>
<tr><td rowspan="2">제2일</td><td rowspan="2">다낭
호이안
다낭</td><td rowspan="2">전용차량</td><td rowspan="2">전일</td><td colspan="2">호텔 조식 후
오행산이라 불리는 마블 마운틴 관광
중식 후 호이안으로 이동(약 40분 소요)
호이안 명물 투어(코코넛마을+바구니배 체험)
유네스코 지정 호이안 구시가지 전통거리 관광
호이안 야경투어(맥주 또는 음료1개 제공)
석식 후 다낭으로 이동
전신마사지 90분 체험(팁포함)
도착 후 호텔로 이동
호텔 휴식 및 투숙</td><td rowspan="2">조: 호텔식
중: 한정식
석: 현지식</td></tr>
<tr><td colspan="2">숙박: 다낭 서린 호텔 또는 동급(준특급)</td></tr>
<tr><td rowspan="2">제3일</td><td rowspan="2">다낭
후에</td><td rowspan="2">전용차량</td><td rowspan="2">전일</td><td colspan="2">호텔 조식 후
후에로이동(약 2시간 30분 소요)
후에로 이동 중 하이반 고개 감상
중식 후 왕궁투어(왕궁해설사, 전동카 포함),
석식 후 호텔 투숙 및 휴식</td><td rowspan="2">조: 호텔식
중: 현지식
석: 현지식</td></tr>
<tr><td colspan="2">숙박: 후에 흐엉장 호텔 또는 동급(준특급)</td></tr>
<tr><td>제4일</td><td>후에
다낭</td><td>전용차량
OZ 756</td><td>전일</td><td colspan="2">호텔 조식 후 체크아웃
하이반 터널을 이용하여 다낭으로 이동
바나산 국립공원으로 이동
중식 후 바나 국립공원 자연감상
놀이기구 이용 및 자유시간(입장료 포함)
하산 후 다낭으로 이동
석식 후 다낭 국제 공항으로 이동
다낭 국제 공항 출발</td><td>조 : 호텔식
중 : 현지식
석 : 한정식</td></tr>
<tr><td>제5일</td><td>인천</td><td></td><td>08 : 30</td><td colspan="2">인천국제공항 도착</td><td>조 : 기내식</td></tr>
<tr><td colspan="7">상기일정은 현지 및 항공사 사정에 따라 다소 변경될 수 있습니다.</td></tr>
</table>

※ 모든 여행일정표와 함께 여행객이 여행개시 전부터 여행 목적지에서 필요로 하는 일반적 사항에 대한 현지 정보와 기본사항에 대하여 별도로 정보를 제공하여야 한다.

사례 | PKG 상품일 경우 공지사항 표기

공통사항	
여권관련	베트남 입국 시 여권기간 만료일이 6개월 이상 남아 있어야 함.
기후	1년 중 가장 더운 7월의 평균기온은 28도이고, 최저기온인 1월은 평균기온 16도.
복장	간편한 여름복장 준비(단, 에어컨으로 인한 긴팔이나 스웨터 준비) - 왕궁 입장 시 피부 노출이 심한 복장이나 슬리퍼는 제한 됨.)
통화	기본단위 동(VND)로 100동 = 4.9원 정도, USD 통용,
준비물	여권, 위생상 개인의 위생도구 준비(치약, 면도기, 칫솔), 슬리퍼, 썬그라스, 수영복, 상비약, 선-크림 등

추가사항	
선택관광	마사지1시간 US$30, 마사지2시간 US$40 후에나이트투어 US$30~50 (야시장관광 + 음료제공) 다낭나이트투어 US$30~50 (야시장관광 + 음료제공)
추가요금	호텔 싱글룸 사용시 100,000원 추가 발생 됨 귀국일정 변경시 100,000원 추가 발생 됨
공항/출국세	포 함 : 항공tax, 유류할증료
팁	성인기준 : 1일 US$10기준(가이드 + 기사 + 왕궁가이드)
여행자보험	1억 원 여행자보험 (단, 어린이 5천만 원, 만70세 이상은 3천만 원)
담당자	여행출발 최소 2일 전 확정! 정성껏 모시겠습니다. 베트남 담당자 홍길동 ☎ 02-777-7777
입금계좌	예약과 동시에 1인당 10만 원 입금해 주십시오. 계좌번호 : OO은행 000-0000-0000 (주)OO여행사

SECTION 04

여행요금 구성요소와 산출방법

01. 여행요금 구성요소

여행요금은 여행조건과 상품구성요소에 따라 달라질 수가 있으므로 여행요금 산출 시 유의를 하여야 한다. 여행조건은 참가자의 수, 여행목적, 여행목적지, 여행시기와 일수, 서비스의 품질수준 및 여행의 구성내용에 따라 요금이 산출된다.

1) 여행요금 기본구성

여행요금 = 항공요금(운임) + 지상비 + 기타비용 + 판매(지상)이익

여행요금은 여행상품을 구성하는 원가에 여행사의 일정한 이윤(Margin)을 더하여 산출하는 원가 지향적 가격결정방법을 많이 사용하고 있다.

2) 여행요금의 구성요소

(1) 운임(항공 또는 선박)

출발국과 여행목적지와의 왕복이동에 필요한 교통기관(항공기, 선박, 철도 등)을 이용하는 댓가로 지불하는 요금으로 항공요금에는 인천공항세, 출국세, 관광진흥기금, 전쟁

보험료, 현지공항세가 모두 포함되어 발권이 이루어진다. 또한 2005년 7월 1일부로 모든 항공사가 유류할증료를 부과하여 항공사별 목적지별 다양한 할증료가 항공권 발권시점 환율을 기준으로 적용되어 부과되므로 사전 확인을 하여야 한다.

항공운임은 국외여행상품원가구성에서 많은 비중을 차지하고 있으며, 여행사의 입장에서는 항공좌석확보와, 항공요금 AUTH(Authorization)여부에 따라 유리한 가격산출과 수익을 창출할 수 있다. 일반적으로 항공요금 할인제도를 살펴보면 다음과 같다.

① ADT(Adult)

성인 (만12세 이상/ 탑승일 기준 적용)항공요금의 100%적용

② CHD(Child)

어린이(만2세 - 만12세 미만은 성인항공요금의 67~75% (항공사별 다소 차이가 있음) 적용

③ INF(Infant)

유아(만 2세 미만)는 성인항공요금의 10%가 적용(항공사별 정상요금 또는 단체요금의 10% 적용)되며, 항공좌석(No-Seat)은 제공되지 않는다.

④ AD(Agent Discount)

여행사 직원 할인요금(정상요금의 75%할인)

⑤ FOC(Free of Charge)

목적지(Destination)와 항공사에 따라 다소 차이가 있으며, 일반적으로 15 + 1 FOC (15명 유료, 1명 무료)를 제공한다. 단 FOC 항공권은 항공 Tax와 유류할증료는 별도로 지불하여야 한다.

(2) 지상비(Land Fee)

지상비란 여행목적지 도착 후 출국 시까지 각종 여행관련시설과 여행구성요소 등 여행서비스 이용에 따른 비용을 말한다.

① 숙박비(Accommodation Charge)

숙박시설의 위치, 등급, 종류, 규모, 투숙인원 수, 투숙시기, 투숙조건(식사 등)에 따라 다양한 숙박비가 산출되므로, 사전 호텔객실요금 체계를 파악해야 한다. 우리나라 단체 여행객은 통상 2인 1실 기준의 객실요금을 기준으로 여행상품가격을 형성하며, 혼자 사용시 추가 요금을 부과하고 있다. 또한 숙박비에 조식을 포함하는 콘티넨탈 플랜(Continental Plan)을 적용하고 있다.

가. European Plan : 객실요금만 징수

나. American Plan : 객실요금 + 식사 3식 포함 요금

다. Continental Plan : 객실요금 + 조식포함 요금

라. 식사비(Meal Charge)

여행일정 중 제공되는 식사 횟수와 제공장소 및 메뉴에 따라 차이가 있으나, 항공일정에 따라 기내식이 발생될 수 있으므로 식사 횟수를 조절하여야 한다.

마. 지상교통비(Ground Transportation Charge)

국외여행에 있어 교통수단은 일반적으로 'Fly & Drive'의 교통수단을 이용한다. 따라서 지상 교통비는 여행목적지의 지상 교통수단이용에 따른 비용을 말한다.

- 전세버스, 기차, 선박, 렌트카 등
- 단체여행(PKG)객의 교통수단은 전세버스를 가장 많이 이용한다.
- 지상교통비 산출시 단체여행객을 제외한 다른 여행목적의 지상 교통비 산출시는 현지에서 발생될 수 있는 트랜스퍼비용(Transfer Charge)계산에 주의해야 한다.
- 관광비용(Sightseeing Charge) : 여행객과의 여행계약서상 표기된 여행목적지에서의 관광지입장료, 관람료, 가이드 비용 등이며, 여행목적에 따라 통역비, 전시·산업박람회 입장료 등이 발생될 수 있다.
- 포터비(Porterage) : 현재 포터비는 여행경비에 불포함하고 있다. 여행 중 부두, 공항, 역, 호텔에서 여행객의 짐을 직접 들지 않고 포터를 통하여 운반할시 부과되는 경비를 말한다.
- 세금(Tax) : 항공요금, 숙박요금, 공항세, 유흥음식점에는 포함되어 있다. 개별여행시 중복되지 않도록 주의를 하여야 한다.

• 팁(Tip) : 일반 PKG상품은 별도의 팁(Tip)은 불 포함되어 있고, 주문여행이나 포상여행은 사전 협의에 따라 포함과 불포함을 정한다. 그러나 최근 국외여행상품을 이용할 경우 일반적으로 1일 10불 기준으로 현지 가이드 팁을 사전 공지의 의무화를 통하여 여행객에게 인식시켜나가도 있다.

(3) 기타비용(Miscellaneous Expenses)

기타비용은 항공요금과 지상비를 제외한 여행상품과 단체성격에 따라 기타비용이 발생될 수 있다. 이는 사전에 포함되는 비용과 포함되지 않는 비용으로 나눈다.

① 여행요금에 포함되는 비용

- 여행자보험료 : 여행자보험은 여행사에서 필히 가입해야 하는 의무사항으로 통상 여행업체에서는 1억 원 기준으로 가입을 한다. 단, 만 15세 미만과 만70세 이상은 가입한도 최고액이 한정되어 있다.
- 국외여행시 부과되는 항공 Tax
- 국외여행인솔자의 경비 : 국외여행인솔자의 항공료, 출장비, 보험료, 기타경비는 여행상품원가산출시 포함시킨다.

② 여행요금에 포함되지 않는 비용

- 여행객의 여권·비자관련 인지료 및 대행수속료
- 현지 여행 중 발생될 수 있는 개인용도의 비용으로 음료, 세탁, 전화사용, 초과수하물, 선물, 기념품 비용 등 및 개인의 필요에 의한 서비스 비용(Tip)
- 항공유류할증료
- 현지 가이드 팁
- 현지 공항세

(4) 판매이익

상기 항목에 의해 산출된 가격을 원가로 볼 수 있다. 즉, 판매이익은 여행사의 수익부분으로 지상수익이라고도 한다. 즉, 원가소계에 여행사의 수익을 일정부분 가산을 한다.

02. 여행요금 산출방법

여행요금 산출방법은 여행 최소 출발인원에 따라 크게 두 가지 유형으로 여행요금을 산출하며, 여행요금의 원가에 사용되는 양식은 여행사별 다소 차이가 있다.

1) 산출유형

(1) A 형태 : 여행사 기획(PKG) 상품일 경우

행사인원 1인 기준의 항목별 원가 및 이윤 산출 후 행사 전체인원으로 합산하는 방식으로 여행사가 행사의뢰에 따른 지상수배업체는 지상경비를 1인 기준으로 통보해 준다.

(2) B 형태 : 여행사와 단체가 협의에 의한 상품일 경우

전체 행사인원에 의한 항목별 원가 및 이윤 산출 후 행사인원 1인 기준으로 나누는 방식으로 1인당요금으로 산출되는 요금과 전세버스, 가이드비용, 숙박비용(2인1실 기준)처럼 단체 또는 부분적 요금은 항목별 요금에서 1인 기준으로 나누어 산출한다.

2) 산출방법(베트남 사례)

(1) 여행조건 (A Type)

① 단체성격 : Incentive Tour GRP일 경우

② 목 적 지 : 다낭/후에

③ 여행기간 : 0000년 0월 00일 - 0월 00일 (3박 5일)

④ 인 원 수 : 15명

⑤ 인 솔 자 : 1명

(2) 여행요금 산출내역

① 항공요금

- 항공요금(Tax포함) + 유류할증료 × 인원수
- 항공 Tax + 유류할증료 × 인솔자(FOC)

② 지상비

- 숙박비용 : 객실수(2인 1실 기준) × 숙박일수
- 식사비 : ((중식비용 × 횟수) + (석식비용 × 횟수)) × 인원수
- 현지교통비용 :
  · 전용버스 : 사용일수(반일, 전일, 미팅) × 횟수
  · 기타 교통(선박, 기차 등) : 비용 × 인원수 ※ FOC 여부 확인
- 관광지 입장료 : 입장료 × 인원수 ※ FOC 여부 확인
- 현지가이드 : 1일 비용(전일, 반일, 미팅) × 일수
- 기타 :
  · 공항세 : 공항세 × 인원수 ※ FOC 여부 확인

③ 기타비용

- 여행자보험 : 보험료 × 인원수(인솔자 포함)
- 국외여행인솔자 출장비용 : 1일 출장비용 × 출장일수

④ 원가소계 : ① + ② + ③

⑤ 판매(지상)이익 : ④ × 10%(평균/계절에 따라 다소 차이)

⑥ 총 경비 : ④ + ⑤

⑦ 1인 여행경비 : ⑥ ÷ 인원수

해외여행요금 원가예산서(예제)

- 단체번호 : IRC - 01
- 상 품 명 : 베트남 다낭-후에 5일
- 여행인원 : 15명 기준
- 여행기간 : 0000년 0월 00일 - 0월 00일(3박 5일)
- 작 성 일 : 0000년 0월 00일

<table>
<tr><th rowspan="2">항목</th><th rowspan="2" colspan="2">세부내역</th><th>A형태</th><th>B 형태</th><th rowspan="2">산출근거</th></tr>
<tr><th>1인 기준</th><th>15인 기준</th></tr>
<tr><td rowspan="4">항공료</td><td colspan="2">ICN/DAD/ICN</td><td>320,000</td><td>4,800,000</td><td>15 + 1FOC 기준</td></tr>
<tr><td colspan="2">항공 TAX</td><td>17,000</td><td>255,000</td><td rowspan="2">항공사/목적지별 상이</td></tr>
<tr><td colspan="2">유류할증료</td><td>3,200</td><td>48,000</td></tr>
<tr><td colspan="2">소계</td><td>340,200</td><td>5,103,000</td><td></td></tr>
<tr><td rowspan="4">지상비</td><td colspan="2">다낭-후에 (3N)</td><td>60,000</td><td>900,000</td><td>OO 랜드사</td></tr>
<tr><td colspan="2"></td><td></td><td></td><td></td></tr>
<tr><td colspan="2"></td><td></td><td></td><td></td></tr>
<tr><td colspan="2">소계</td><td>60,000</td><td>900,000</td><td></td></tr>
<tr><td rowspan="9">기타경비</td><td colspan="2">여행자보험료</td><td>5,369</td><td>80,535</td><td>1억 원 기준</td></tr>
<tr><td colspan="2">현지공항세</td><td>10,000</td><td>150,000</td><td></td></tr>
<tr><td colspan="2"></td><td></td><td></td><td></td></tr>
<tr><td rowspan="5">T/C
경비</td><td>항공TAX</td><td></td><td>2,075</td><td>30,200 ÷ 15PAX</td></tr>
<tr><td></td><td></td><td></td><td></td></tr>
<tr><td></td><td></td><td></td><td></td></tr>
<tr><td>출장비</td><td>9,600</td><td>144,000</td><td>$30 × 4N ÷ 15PAX</td></tr>
<tr><td>여행자보험</td><td>358</td><td>5,369</td><td>5,369 ÷ 15PAX</td></tr>
<tr><td colspan="2">소계</td><td>11,973</td><td>410,104</td><td></td></tr>
<tr><td colspan="3">원가소계</td><td>427,542</td><td>6,413,104</td><td>원가소계 ÷ 15PAX</td></tr>
<tr><td colspan="3">판매(지상)수익</td><td>42,755</td><td>641,310</td><td>원가소계의 10% 적용</td></tr>
<tr><td colspan="3">판매가격</td><td>470,000</td><td>7,050,000</td><td></td></tr>
<tr><td rowspan="3">여행사
수익</td><td colspan="2">판매(지상)수익</td><td>42,458</td><td>636,896</td><td></td></tr>
<tr><td colspan="2">항공수익</td><td>28,800</td><td>432,000</td><td>항공요금의 9% 적용</td></tr>
<tr><td colspan="2">1인당(총)수익</td><td>71,258</td><td>1,068,896</td><td></td></tr>
</table>

여행조건 및 요금견적서

__________________ 귀하　　　　작성일 :　년　월　일

단 체 명	
여 행 기 간	년 월 일 ~ 년 월 일 (박 일)
여 행 지 역	* 일정표 별첨

1. 여행요금

적용환율 USD1 = KRW

요금기준 인원 수		1인당 총액	비 고
1안	명	원	
2안	명	원	
3안	명	원	
4안	명	원	

※ 상기 여행요금은 작성일 현재 정부의 적용환율 및 항공요금에 근거하여 산출 된 바, 환율 및 항공요금 변동 시에는 통보 후 이에 준할 것임.

2. 여행조건

항 공 료	□ 이코노미 □ 비즈니스 □ 퍼스트 □ 기타
숙 박	□ 특급 □ 준특급 □ 일급
	□ 2인 1실사용 □ 독실사용(추가요금 지불) □ 기타
식 사	□ 조식(회) □ 중식(회) □ 석식(회) ※ 기내식 포함
관 광 경 비	□ 포함 □ 불포함 ※일정표에 명시된 입장료 및 기타 제비용
안내인솔자경비	□ 포함 □ 불포함
현 지 안 내 원	□ 한국어 □ 영어 □ 일어 □ 기타
교 통 편	□ 대형버스 □ 중형버스 □ 기차 □ 택시 □ 기타
여 행 자 보 험	□ 포함 □ 불포함
기 타	□ 포함 □ 불포함
비 고	

OO 여행사 (인)

03. 여행행사 예산서 및 정산서 작성

1) 행사파일 작성

현재 일부여행사는 전산시스템에 의한 여행객의 예약과 판매관리를 시행하고 있으나, 대 다수의 소규모여행사는 아직까지 수기로 행사 예산서와 정산서를 작성하고 있다.

표 7-4 | 행사파일 작성요령

좌 측	우 측
입금전표	예산서 및 지출결의서
증빙서류(세금계산서, D/C SLIP)	수배의뢰서
고객입금(미수)현황표	확정서
여행신청서	여행일정표
기타 관련 자료 • GROUP BOOKING FORM • ATR 발권 시 복사분 • 여행계약서 • 여권(비자)복사분	고객 명단 리스트
	설명회 자료 • ROOMING LIST • 여행자보험 신청서 및 • 여행자 보험 가입 확인증서 • 국외여행인솔자 자격증 복사 첨부

2) 예산서 작성

예산서는 여행상품 판매 완료와 여행단체 출발 전의 시점에서 경비 입금확인과 행사비 지출항목 및 내역을 산출하고, 이를 문서화하는 것을 말한다. 이렇게 준비한 예산서에 따라 총 입금금액을 확인하고 지출될 항목과 금액을 산정하면 회사의 총 예상수익을 산정할 수 있다. 이렇게 준비된 예산서는 여행완료 후의 최종경비 입·출금과 확인하여 최종적으로 수익을 산출하는 정산서의 체계적인 기초자료가 된다.

3) 정산서 작성

기본적인 개념 및 양식이 예산서와 거의 동일하나 다음과 같은 사항이 고려되어 재작성 또는 일부사항이 추가되기도 한다.

① 환전영수증 첨부 (단체경비 지불을 위한 환전시점의 영수증)
   – 정산 시 환전에 따른 환율로 정산
② 현지행사 Tour Fee 영수증 첨부
③ 현지행사시 발생된 선택관광, 쇼핑 등의 영수증
④ 국외여행인솔자의 출장보고서(시간대별 정확한 보고사항 기재)
   공항출발시 No Show 발생에 따른 항공권(고객 및 국외여행인솔자의 FOC 발권분) 재정산

4) 업무 포인트

OP가 업무를 진행할 시, 꼭 주의해야 할 사항은 다음과 같다.

① 지역별 항공기획
   단체 항공좌석 RQ 공문 작성 및 PNR(항공카운터와 협조) 작업
② 항공요금 및 PNR 대장관리
   상품기획 및 판매현황, 좌석 소진(판매)율 파악
③ 판매 상품 원가산출
   시즌대비 1개월 전 판매가격 수립
④ 지역 랜드사 업무 공조
⑤ 여행일정표 및 설명회 자료 작성
⑥ 타사 판매가격 분석
⑦ 광고분석

기타사항으로는 대외적으로 Invoice 및 여행견적·조건 등을 발송 시 사내 소정양식을 사용하여 발송한다. 이는 회사의 이미지와 업무의 체계성을 나타낼 수 있다.

CHAPTER 08

국외여행인솔 업무

SECTION 01 국외여행인솔자의 개념

01. 국외여행인솔자(Tour Conductor)의 개념

여행단체를 인솔하고 소정의 여행계획과 준비계획에 입각하여 단체여행의 원활하고 쾌적한 여정을 담당하는 자를 국외여행인솔자라 한다.

여행객 출발에서 귀국까지의 모든 여행일정이 원만히 진행될 수 있도록 여행단체의 인솔·지휘·감독하는 소위 '관광연출자'라고 말할 수 있다.

일반적으로 투어 컨덕터(Tour Conductor) 또는 국외여행인솔자라 부르고 있으며, 국가에 따라 투어 에스코트(Tour Escort), 투어 리더(Tour Leader), 투어 매니저(Tour Manager), 투어 디렉터(Tour Director), 투어 가이드(Tour Guide) 등 다양한 용어들이 사용되고 있으며 이는 각 국의 여행문화에 따른 업무의 범위 및 내용의 차이일 뿐 여정을 진행·관리하는 기본 성격은 같다.

우리나라는 관광진흥법 제 16조의 2에서 '국외여행인솔자'란 용어를 사용하고 있으며, 여행업계에서는 '투어컨덕터(TC : Tour Conductor)'와 '국외여행인솔자'라는 용어를 혼용하여 사용하고 있다.

1) 국외여행인솔자의 역할

국외여행인솔자는 출국에서 귀국까지 항상 여행객과 동행하며 여행 일정기간동안 계약내용에 관하여 회사의 대표자로서의 권한과 실무담당자로서의 책임을 갖고 모든 여정의 관리뿐 아니라 고객의 안전과 욕구 충족에 관한 서비스 제공에 만전을 기울여야 한다.

(1) 회사의 대표

국외여행인솔자는 단체여행객을 인솔하고 소정의 계획에 따라 여행을 진행·관리하는 회사 측 대표자로서의 역할을 해야 한다. 따라서 회사에 대한 신뢰감으로 무형의 고액상품에 대하여 투자하고 참여하는 고객의 기대에 대하여 책임 있는 행동을 하여야 한다.

(2) 여행 매니저

여행이 즐겁거나 불쾌하거나 하는 등의 고객 만족도는 국외여행인솔자의 운영능력에 따라 크게 좌우된다. 그러므로 국외여행인솔자는 만반의 준비에 노력을 기울여야 한다. 고객과의 계약에 입각한 여행일정관리, 여행조건관리, 여행객의 심리 및 건강관리, 시간관리, 위기관리 등을 책임지는 매니저로서의 역할을 다해야 한다.

(3) 현장 업무의 리더

여행이 진행되는 전 과정에 국외여행인솔자는 단체여행객들의 구심체가 된다. 나이와 성별 등을 떠나 인솔하는 단체에 대한 리더로서의 역할을 다해야 한다.

(4) 예산 집행자

모든 여행상품은 호텔, 관광코스 및 기타 포함내역에 의한 엄격한 원가계산을 통해 가격이 결정된다. 현지 지상비 지불은 회사 대 회사 지불과 국외여행인솔자에 의한 현지 직불 형태가 있다. 현지 직불의 경우에는 그 성격상 국외여행인솔자의 재량에 맡겨지는 점이 있으므로 수입을 확보하는 마지막 기회가 될 수 있다. 그런 의미에서 국외여행인솔자는 여행 예산집행에 있어서의 최종 책임자의 한 사람이다.

(5) 해설자

현지인 가이드에 의한 외국어 안내의 경우에는 가이드의 설명을 고객들에게 전달하여야 한다. 단순한 통역은 불충분할 경우가 많으므로 필요 없는 부분은 생략하고 필요한 부분은 스스로의 지식으로 보충해서 고객에게 만족스러운 설명을 해야 한다. 이에 대비하여 출장지역에 대한 정보를 사전에 충분히 숙지해야 한다.

(6) 현장 세일즈맨

단체여행객들이 국외여행인솔자에 대한 평가는 회사의 이미지에 직접적이고도 지대한 영향을 미치므로 재 구매를 위한 고객충성도를 제고시킬 필요가 있다.

2) 국외여행인솔자의 유형

(1) 여행사 직원 국외여행인솔자(Agency Employee Tour Conductor)

가장 일반적인 형태이며 여행사의 직원으로서 평소에는 사내 업무인 영업, 수배, 기획, 카운터 등의 담당 업무에 종사하며 여행단체가 형성되면 회사의 출장 명령에 의해서 국외여행인솔 업무를 수행하는 경우를 말한다.

(2) 전문 국외여행인솔자(Contracted Overseas Tour Conductor)

국외여행인솔을 본업으로 하고 있는 전문직 사원으로서 여행단체가 형성되면 전문적으로 단체를 관리·인솔하는 자를 말한다. 평소에는 사내에서 여러 가지 업무를 보조하기도 하며 보수는 월급 형태의 기본급과 출장비 등을 받는다. 전문 국외여행인솔자가 되려면 풍부한 어학실력과 해외여행의 경험이 많아야 한다.

(3) 프리랜서 국외여행인솔자(Free Lancer Overseas Tour Conductor)

특정 여행사에 소속되지 않고 어느 여행사든 간에 여행단체가 형성되면 요청에 의해 일을 하는 프리랜서(Free Lancer)를 말한다. 주로 여행 성수기(Peak Season)에 인솔 의뢰 요청이 많지만 행사진행 중 문제가 발생하면 책임을 회피하려는 경향이 단점으로 지적되기도 한다.

02. 국외여행인솔자의 자격과 자질

1) 국외여행인솔자 자격

국외여행인솔자 자격인정증 제도는 해외여행자유화조치 이후 해외관광객의 급증에 따라 역량 있는 국외여행인솔자의 필요성이 대두되어 1993년도 시행되었으며, 관광진흥법 제13조 및 동법 시행규칙 제22조에 규정하고 있다. 동법 시행규칙 제22조에 근거한 국외여행인솔자의 자격요건은 다음과 같다.

❶ 관광통역안내사 자격을 취득할 것
❷ 여행업체에서 6개월 이상 근무하고 국외여행 경험이 있는 자로서 문화체육관광부장관이 정하는 소양교육을 이수할 것
❸ 문화체육관광부장관이 지정하는 교육기관에서 국외여행 인솔에 필요한 양성교육을 이수할 것

국외여행인솔자의 교육과 관련한 규정은 문화체육관광부고시 국외여행인솔자 교육기관 지정 및 교육과정 운영에 관한 요령에서 정하고 있다.

(1) 양성교육과정

- 교육시간은 80시간 이상으로 외국어시험의 점수 및 급수를 제출한 경우 외국어 교육기간 면제
- 자격요건
  - 전문대학 이상의 학교에서 관광관련학과를 졸업한 자 또는 졸업예정자
  - 관광고등학교를 졸업한 자

(2) 소양교육과정

- 교육시간은 15시간 이상
- 자격요건은 여행업체에서 6개월 이상 근무하고 국외여행경험이 있는 자

그림 8-1 I 국외여행인솔자 자격증

2) 국외여행인솔자 기본자질

(1) 기본자세

① 고객의 의견을 최대한 반영하려는 자세와 고객의 입장을 이해하고 이익을 보호하려는 마음이 요구된다.

② 냉정한 태도와 결단성 있는 행동이 요구된다.

③ 의사전달은 정확히 한다.

④ 공평한 자세와 따뜻한 마음, 유연한 사고가 필요하다.

(2) 기본 업무지식

① 여행업과 관련된 전반적 업무지식(여권, 비자, 항공, 호텔이용, 여행상품, 식사매너, 사고처리 등)

② 영어 등 언어지원 능력

③ 교육수준과 지적능력

④ 방문지역에 대한 정보(지리, 기후, 역사, 공항, 숙소, 관광지 등)에 대한 지식

⑤ 출입국수속 및 통관규칙

⑥ 응급조치 수행능력 및 고객유치능력

(3) 고객관리

고객으로부터 신뢰와 사랑을 받지 못하면 단체의 인솔을 원활히 진행하기가 어렵다. 항상 일정을 머리에 두고 예기치 못한 사고에도 침착하고 냉정하게 대처하여 고객이 동요함이 없이 안정하게 진행시키는 것이 기본적 임무이다.

① 고객의 이름과 얼굴을 익힌다(여권 등을 활용).
② 각 개인의 품위 및 성격 등을 파악한다.
③ 고객과 친한 사이라 할지라도 사적인 부분은 엄격히 구분해야 한다.
④ 고객에게는 항상 공평하게 접촉한다.
⑤ 언어 부자유나 생활환경의 차이에서 생기는 스트레스를 관찰하고 풀어주도록 노력한다.
⑥ 단체행동은 팀워크가 중요하다. 모든 상황을 잘 설명하고 고객들로부터 스스로 협조해 오도록 분위기를 조성하는 것이 중요하다.
⑦ 육체적 피로는 사고력을 감퇴시키며 정신적으로도 불안정해지며 사소한 일에도 감정이 좌우된다. 고객의 건강상태나 피로정도에 유의하고 여정을 조절한다. 특히, 시차에 수반되는 피로에는 특별한 배려가 필요하다.
⑧ 고객으로부터 불평이 있을 때는 그 원인이 인솔자의 과실인지, 당사자의 오해인지를 냉정하게 판단하고 바로 그 자리에서 이해를 얻도록 노력한다. 불평상황이 발생했을 때는 최선을 다하여야 하며 회사의 대표 자격으로 문제해결에 임하여야 한다.
⑨ 고객의 개인적 지불금의 대납, 기타 금전거래는 부득이한 경우를 제외하고는 하지 않는다. 만약, 금전거래를 했을 때는 가능한 한 조속히 처리한다.
⑩ 여행 중 생일을 맞이하는 고객의 이름을 메모해 두었다가 당일 저녁식사 때를 이용하여 카드나 간단한 선물로 축하한다.
⑪ 여행일정 및 스케줄은 미리 상세하고 명확하게 전달한다.

(4) 금기사항

① 특정고객과 특별히 친해서는 안 된다.

② 고객에게는 악담을 금한다.

③ 인사는 빠짐없이 한다.

④ 금전관계는 명확히 한다.

⑤ 고객과 이성문제를 일으키지 않는다.

⑥ 논쟁에는 개입하지 않는다.

⑦ 고객과 필요 이상의 농담을 하지 않는다.

⑧ 고객의 질문에 대해서는 반드시 명확하게 답을 해준다.

⑨ 어떠한 경우에도 흥분하지 않는다.

⑩ 과음은 절대로 삼가고 도박 등은 금한다.

⑪ 쇼핑 및 Optional Tour를 강요해서는 안 된다.

⑫ Tour 중 고객과의 약속은 철저히 하며 부탁을 받았을 때는 결과를 명확히 이행한다.

SECTION 02

출국준비업무

01. 사전준비업무

1) 인솔단체 파악

출장에 필요한 각종 준비사항과 준비물을 면밀히 점검하고 준비하며, 출국 전날 재확인 전화통화 등을 한다.(미팅시간과 장소, 여권소지 등을 재확인)

(1) 여행단체의 성격 및 고객에 관한 파악

① 패키지, 협회, 학단 또는 인센티브 단체인가를 확인한다.

② 협회 또는 인센티브 단체인 경우, 주관기관의 명칭, 목적, 여행단체 구성의 과정, 단체장 및 담당자의 성격, 여행경력 및 어학능력을 확인한다.

③ 단체의 책임자 또는 참가자 개인으로부터 특별 희망사항의 유무에 대한 특별한 사항의 유·무, VIP의 유무, 또한 일부 고객과 판매담당자 사이의 특별한 약속의 유무를 확인한다.

④ 참가자의 연령, 직업, 학력, 성격 등을 출발 전에 파악해 둔다.

⑤ 참가자 중에 지병이 있는 고객이 있는지 확인한다.

⑥ 도매상품인 경우 신청영업소, 대리점명 및 판매대리점과 고객과의 특이사항이 있는지 확인한다.

⑦ 사전에 설명회가 개최될 경우에는 반드시 참석한다.

⑧ 비슷한 경험이 있는 국외여행인솔자로부터 주의해야 할 점 등 정보를 얻는다.

(2) 여행조건과 준비내용의 확인

출장배정을 받은 인솔단체에 관한 여행의 조건과 지시사항에 기재된 여정, 호텔, 식사 등 여행 실시조건을 반드시 숙지하고 여행계약내용과 여행업 약관을 이해해야 한다.

계획된 일정과 실질적 내용에 차이가 있는지, 만약에 있을 때는 담당자에게 재확인하여 충분히 숙지하여야 한다.

먼저, 준비명세서(Local Operator의 주소, 전화, FAX, 준비내용, 서비스의 시작과 종료, 호텔 Porterage, Transfer, 관광, 식사, 팁 등)에 대한 여행조건에 착오가 없는지 체크하고 여행경비 지불관계(현지 직불인지 회사결재인지)를 확인한다. 만약 현지 직불인 경우에는 Local Operator, 호텔 등의 청구서에 포함되어야 할 항목, 국외여행인솔자 지불분, 고객지불 분, Group Organizer의 지불분 등을 항목별로 정확히 구분하여 행사지불금의 명세와 그 기준을 확인한다. 그리고 여행 중 발생되는 선택관광(Optional Tour)의 계획과 지불관계, 판매가격, net요금과 내용, 최저참가인원은 몇 명인지, 선택관광을 계획할 때 스케줄에 무리가 생기지 않을지 체크한다. 또한 여행 출발 전 여행목적지에서 개별행동을 원하는 여행객이 발생할 경우 사전 상품담당자와 협의를 하여야 한다. 성수기 대에는 간혹 항공좌석이 Request와 Waiting일 경우도 발생되는데 이러한 문제에 대하여 확인방법과 불가능할 경우의 대책 등에 대해 사전에 충분히 협의한다.

(3) 여행조건의 세부 체크내용

① 호텔예약은 여행계약내용과 일치하게 수배되었는지?

- 호텔 등급, 입지조건, 객실 조건, 신관(New Wing)인지 구관(Old Wing)인지, 바다 쪽(Ocean View)인지 정원 쪽(Garden View)인지 확인한다.
- 식사에 대한 계약조건(Half Pension / Full Pension)을 확인한다.
- 객실타입(Twin, Single)을 확인한다.

② 식사의 형태와 조건은?

- 호텔조식은 American Breakfast인가? Continental Breakfast인가?
- 식사는 세트메뉴인가? 뷔페메뉴인가?
- 식사는 현지음식인가? 한식인가?

- 국외여행인솔자 재량으로 메뉴선택이 가능한가?
- 도시락인 경우 수령, 식사 장소는 어떻게 하는가?

③ **현지 관광에 관한 사항**

- 단체인원에 적합한 전세버스인가?
- 현지 대중교통을 이용할 경우 관광 일정 진행에 적합한가?
- 가이드는 한국어, 영어 가이드인가?
- 가이드는 어디에서 어디까지 안내를 하는가?

④ Transfer

- 공항에서 호텔, 호텔에서 공항까지의 Transfer를 확인한다.

⑤ Tip

- 가이드와 현지 버스 운전기사의 팁은 누가 지불하는가?
- 공항, 호텔에서의 포터서비스는 누가 지불하는가? 국외여행인솔자 지불인 경우 Voucher 확인.

⑥ **현지 연계 교통편**

- 관광 일정 진행 중 연계 교통편 발생 시 교통편 예약, 티켓수령은 어떻게 하는가?

⑦ **선택관광(Optional Tour)**

- 어디에서, 어떤 선택관광이 준비되는가?
- 예약 및 진행은 현지 랜드가 하는가? 국외여행인솔자가 하는가?
- 가격이 얼마인가? 인원수별 가격에 차이가 있는가?
- 가이드가 있는가? 있을 경우 어디까지 수행되는가?
- 식사가 포함되어 있는가? 식사내용은 무엇인가?

2) 필요서류 및 휴대품의 확인

(1) 수속절차에 필요한 서류 확인 및 작성

① 여권(Passport)

- 유효기간(출국일 기준 6개월 이상) 확인.
- 현지에서 여권분실에 대비해 여권용 사진 2매 및 복사본을 준비.

② 사증(Visa)

- 비자가 필요한 국가 방문 시 비자 소지 유무 및 유효기간 확인(Single 또는 Multiple Visa).

③ 예방접종

- 예방접종을 필요로 하는 특정지역인 경우나 국제상황을 고려하여 실시.

④ 항공권 발행 기재사항 확인

- 여권과 항공권의 영문이름이 일치하는가?
- 전체구간의 예약상황(편명, 좌석상태) 확인.

그림 8-2 I 전산항공권

그림 8-3 I e-Ticket

전자항공권 발행확인서
e-Ticket Itinerary & Receipt
Provided by TOPAS

1517 / 25SEP19

승객성명 Passenger Name **KIM/SEEWON MR**
예약번호 Booking Reference 4595-0693
항공권번호 Ticket Number **1809594787533**

신세계면세점 스마트선물 1만원 증정

여정 Itinerary

편명 Flight **KE0081** (예약번호:**WXRX9P**) Operated by **KE(KOREAN AIR)**
* **대한항공은 인천공항 제2여객터미널에서 운항합니다.**

출발 Departure **서울(ICN/Incheon intl)** **01MAR20(일)** **10:00** **Local Time** **Terminal No. : 2**
도착 Arrival 뉴욕(JFK/John f kennedy) 01MAR20(일) 10:00 Local Time Terminal No. : 1

예상비행시간 Flight Time 14H 00M SKYPASS 마일리지 SKYPASS Miles 6879
예약등급 Class E (일반석) 항공권 유효기간 Not Valid Before -
* 예약등급은 항공사 FLIGHT 정보에 따라 표기 내용과 상이할 수 있습니다.
좌석 타입 Seat Type - Not Valid After 01MAR21
예약상태 Status OK (확약) 수하물 Baggage 2PC
운임 Fare Basis ELW0ZKYK
기종 Aircraft Type AIRBUS INDUSTRIE A380-800

편명 Flight **KE0086** (예약번호:**WXRX9P**) Operated by **KE(KOREAN AIR)**

출발 Departure **뉴욕(JFK/John f kennedy)** **10MAR20(화)** **00:50** **Local Time** Terminal No. : 1
도착 Arrival 서울(ICN/Incheon intl) 11MAR20(수) 04:15 Local Time **Terminal No. : 2**

예상비행시간 Flight Time 14H 25M SKYPASS 마일리지 SKYPASS Miles 6879
예약등급 Class E (일반석) 항공권 유효기간 Not Valid Before -
* 예약등급은 항공사 FLIGHT 정보에 따라 표기 내용과 상이할 수 있습니다.
좌석 타입 Seat Type - Not Valid After 01MAR21
예약상태 Status OK (확약) 수하물 Baggage 2PC
운임 Fare Basis ELX0ZKYK
기종 Aircraft Type BOEING 747-8I

* 할인 또는 무임 항공권의 경우 예약 등급에 따라 마일리지 적립률이 상이하거나 마일리지가 제공되지 않습니다.
* 항공기 기종은 사전고지 없이 항공사 사정으로 변경될 수 있습니다. 또한 항공기 교체 등의 부득이한 사유로 선택하신 좌석이 변경될 수 있으니 탑승수속 시 기종 및 좌석번호를 재확인해 주시기 바랍니다.
* **모든 정보는 항공사나 공항 사정에 의해서 변경될 수 있습니다.**
* **수하물 정책 - 미국을 여행하시는 승객은 아래 사이트를 방문해 주시기 바랍니다:**
KOREAN AIR

⑤ 출입국 신고서

대한민국 출입국 신고서는 2006년 8월 1일부로 전면 폐지되어 국민과 등록된 외국인은 출입국시 출입국신고서를 제출하지 않아도 되며, 단기체류외국인 등 등록제외 대상 외국인만 입국신고서를 입국시 출입국관리공무원에게 제출하면 된다. 이는 본격적인 '사전승객정보입력제도'[1] 시행이라 볼 수 있으며, 일부 국가나 지역에서도 출입국신고서를 폐지하거나 간소화하는 추세이다.

1) APIS(Advance Passenger Information System)는 사전 승객정보시스템으로 항공권 예약/발권시 승객의 성명, 여권번호, 국적, 성별, 생년월일 등의 정보를 사전에 입력하는 제도이다. APIS정보는 법무부 출입국 관리부서로 통보되어 도착지 국가에 통지된다. 이를 통해 테러나 범죄예방과 빠른 출입국 수속이 가능하다.

(2) 파일 작성 및 확인

- 수배 관계서류(일정표, 호텔리스트, 현지 에이전트 리스트 등)
- Name List, Rooming List, Document List, Check List 등
- 국외여행인솔 행사일지 및 출납명세서 등을 준비하고 확인한다.

① 여행일정표

일자	지역	교통편	시간	여행일정	식사
제1일	인천 다낭	OZ755 전용차량	18:45 21:50	인천공항 1터미널 3층 출발장 A카운터 미팅 인천 국제 공항 출발 다낭 국제 공항 도착 (약 5시간 소요) 다낭 국제공항 도착하여 가이드 미팅 미팅 후 호텔로 이동 및 휴식 숙박: 다낭 서린 호텔 또는 동급(준특급)	석 : 기내식
제2일	다낭 호이안 다낭	전용차량	전일	호텔 조식 후 오행산이라 불리는 마블 마운틴 관광 중식 후 호이안으로 이동(약 40분 소요) 호이안 명물 투어(코코넛마을+바구니배 체험) 유네스코 지정 호이안 구시가지 전통거리 관광 호이안 야경투어(맥주 또는 음료1개 제공) 석식 후 다낭으로 이동 전신마사지 90분 체험(팁포함) 도착 후 호텔로 이동 호텔 휴식 및 투숙 숙박: 다낭 서린 호텔 또는 동급(준특급)	조: 호텔식 중: 한정식 석: 현지식
제3일	다낭 후에	전용차량	전일	호텔 조식 후 후에로이동(약 2시간 30분 소요) 후에로 이동 중 하이반 고개 감상 중식 후 왕궁투어(왕궁해설사, 전동카 포함), 석식 후 호텔 투숙 및 휴식 숙박: 후에 흐엉장 호텔 또는 동급(준특급)	조: 호텔식 중: 현지식 석: 현지식
제4일	후에 다낭	전용차량 OZ 756	전일	호텔 조식 후 체크아웃 하이반 터널을 이용하여 다낭으로 이동 바나산 국립공원으로 이동 중식 후 바나 국립공원 자연감상 놀이기구 이용 및 자유시간(입장료 포함) 하산 후 다낭으로 이동 석식 후 다낭 국제 공항으로 이동 다낭 국제 공항 출발	조 : 호텔식 중 : 현지식 석 : 한정식
제5일	인천		08 : 30	인천국제공항 도착	조 : 기내식

* 상기일정은 현지 및 항공사 사정에 따라 다소 변경될 수 있습니다.

② Name List

NO	성 명	성별	주민등록번호	여권번호	유효기간	전화번호	비고
1	홍 길 동	M	701015-	M1234567	12AUG19	010-123-5678	
	HONG/GILDONG		1000000		12AUG29		
2	성 춘 향	F	750202-	M2345678	12AUG19	010-123-5678	
	SUNG/CHOONHYANG		2000000		12AUG29		
3							

③ Rooming List

Tour Name : JANGAN 다낭 PTY
Arrival Date : 2000. 00. 00
Departure Date : 2000. 00. 00

Room NO.	이름 Name	Sex	Room NO.	이름 Name	Sex
1	홍 길 동	M			
	HONG/GILDONG				
	성 춘 향	F			
	SUNG/CHOONHYANG				

기상 : 07:00 식사 : 08:00, 2F 출발 : 09:00 로비집결	방과 방 : #+방번호 와이파이 : Room Number/1234567

* Rooming List는 여행일정 중 투숙호텔 숫자대로 준비

④ 단체 행사일지

<table>
<tr><td colspan="3">인솔자 명 :</td><td colspan="5">날짜 :</td></tr>
<tr><td rowspan="9">내
용</td><td rowspan="2">구 분</td><td rowspan="2">장소 명</td><td rowspan="2">내 용</td><td colspan="4">서비스 상태</td></tr>
<tr><td>최상</td><td>상</td><td>중</td><td>하</td></tr>
<tr><td>호 텔</td><td></td><td></td><td></td><td></td><td></td><td></td></tr>
<tr><td>조 식</td><td></td><td></td><td></td><td></td><td></td><td></td></tr>
<tr><td>중 식</td><td></td><td></td><td></td><td></td><td></td><td></td></tr>
<tr><td>석 식</td><td></td><td></td><td></td><td></td><td></td><td></td></tr>
<tr><td>항 공</td><td>항공사 명</td><td></td><td></td><td></td><td></td><td></td></tr>
<tr><td>버 스</td><td>회사 명</td><td></td><td></td><td></td><td></td><td></td></tr>
<tr><td>현지안내원</td><td>성명 및 직책</td><td></td><td></td><td></td><td></td><td></td></tr>
<tr><td rowspan="2">출입국관계</td><td>출 국</td><td colspan="6">공항 미팅장소 : 공항 미팅시간 :
항공사 및 편명 : 공항 출발시간 :</td></tr>
<tr><td>입 국</td><td colspan="6">공항도착 시간 : 입국절차 및 수하물 검사 :</td></tr>
<tr><td>주요행사</td><td colspan="7"></td></tr>
<tr><td>문제점</td><td colspan="7"></td></tr>
<tr><td>처리내용</td><td colspan="7"></td></tr>
</table>

⑤ 업무용 휴대품 일람표

– 여행 내용, 지역, 기간, 상황 등에 따라 선택적으로 사용

국외여행인솔자 Check List 양식

필수 휴대품목							
NO	ITEM	수량	CHK	NO	ITEM	수량	CHK
1	국외여행인솔자 자격증			2	일정표(한글, 영문)		
3	여권			4	비자		
5	항공권 및 PNR			6	Hotel List		
7	Name List			8	Rooming List		
9	Baggage Tag			10	확정서		
11	현지 비상연락처			12	출국카드		
13	입국카드			14	세관신고서		
15	Voucher			16	Optional Tour List		
17	필기도구			18	명함		
기타 휴대품							
1	공항세			2	출장비		
3	예비비			4	지상비		
5	봉투(大·小)			6	카메라		
7	메모리 카드			8	배지, 깃발 등		
9	스테이플러			10	스카치테이프		
11	클립			12	비상약품		
개인 휴대품							
1	세면도구			2	속옷		
3	티셔츠			4	바지		
5	점퍼			6	반바지		
7	손수건			8	양말		
9	운동화			10	간편한 가방		
11	화장품			12	샌들 또는 슬리퍼		
13	지갑			14	선글라스		
15	수영복			16	가방		
17	서적			18	휴대폰		
기 타							
1	기타 필요한 물품						

(3) 일정 및 여행지역에 대한 사전 정보수집

일정표를 참조하여 방문국, 방문도시, 방문지역, 관광지, 교통수단 등에 대해 정확히 이해한다.

① 방문국

- 기후, CIQ, 통화, 시차, 국제전화 사용법 등
- 현지요리, 주류, 음료수 등
- 역사와 문화(사회, 정치, 경제, 종교, 관습 등)
- 최근의 뉴스와 화제

② 방문 도시

- 도시의 지도, 호텔, 상점가, 식당의 위치 등
- 상점, 식당, 은행 등의 영업시간
- 토산품, 기념품 등 쇼핑 Item.
- 현지요리와 식당
- 현지교통수단(버스, 택시, 지하철 등)의 이용 및 방법

③ 교통수단

- 항공기의 기종, 경유지, 소요시간, 기내식 유·무 등
- 선박, 열차 등을 이용할 경우 경유지, 소요시간 등

(4) 항공운임에 대한 이해

- 구간, 운임(Fare Construction), 날짜변경 가능유무, 환불에 관한 사항 등
- 날짜변경의 경우 추가요금이 발생하지 않는가?

(5) 출납 등

- 행사진행에 따른 비용을 인수하고 지불내용, 기준 등을 확인
- 출납명세서는 매일 기록

(6) 여행자보험

업무상 출장, 개인 및 단체여행 등으로 여행을 할 경우 여행 중 발생될 수 있는 사고 및 질병 위험에 대비한 여행자보험가입은 필수이다. 여행자보험에는 여러 종류의 보험이 있으나, 국내여행자보험과 해외여행자보험으로 크게 분류한다.

표 8-1 | 여행자보험의 유형

구분	국내여행보험	해외여행보험
특징	* 여행출발 일로부터 여행에서 돌아올 때까지 여행기간동안만 보장함. * 보험료는 보험기간이 종료되면 소멸되고, 사고가 발생하지 않으면 환급되지 않음.	
가입 조건	* 여행기간 : 45일 미만 * 보험료 : 최저 3,000만 원	* 여행기간 : 3개월 미만 * 보험료 : 최저 5,000만 원 * 15세 미만의 경우 사망 미보장

SECTION 03

출국수속업무

여행출발 및 출국 당일의 여행객들과 만남은 국외여행인솔자로서의 역할을 수행하는 첫 과정으로 매우 중요한 의미가 있다. 여행객으로서는 여행을 준비하고 경비를 지불하는 등의 구매행위는 결국 여행서비스를 제공받기 위함으로서 상품의 가치전달은 이때부터 시작되는 것으로 고객에 대한 실제적인 서비스를 제공하는 첫 단계가 바로 공항에서의 첫 만남인 것이다. 따라서 국외여행인솔자는 여행기간동안 24시간 서비스를 제공해야 할 고객과의 첫 이미지가 중요하므로 세부적인 사전준비와 아울러 처음과정의 출·입국업무를 차분하고 정확하게 수행할 필요가 있다.

인천국제공항 여객터미널

인천국제공항 출발층

01. 인천국제공항 출국절차

도착	방문해야 할 터미널 확인
체크인 짐 보내기	탑승권 발권 / 짐 보내기
출국 전 준비	출국장 진입 전 환전 등 용무처리
검역·세관신고	검역 및 세관신고 대상자 신고
보안검색	항공기 탑승 전 보안검색
출국심사	출국심사 후 면세지역 진입
탑승게이트 이동	탑승권의 게이트 번호와 위치 확인
탑승동 이동	탑승게이트가 탑승동에 있는 경우
탑승	탑승게이트 대기 후 탑승

1) 공항도착 후 사전준비

- 단체의 경우에는 공항에서 출국수속시간 등을 고려하여 통상 비행기 출발 3시간 전(극성수기에는 5시간이 적합 함)에 공항에서 미팅한다.
- 국외여행인솔자는 단체 집합시간보다 최소 30분전까지 반드시 집합장소에 도착
  - 집합장소까지의 교통기관, 소요시간 등을 사전에 확인한다.
- 공항의 Meeting Point를 미리 확인하고 주변상황을 파악한다.
- 해당항공사의 카운터 위치를 확인한다.
- 가까운 환전센터의 위치를 미리 파악하고 필요시 환전한다.
- 이용항공사의 카운터 직원에게 국외여행인솔자라는 사실과 함께 인원을 알리고 출발시간 등에 이상이 없는지 확인한다.
- 항공사 직원에게 탑승시간(Boarding Time), 출발시간, Gate Number 등을 확인한다.

2) 출국 수속 절차

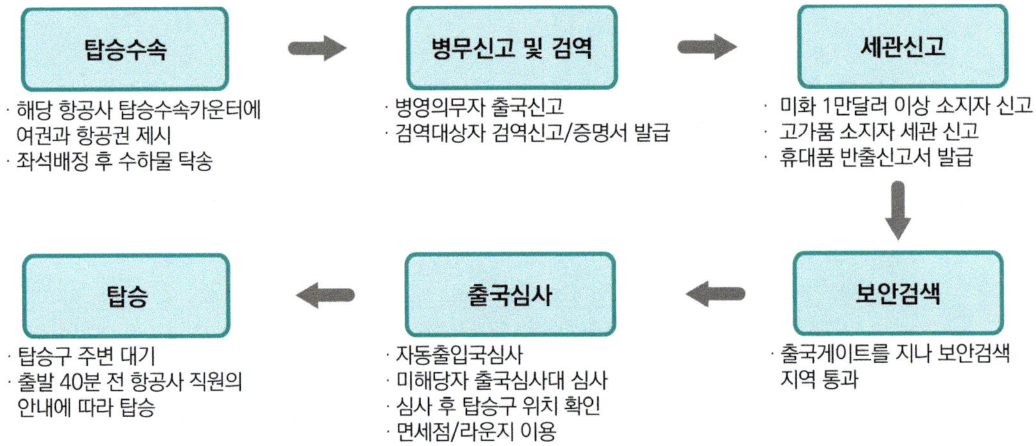

02. 인솔고객 미팅

- 미팅 예정시간 전 미팅 포인트에서 미팅보드 또는 깃발 등 약속된 형태의 표식을 갖추고 대기한다.
- 고객이 찾아오면 반갑고 정중하게 인사하며 명단을 확인한다.
- 고객이 여권을 소지하고 있는 경우 유효기간, Visa Check등을 확인한다.
- 탑승예정 항공사의 마일리지 카드를 확인하고 없는 경우 카드발급을 안내한다.
- 모든 여행객이 도착하였는지 여부를 명단을 통해 확인한다.
- 탁송할 수하물 숫자와 귀중품, 깨질 물건, 잠금장치 등을 확인한다.
- 귀중품 및 소형가방은 본인이 소지하도록 안내한다.
- Baggage Tag을 부착하고 고객 모두 앞에서 수하물의 전체 숫자를 재확인한다.
- 카트에 짐을 옮겨 싣는다.
- 세관에 신고할 물품이 있는지를 확인한다.
- 병무신고 대상자가 있는 경우 안내한다.
- 환전, 화장실 이용, 식당, 흡연실 등 공항시설 이용 등에 대해 안내한다.
- 다시 만날 시간을 알려주고 카트의 짐과 함께 항공사 카운터로 이동한다.

인천국제공항 청사 내부

셀프 체크인 키오스크

03. 체크 인

- 여권, 항공권, 수하물을 갖고 해당항공사 Group Check in Counter로 이동한다.
- 카운터 항공사 직원에게 방문지역, 항공편명, 단체인원, 수하물의 개수 등을 알리고 체크인을 요청한다.
- 개별수속을 원하는 경우 셀프체크인 및 셀프백드랍서비스를 안내한다.
  - 항공사별, 노선별 이용정책이 상이하므로 사전 확인 필요

1) Document Check

- 여권(사증 포함), e-Ticket 등 확인 후 항공사 직원에게 인계하고 좌석배정을 받는다.
- 고객들이 같은 구역에 좌석배정이 될 수 있도록 요청한다.

2) 좌석배정(Seat Assignment)의 방법

- 단체인 경우 몇 번부터 몇 번까지 끊어서 좌석배정을 하는데, 다음사항에 유의하여 각 개인의 자리를 배정한다.
  - 부부, 친구, 가족끼리는 나란히 앉을 수 있도록 한다.
  - 노인은 편안하게 쉴 수 있는 창 가까운 자리를 배정하도록 배려한다.
  - 장기간 여행일 경우에는 좌석 할당표를 보관하고 공평하게 처리한다.

3) 수하물의 체크

- 수하물의 총 개수와 Baggage Tag의 개수가 맞는지 재확인한다.
  (상황에 따라 승객의 본인 짐 여부를 확인할 수 있다.)
- 다음의 사항을 확인한다.
  - 파손될 물건이 있는지 확인한다.
  - 가방의 열쇠는 채워져 있는지 확인한다.
  - 현금, 귀금속, 귀중품이 들어 있는지 확인한다.
  - 고가품이 있는 경우 세관신고 대상인지 검토한다.
  - 같은 항공편에 한국여행 단체가 있을 경우, Tag의 색깔이 같을 수가 있으므로 여행사 자체의 Baggage Tag을 붙이거나, 별도의 리본들을 달아 자신의 단체임을 즉시 판단할 수 있도록 하는 것이 좋다.

5) Baggage Claim Tag 확인

Baggage Claim Tag의 매수, 행선지에 착오가 없는지 확인한다.(연결편을 통해서 체크했을 때는 연결편, 행선지에 대해서도 확인한다)

6) 항공사 직원으로부터 모든 관련서류를 돌려받는다.

- 여권, 항공권, Boarding Pass, Baggage Claim Tag 등의 숫자를 정확히 체크한다.

Tip | 탑승수속·수하물탁송

- 공항에 도착한 후 해당 항공사에서 운영하는 체크인카운터의 위치를 확인한다.
- 체크인카운터에서는 기내에 휴대하는 물품을 제외하고는 모두 위탁수하물로 처리하여야 하며, 기내에는 가로55cm, 세로40cm, 높이 20cm (3면 합이 115cm 이내), 무게 7kg~12Kg 이내의 물품에 대해서만 반입이 허용된다. 휴대물품 중 기내반입 시 여객의 생명과 안전에 위협이 될 수 있는 물품은 여객의 안전을 위해 절대 반입해서는 안 된다.
- 위탁수하물 중에 세관신고가 필요한 경우에는 세관신고대에서 신고하여야 하며, 대형수하물은 대형수하물 전용카운터에서 위탁·처리하여야 한다.

Tip | 세관신고

❙ 출국 시 외화신고

국민인 거주자가 일반해외여행경비로 미화 1만불을 초과하는 외화를 휴대 반출할 경우 세관 외환신고대에 신고하면 직접 가지고 출국할 수 있다.
다만 해외이주자, 해외체재자, 해외유학생 및 여행업자가 미화 1만불을 초과하는 해외여행경비를 휴대하여 출국하는 경우와 외국인거주자가 국내근로소득을 휴대하여 출국하고자 하는 경우에는 반드시 지정 거래 외국환은행장의 확인을 받아야 하며 일반 해외여행경비 이외의 물품거래대금의 지급, 자본거래대가의 지급 등은 각 거래에서 정하는 신고나 허가를 받아야 휴대 출국할 수 있다. (예 : 물품거래대가의 지급 : 한국은행총재에게 신고)
비거주자 등이 미화 1만불을 초과하는 외화를 휴대반출 경우, 한국은행 총재 또는 세관장의 허가를 받아야만 반출할 수 있다. 그러나 허가는 필요한 증빙자료를 제출받아 심사한 후 이루어지므로 몇 일이 소요될 수 있고 증빙자료가 없으면 허가를 받을 수 없으므로 출국일전에 미리 허가를 받아서 공항에 나오는 것이 필요하다.

❙ 휴대물품 반출신고

일시 출국하는 여객이나 승무원은 여행 시 사용하고 입국할 때 다시 가져올 귀중품 또는 고가품은 출국하기 전 세관에 신고한 후 “휴대물품반출신고(확인)서”를 받아야 입국시에 면세를 받을 수 있다.

❙ 휴대반입물품 재 반출 안내

일시 입국하는 여객 중고가·귀중품 등 휴대반입물품을 재 반출하는 경우 입국 시 세관에서 발급한 “재 반출조건 일시반입물품확인서”와 반입물품을 세관에 제시하여야 한다.
이때 신고한 물품을 가지고 출국하지 않는 경우, 출국수속이 지연될 수 있으니 반드시 휴대하여야 하며 물품을 분실하였거나 휴대하여 출국하지 않으면 해당 세금을 납부하거나 세액의 120/100에 해당하는 담보금을 예치해야 출국이 가능하다.

❙ 부가세·특소세 환급확인

외국인 여행객 면세 판매장에서 물품을 구입한 외국인 여객은 판매장에서 “외국인여행객 물품판매 확인서”를 교부받아 출국 시(3개월 이내) 물품과 함께 세관에 신고하여야 한다.

04. 출국장

1) 전반적 사항에 대한 설명

- 일정에 대한 개요설명과 자기소개
- 여권의 반환, 탑승권의 배부
- 필요서류의 설명과 작성(고가품 반출증 등)
- 목적지의 주류, 담배 등의 면세범위와 기타 주의사항에 대한 설명
- 여행지 현지정보에 대한 간단한 설명(기후, 치안, 복장, 쇼핑, 팁 등)
- 여행중 주의사항 설명(기내, 호텔, 시간엄수와 인솔자와의 연락방법 등)

2) 통관에서 탑승까지의 안내와 설명

- 검역(특정지역이 아닌 경우 통상 생략)
- 세관신고 - 신고물품 대상 소개
- 검색대 - 검색절차 소개
- 출입국관리 - 출국심사 절차
- 면세점 지역 - 면세점 이용요령, 시내/인터넷면세점에서 구입한 물품의 수령
- 탑승구(Boarding Gate) - 임의 변경 시에 대비하여 수시확인
- 경유지, 소요시간, 음료수 및 식사 등의 안내
- 탑승시간, 탑승게이트 번호의 주지 및 위치 강조 확인

05. 출국 및 탑승절차 - C.I.Q(Customs, Immigration. Quarantine)

1) 출국심사 업무

(1) 검역 및 출국장

- 인원파악 후 출국게이트로 이동한다.

■ 여권 및 항공권이 준비되어 있는지 재확인한다.

■ 국외여행인솔자가 선두에 서고 Sending Service하는 직원이 맨 뒤에 따른다.

(2) 세관신고

■ 고객의 휴대품 중 고가의 물품을 소지하고 있는 경우 신고하도록 안내한다.

■ 신고한 후 반출증을 발급받으며, 귀국까지 분실에 유의한다.

(3) 보안검색대 통과

■ 검색대 앞에 차례로 줄을 선다.

■ 소지품을 바구니에 꺼내놓고 가방 등도 검색대에 올려놓도록 한다.

■ X-Ray검사대를 통과하고 개인의 짐을 찾는다.

그림 8-4 I 보안검색 절차

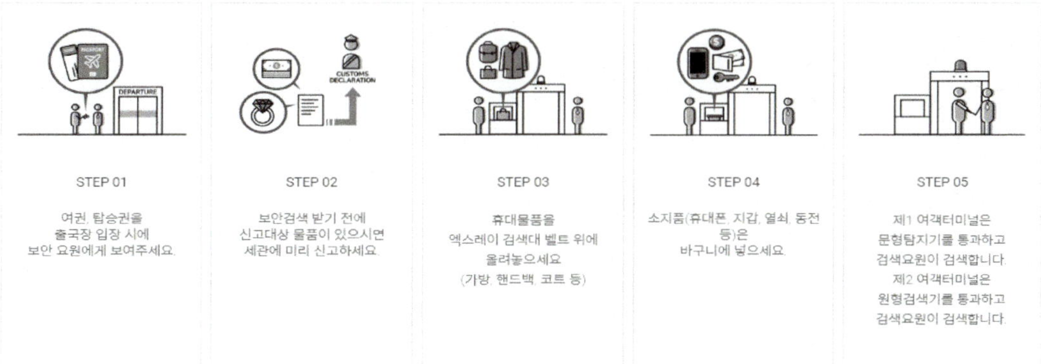

(4) 출국심사대

■ 내국인(Nation), 외국인(Foreign), 승무원(Crew)등의 심사대 위치를 확인한다.

■ 만 19세 이상의 내국인은 자동출국심사대를 이용한다.

■ 만 7세부터 만 18세 이하인 경우 사전등록 여부를 확인한다.

- 사전등록자 → 자동출국심사 / 미등록자 → 유인심사

■ 차례가 되면 각 심사절차에 따라 여권을 제시하고 대기한다.

■ 출국허가가 완료되면 여권을 돌려받고 연결된 면세구역으로 진입한다.

그림 8-5 | 출국심사 절차

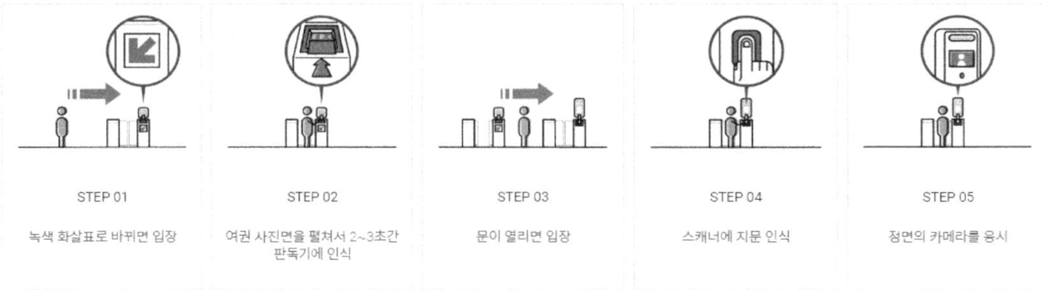

그림 8-6 | 유인출국심사 절차

2) 면세구역(Duty Free Zone) 업무

- 모든 고객이 이상 없이 출국심사를 마쳤는지 확인한다.
- 여권 등을 잘 소지토록 안내한다.
- 시내·인터넷면세점에서 물품을 구입한 고객이 있는지 확인한다.
  (있는 경우, 면세품 인도장 물품수령 안내)
- 면세점, 편의시설, 화장실, 흡연실의 위치를 확인하고 안내한다.
- 면세점 이용요령을 간단히 설명한다.(여권제시 및 반입한도 등)
- 전광판을 통해 Boarding Gate 및 Boarding Time을 재확인 한다.
  (간혹, Boarding Gate 또는 Boarding Time이 임의로 변경되는 경우가 있을 수 있음)
- Boarding Gate의 위치 및 예정 시간을 알리고 시간을 엄수할 것을 요청한다.

3) 탑승구(Boarding Gate) 업무

- 고객들과 만나기로 한 시간보다 일찍 해당 게이트에 가서 대기한다.
- 도착하는 고객의 인원파악을 한다.
- 시간이 되어도 도착하지 않는 고객이 있는 경우에는, 나머지 고객들을 대기토록 안내하고 이탈 고객을 찾도록 한다.
- 고객이 분산되지 않도록 하고, 탑승시간이 되거나, 탑승안내가 있으면 전원을 탑승구로 안내, 유도한다.
- 탑승게이트(Gate)에서 최종 인원파악을 한 후 탑승시키고 본인은 마지막에 게이트를 통과하여 고객 좌석배정을 확인한다.

Tip | 면세점 구입물품의 경우

공항 면세점 구입물품 또는 시내 면세점에서 구입 후 공항 면세점에서 전달받은 주류, 화장품 등의 액체류는 아래 조건을 모두 준수하는 경우 반입가능

- 면세점에서 제공하는 투명봉인봉투 또는 국제표준방식으로 제조된 훼손탐지가능봉투(STEB : Security Tamper Evident Bag)로 포장
- 면세품 구입당시 교부받은 영수증이 훼손탐지가능봉투 안에 동봉 또는 부착된 경우에 한하여 용량에 관계없이 반입가능
- 최종 목적지행 항공기 탑승 전까지 미개봉상태 유지

※ 해외공항 환승시, 보안규정이 상이하여 휴대한 액체류 물품에 대하여 포기/압수 절차를 따라야 할 경우가 발생할 수 있으니 해당국가의 환승객 보안규정에 대해 이용하시는 항공사 또는 여행사에 사전에 문의

면세점 구역

SECTION 04

기내 및 중간 기착지 업무

01. 기내업무

1) 항공기 이륙 전

- 고객의 착석여부를 확인한다. 국외여행인솔자는 본인의 좌석위치를 고객들에게 알려준다.
- 기내의 에티켓과 기내설비 사용방법에 대하여 필요 시 설명한다.
- 좌석교체를 원하는 경우 이륙 후에 좌석을 조정할 수 있도록 알리고 우선 본인의 지정좌석에 앉도록 조치한다.

대한항공 프레스티지 좌석

대한항공 기내식

2) 항공기 이륙 후

- 기내를 돌면서 고객들의 자리를 확인하고 도움을 줄 것이 없는지 확인한다.

- 식사제공 시 등 필요에 따라 언어지원 서비스를 한다.
- 목적지까지의 총 소요 시간이나, 남은 소요시간 등을 수시로 체크해 둔다.
- 입국할 국가의 E/D카드와 세관신고서 등을 승무원으로부터 받아서 작성한다.(국외여행인솔자가 Name List를 보며 일괄 작성 또는 개별 작성하도록 안내한다)
- 입국 시 외화 등의 신고를 필요로 할 경우는 리스트를 작성한다.
- 여권이나 Name List, 좌석배치 등을 통해 고객의 얼굴과 이름을 숙지하도록 한다.

Tip | 기내상식

- 항공기 이륙 전까지는 안전벨트를 맨 상태에서 좌석의 의자를 곧바로 세운다.
- 이륙 전까지는 화장실 이용 및 이동을 자제시킨다.
- 화장실 사용 후에는 다음 사람을 위해서 깨끗이 닦아놓는 에티켓이 필요하다.
- 화장실 이용(남녀공용) : Occupied - 사용 중, Vacant - 사용가능
- 전광판에 Fasten the Seat-blet 사인이 들어와 있을때는 이동을 자제시킨다.
- 기내서비스는 핸드타올 제공 → 음료 및 스넥 제공 → 기내식(음료 및 주류포함) 제공 등의 순으로 이루어진다.
- 음료나 주류 등은 추가로 제공된다.
- 이륙시와 식사시를 제외한 시간에는 좌석을 뒤로 하고 편하게 쉴 수 있다.
- 좌석 팔 받침대에는 기능버튼(좌석 각도조절 버튼, 독서 등, Call Button, 영화 및 음악채널, 이어폰 연결잭 등)이 있다.
- 필요한 고객을 위해 승무원에게 담요(Blanket)를 요청한다.
- 기내면세점 이용이 가능하다.
- 저비용항공사의 경우 유료로 진행되는 기내서비스가 있으니 유의한다.

3) 목적지 공항 도착 전

(1) 입국신고서(E/D Card, Immigration Card) 작성·확인

- 영문으로 작성한다.

\- 국가에 따라 차이가 있으나 보통 이름, 여권번호, 여권유효기간, 생년월일, 국적, 주소, 방문목적, 예정체류기간, 예정체제장소 등을 작성한다.

(2) 세관신고서(Customs Declaration Card) 작성·확인

- 영문으로 작성한다.
- 고객들의 소지품에 신고물품이 있는지, 없는지를 잘 확인한다.
- 국가에 따라 입국신고서나 세관신고서를 생략하는 나라도 있다.

(3) 작성된 입국신고서, 세관신고서를 고객들에게 나누어준다.

02. 경유지 업무

최종 여행 목적지까지 경유 또는 환승의 업무가 발생할 수 있다.

1) Transit(경유)

- 타고 왔던 비행기를 다시 타는 경우.

– 항공기가 최초 출발지를 출발하여 경유지에 착륙한다.
– 도중 기항지에서는 여권, 귀중품등은 반드시 휴대하도록 안내한다.
– 항공사 직원으로부터 Transit Card를 받는다.
– 고객들과 함께 Transit Area에 기다린다.
– 재 탑승 전까지 Transit Area 부근에서 자유시간을 제공하고, 면세점 쇼핑시 여권을 제시하도록 안내한다.
– 재 탑승시간과 게이트 번호를 엄수하도록 안내하고, 재 탑승할 때는 탑승에 착오가 없도록 유의한다.
– 재 탑승할 때 국외여행인솔자는 인원파악을 하고 맨 마지막에 탑승한다.

2) Transfer(환승)

- 타고 왔던 비행기가 아닌 다른 비행기로 갈아타는 경우.

- 휴대품 및 모든 수하물을 가지고 내려야 한다.
- Boarding을 받아야 할 경우, 고객들을 한곳으로 인도하여 해당 항공사의 연결편 (Connecting Flight) 카운터로 가서 수속을 한다.
- 수하물은 Through Check-In을 하였을 경우에도 짐의 숫자를 재확인한다.
- 해당 카운터에서 탑승권을 교부받아 고객에게 나누어 주고 탑승한다.
  (이때, 탑승시간 및 게이트번호를 확인한다)
- Through Boarding의 경우에는 연결 Boarding Gate를 확인하고 고객들과 함께 이동한다.
- Boarding Gate가 변경될 수 있다는 점에 유의한다.

SECTION 05 입국업무

국가와 공항에 따라 다를 수 있지만 대부분 다음과 같은 절차로 이루어진다.

01. 입국절차 흐름도

도착 → **검역** → **입국심사** → **수하물 수취** → **세관검사** → **환영홀**

도착
- 입국심사서류 준비
- 도착(Arrival) 또는 Immigration

검역
- 통상적으로 생략
  * 전염병 발생지역이나 의심지역 여행 후 돌아올 때 검역질문서 작성

입국심사
- 여권, 입국신고서(내국인 생략) 제시
- 입국심사

수하물 수취
- 수화물 도착안내
- 수취대 번호 확인
- 수하물 수취
- 이상 유무 확인

세관검사
- 세관신고 물품 없는 경우 녹색라인
- 세관신고 물품 있는 경우 레드라인에서 세관 심사

환영홀
- 단체명의 미팅보드를 들고 있는 가이드 확인
- 가이드 미팅
- 입국 완료

1) 입국수속

- 휴대품을 확인시키고 비행기에서 내린다.
- 'Arrival' 또는 'Baggage Claim' 표시를 보고 그 방향으로 고객들과 함께 이동한다.

(1) 검역(Quarantine)

- 일반 관광목적지의 경우 생략된다.
- 검역증명서가 필요한 경우 사전에 준비한 예방접종증명서를 제시한다.

(2) 입국심사(Immigrations, Passport Control)

- 검역을 통과하면 입국심사대에 이른다.
- 외국인 전용(Foreign) 심사대의 대기선 앞에 대기토록 안내한다.
  - 이때, 국외여행인솔자는 고객들의 입국심사에 도움을 줄 수 있는 위치에 서도록 한다.
- 여권과 입국신고서를 준비토록 안내한다.
- 입국이 허가되면 입국신고서를 회수하고 여권의 사증란에 입국허가 스탬프를 찍고, 여권을 되돌려 준다.
- 입국심사에 불편을 겪는 경우 국외여행인솔자는 자신이 인솔자임을 알리고 도움을 준다.
- 입국심사관의 질문은 보통 방문목적, 체재일수, 투숙호텔 등이다.
- 간혹, 귀국항공권의 제시를 요구하는 경우도 있으므로 대비한다.
- 먼저 심사를 끝낸 고객들은 Baggage Claim Area로 이동하도록 안내한다.

※ 단체비자로 입국하는 국가의 경우

- 단체전용심사대(Group Lane)로 통과한다.
- 단체비자 2장을 입국심사관에게 제시하면 1장은 회수하고 나머지 1장은 입국을 허가하는 도장을 찍어준다.(돌려받은 1장의 비자는 잘 보관한다)
- 비자번호 순서대로 고객들을 세운다.
- 순서대로 여권과 비자번호(영문명, 여권번호, 생년월일, 성별, 직업)를 확인하고 입국한다.

(3) 세관

① 수하물 찾기

- 전광판에서 비행기편명과 Baggage Claim이 몇 번인가를 확인한다.

- 비슷한 가방이 있을 수 있으니 Baggage Tag을 확인하는 것이 필요하다.
- 고객들의 짐을 모두 찾았는지 확인한다.
  - 고객의 수하물에 이상이 있는지 체크해 고객들의 확인을 구한다.
    - Lost Package가 있을 경우 : Lost & Found Office 또는 항공회사의 카운터나 Claim 체크카운터(분실한 화물의 짐표 준비)에 가서 수하물 사고보고서(Property Irregularity Report)를 작성하여 일부를 화물을 찾을 때까지 보관한다.
    - 파손의 경우 : 수리비 또는 동등한 옷 가방류 구입비, 배상방법 등을 항공사 직원에게 청구 협의한다.
- 국외여행인솔자가 앞장서 세관검사대로 이동한다.

② 세관검사대 통과

- 신고할 물품이 있는지, 없는지를 확인한다.
  - 많은 나라들이 자율적인 세관신고 제도를 채택하고 있다.
- 신고물품이 없을 경우 Green Lane으로 세관신고서를 제출한 후 통과하고 신고물품이 있을 경우 Red Lane을 통과하여 세관검사를 받는다.
- 세관통관에 문제가 있는 고객이 있을 경우에는 국외여행인솔자가 도움을 준다.
- 세관신고를 마치면 가이드 미팅장소로 이동한다.
- 통관 종료 후 가이드 미팅장소(Meeting Point)로 향한다.

2) 가이드 미팅

(1) Meeting

- 국외여행인솔자가 앞장서서 단체여행객 미팅장소(Group Meeting Point)로 이동한다.
  - 개인여행객(FIT) 미팅장소와 단체여행객 미팅장소(Group Meeting Point)가 다른 경우가 있다.
- 현지가이드나 현지여행사 담당자의 푯말을 찾고 상대방의 신분과 소속, 이름을 확인한다.(가이드, Meeting담당자)
- 담당 가이드를 만나 간단하게 인사를 나눈 후 간단한 행사확인(단체인원수, 호텔

등)을 한다.

- 화장실 이용, 환전 등 개인용무를 볼 시간을 갖고 이동할지 의견을 나눈다.

■ 다시 한 번 인원파악을 한 후 차량 대기 장소로 이동한다.

- 현지가이드를 앞장서게 하고 국외여행인솔자는 맨 뒤에서 이탈자가 없는지 확인하며 뒤따른다.
- 차량 대기 장소에 도착하여 승객들을 탑승하게 하고 짐의 개수를 확인하여 적재한다.

■ 모든 인원이 버스에 탑승한 것을 확인하고 버스에 올라 다시 한번 인원파악을 한다.

(2) 가이드와 만나지 못할 경우

■ 현지가이드나 현지여행사 담당자를 공항에서 만나지 못하는 경우

- 수배의 오류
- 교통 등의 문제로 가이드가 공항에 늦게 도착하는 경우
- 다른 공항에서 기다리는 경우(한 도시에 복수의 공항이 있을 경우)
- 다른 출구에서 기다리는 경우
- 항공편이나 도착시간의 착오
- 출발공항에서 항공기의 출발지연(Delay)으로 인한 경우

■ 상황에 따라 침착하게 대응한다.

- 고객들에게 양해를 구한 후 일정장소에서 기다리게 한다.
- 다른 장소에서 기다리는지 다시 한 번 미팅담당자를 찾아본다.
- 현지 사무실에 원인을 파악한다.
- 현지 같은 회사 소속직원, 또는 다른 현지직원으로부터 상황을 파악한다.
- 확인 결과, 오래 기다려야 하는 경우라고 판단되면 대체 교통수단을 이용하여 호텔이나 다음 목적지로 이동한다.

Tip | Through Guide에 관하여

Through Guide란 내국인 단체가 해외여행 시 여행 시작부터 끝날 때까지 고객과 함께 행동을 하고 현지에서 가이드(관광지 설명 및 안내)역할까지 업무를 수행하는 것이다. 즉, 국외여행인솔자 + 현지가이드 역할이라고 볼 수 있다. 일반적으로 일본지역, 유럽의 일부지역, 호주/뉴질랜드, 미서(동)부 코치투어, 캐나다 코치(항공)투어 상품 중 일부에서 적용하고 있다. 다시 말해서 현지행사 진행에 있어 Local Guide의 도움 없이 일정 진행을 국외여행인솔자 혼자서 진행하는 것이다. 이는 국외여행인솔자가 해당 국가의 사회, 역사, 문화, 경제, 관광지 등 다양한 현지정보를 숙지해야 하는 부담은 있지만 여행사 입장에서의 다음과 같은 장점을 가진다.

- 행사 시작부터 종료까지 고객의 집중 관리
- 인건비 감소로 지상경비지출 최소 및 수익 극대화
- 행사종료 후 업무보고 및 정산의 정확성

3) 공항에서 다음 목적지로 이동

(1) 버스탑승

- 차량의 대기 위치를 확인하고 단체를 그쪽으로 유도한다.
  (가이드가 앞에서 인솔하게 하고 국외여행인솔자는 맨 뒤에 따른다)
- 고객들의 버스 탑승 안내와 수하물이 빠짐없이 적재되는지를 확인한다.
- 수하물 적재에 이상이 없는지 주변을 재확인하고 버스에 탑승한다.
- 고객 전원이 탑승하였는지 인원파악을 한다.
  (앞에서 뒤로, 뒤에서 앞으로 되풀이해서 인원 체크)
- 현지가이드와 협의하여 버스를 출발시킨다.

(2) 버스 내

- 가이드가 가지고 나온 일정표와 한국에서 준비한 일정표의 차이점이 없는지 확인한다.
  - 내용상의 차이점이나 의문점이 있을 시 협의, 조정한다.
  - 현지 연락처(비상연락처, 가이드 및 현지 OP 연락처)를 확인한다.

- 인사말을 한다.
  - '수고하셨습니다', '장시간 비행기를 타고 오시느라고 피곤하시지요?' 등의 인사와 함께 목적지의 도착과 필요사항을 전달한다.
  - 단체(인센티브팀)의 대표가 있는 경우 대표가 인사말을 할 수 있도록 시간을 준다.
- 현지가이드를 소개한다.
  - 현지가이드의 이름을 미리 확인해 둔다.
  - 현지가이드의 소개와 중요성 안내한다.
- 현지가이드의 안내가 시작되면 국외여행인솔자는 좌석에 착석한다.(상황에 따라 맨 앞자리 또는 맨 뒤쪽에 앉는다)
- 가이드 멘트는 다음과 같은 사항을 고려하여 안내한다.
  - 자신의 이름 및 경력 등 신상에 대한 소개
  - 운전기사 소개
  - 도착 공항 : 공항 명, 개요 등
  - 시내 또는 투숙 호텔까지의 거리와 소요시간
  - 최근의 현지 기후와 복장에 대한 안내
  - 시차 및 현지시간 : 시차가 있는 경우 시차와 현지시각을 알리고 시계를 맞추도록 유도한다.(간혹 시계를 맞추지 않고 기억으로 환산하여 실수하는 경우가 종종 있다)
  - 해당 도시에서의 전체일정과 그날의 일정에 대한 간략한 안내
    (지도와 일정표를 보면서 설명한다)
  - 교통기관의 승차방법, 중심가의 위치 등
  - 현지통화와 환율(달러 대 환율, 원화 대 환율), 화폐단위, 환전방법 등
  - 팁 : 호텔, 레스토랑, 관광지 등에서 통용되는 팁에 대해 설명
  - 호텔명, 호텔의 위치 호텔 이용방법
  - 국제전화와 시내전화 이용방법(로밍 이용 방법)
  - 버스 이동 중 차창 밖으로 보이는 특정 광경(건물, 경치, 도로 등)
  - 여행 중 주의사항 : 치안, 위생, 종교, 관습 등
  - 국가 및 도시의 개요, 정치, 경제, 문화, 역사 등

SECTION 06

현지행사진행업무

01. 호텔 업무

1) 호텔 도착

- 투숙 호텔에 도착하면, 도착을 알리고 고객들이 짐을 챙길 수 있도록 안내한다.
- 고객들을 로비로 안내하여 기다리게 한다.
- 가이드와 함께 프론트 데스크로 이동한다.

2) 체크-인(Check-In)

- 호텔의 프론트(Front Desk, Registration Desk, Reception Desk, Reception)에 단체명(예약번호)과 루밍리스트(Rooming List)를 제시하고 객실 배정을 받는다.
- 계약 내용과 차이는 없는지 확인한다.
  - 객실의 수, 위치(신관, 구관), 형태(Twin Room, Double Room), 전망(바다 쪽, 정원 쪽), 숙박조건(Half Pension, Full Pension) 등
- 객실배정표와 객실 열쇠를 받고 루밍리스트(Rooming List)를 작성한다.
  - 루밍리스트 복사를 요청한다.
- 포터서비스가 있는 경우 루밍리스트를 포터에게 주고 화물의 수량을 확인한 후 짐을 방으로 올리도록 한다. 이때 짐 처리를 감독, 협조한다.
- 객실 열쇠와 루밍리스트를 나누어 주고 객실의 사용요령(문 여는 방법, 미니바, 에어컨,

전화, 욕실 사용 방법 등)과 룸 메이드에 대한 매너팁 등에 대한 간단한 안내를 한다.

- 국외여행인솔자의 객실 번호를 다시 주지시키고 필요시 연락하도록 안내한다.
- 다음날 모닝콜 시간, 아침식사 시간과 장소, 출발시간을 안내한다.
- 귀중품 보관함(Safety Box) 이용 시 열쇠(비밀번호) 보관을 철저히 한다.
- 필요에 따라 객실을 방문하여 객실 사용요령을 안내하고 건강 체크 및 불편사항이 있는지 확인한다.
- 호텔카드를 고객들에게 나누어주고 외출 시 소지토록 하며 호텔의 위치를 주지시킨다.

Tip | 루밍리스트와 객실 열쇠를 나누어주며

- 다음 일정을 위한 시간과 장소 안내(모닝콜, 식사, 호텔 출발시간 등)
- 시차가 있을 경우 시계를 현지시간으로 조정
- 현지통화로의 환전 안내 및 호텔시설에 대한 안내
- 국외여행인솔자의 Room Number 안내
- 귀중품 보관함(Safety Box)의 이용 필요성과 사용요령 안내
  (호텔 Check-Out시 물품을 꼭 찾도록 주지시킨다.)
- 객실 열쇠의 이용 설명(일반 Key와 Card Key, 자동 Lock 등)
- 객실사용 요령 안내(에어컨, 침대시트, 비데, 욕실커튼, 빨래줄, 미니바 등)
- 외출 시 주의사항 안내(치안, 호텔위치 등)

3) 식사

- 식사시간 전에 레스토랑에 도착하여 예약상태와 테이블, 메뉴 등을 확인한다.
- 식사는 뷔페식인지 세트메뉴인지 확인한다.
- 음료의 포함 여부를 확인한다.
  (개인 지불의 경우 사전에 웨이터에게 집계해 줄 것을 주지시킨다.)
- 국외여행인솔자의 좌석은 고객이 보일 수 있는 자리에 앉는다.
  - 가능하면 고객과 동석해서 이야기를 나누는 것도 좋다.
  - 현지 식사의 경우 메뉴 안내와 식사방법을 미리 숙지하여 안내한다.

4) 체크-아웃(Check-Out)

(1) 출발 전날 전달사항

- 일정 종료 후 호텔로 귀가하여 다음 날 아침 식사 장소와 시간을 확인한다. (이른 시간의 체크아웃일 경우, 식사 장소가 바뀌는 경우)
- 다음 날 모닝콜, 식사, 호텔 출발시간 등을 안내한다.
- 전날 저녁에 짐 정리를 하도록 안내한다.
- 객실에 남기는 물건이 없도록 주지시킨다.
- 귀중품 보관함에 귀중품을 맡긴 고객은 잊지 않도록 주지시킨다.

(2) 출발 당일

- 식사시간 전에 레스토랑에서 대기한다.
- 아침인사와 함께 인원파악을 한다.
- 식사를 미리 마치고 체크아웃 준비를 한다.
  - 객실 열쇠 반환과 개인적인 비용(미니바, 룸 서비스, 전화요금 등) 체크
  - 객실별로 개인적인 지불금을 체크하여 각자가 지불하도록 안내한다.
- 객실 열쇠의 반환과 귀중품 보관함에 맡겼던 물품을 찾도록 재확인한다.
- 예약된 전용버스를 확인한다.
- 고객과 함께 버스로 이동하여 각자의 수하물을 적재한 후 승차시킨다.
- 모든 고객이 승차하였는지 확인하고 간단한 아침인사를 하고 객실에 두고 온 물건이 없는지 재확인한다.
- 마이크를 가이드에게 인계하고 버스를 출발시킨다.

02. 투어진행업무

1) 시내관광

- 당일 일정을 고려한 복장을 착용하도록 한다.(예 : 사원 방문, 해양스포츠 등)

- 가이드와 일정 진행(관광, 식사 등)에 대해 협의하여 진행한다.
- 관광지 이동 시 가이드가 앞장서고 국외여행인솔자는 맨 뒤에서 이탈자가 없는지 확인하며 뒤따른다.
- 가이드의 관광지 설명은 모든 고객이 들릴 수 있도록 한다.
- 개인용무(화장실 등)가 있는 고객은 국외여행인솔자에게 알리고 가도록 한다.
- 장소 이동 시 인원파악을 철저히 한다.
- 일정 진행 시 집합장소 및 시간을 엄수하도록 주지시킨다.(관광, 식사, 쇼핑 등)
- 소지품 관리에 철저한 주의를 한다.(귀중품은 버스 내에 두지 않도록 한다)
- 국외여행인솔자도 관광코스, 하차지점 등을 숙지한 후에 고객에게 안내한다.
- 쇼핑 안내(주요 상점가의 개·폐점시간, 주요 토산품 및 유명한 점포 등)를 한다.
- 이용하고 있는 버스를 기억할 수 있도록 안내한다.
  - 버스의 형태, 색깔, 차량번호, 정차 위치, 기사의 얼굴 등
  - 많은 버스가 정차해 있는 장소의 경우는 잊지 말고 안내한다.

2) 버스여행

- 이동하는 구간의 거리, 소요시간을 파악해서 고객들에게 설명한다.
  - 도착시간은 혼잡 등으로 늦어질 수 있음을 안내한다.
- 이동 중 버스 내에서 일정 진행에 필요한 안내사항, 관광지 설명 등의 안내를 한다.
- 가이드의 설명에 고객들의 반응이 좋지 않을 시에는 가이드에게 조언을 하여 다른 분위기를 연출하도록 한다. 필요에 따라 국외여행인솔자가 멘트를 하도록 한다.
- 장거리 이동 시 적절한 화젯거리를 제공하는 것이 좋다.
  - 일반적인 여행환경, 여행문화 등에 대해 설명한다.
    (단체관광과 개인여행의 차이점, 서양과 동양문화의 차이점 등)
  - 고객의 자기소개, 간단한 게임 등을 진행한다.
  - 해당 지역과 관련 있는 음악, 영상물 등을 준비한다.
  - 휴게실은 약 2시간마다 들리는 것이 좋다.

3) 기차여행

- 기차역에 예정시간보다 일찍 도착하도록 한다.
- 중간역에서 승차하는 경우 정차시간이 짧기 때문에 신속히 탑승하도록 한다.
- 승·하차 전후 반드시 수하물의 이상유무를 확인한다.(분실률이 높으므로 주의)
- 도중역에서의 객차 간 분리 등이 많으므로 반드시 사전에 체크해야 한다.
- 식당차 이용의 경우 식당 책임자와 식사시간, 인원 등을 사전에 확인한다.
- 국경을 통과하는 경우 여권을 제시하고 환전 및 면세수속이 필요한 경우에 대비한다.
- 중간역에서 하차하는 경우 하차시간이 짧으므로 하차를 미리 준비한다.
- 일부 국가(유럽)에서는 발차를 알리는 벨이 울리지 않으므로 유의한다.

4) 유람선 여행

- 출국수속과 세관검사에 대비한다.(공항에서의 출입국과 같은 개념임)
- 승선 후 객실 배정 및 객실 이용방법 등을 설명한다.
- 선내 부대시설과 프로그램에 대해 안내한다.

  ※ 호텔 체크인, 체크아웃 방법을 활용하여 진행한다.

5) 자유일정 및 선택관광(Optional Tour)

- 자유일정 고객과 선택관광을 하는 고객을 미리 파악한다.
- 선택관광의 종류와 내용, 가격 등을 미리 조사하여 정확하고 상세하게 설명한다.
  (예상 질문에 대한 답변을 충분해 조사해 놓도록 한다)
- 선택관광의 참가 여부는 고객들의 의견에 맡기고 강요하지 않는다.
- 나이트 라이프(Night Life)에 관한 정보를 준비해 둔다.
- 자유일정 시 국외여행인솔자나 가이드의 소재를 명확히 해 놓는다.
- 자유일정 시 치안, 위생(먹거리), 쇼핑(환율) 등 주의사항에 대해 안내한다.
- 개별 외출 시 호텔카드 등을 휴대하여 호텔위치를 파악하도록 한다.
- 해당 지역의 관광안내서를 준비하도록 한다.(공항이나 호텔 등에서 입수)

6) 식사

단체 여행의 경우 조식은 호텔식, 중식·석식은 현지식, 한식, 중식, 일식 등의 정식으로 이루어지는 경우가 일반적이며 여행상품 구성 시 또는 단체 출발 전에 결정된다. 같은 음식이 반복되지 않도록 배려한다.

- 조식
  - 대부분 투숙 호텔의 레스토랑에서 하게 된다.
  - American Breakfast 또는 Continental Breakfast를 한다.
- 중식, 석식
  - 여행일정을 고려하여 현지식 또는 한식 등으로 이루어진다.
  - 식사시간은 가급적 여유있게 진행한다.
  - 식당에 따라 테이블에 매너팁을 제공하기도 한다.
  - 식사요금에 음료비용의 포함 여부를 확인하여 안내한다.
    일반적으로 생수 비용도 포함되어 있지 않으므로 확인하여 안내한다.
  - 국외여행인솔자 및 가이드의 테이블은 가급적 고객들의 좌석이 잘 보이는 쪽으로 한다.
  - 식사 중에도 서비스가 원만히 이루어지는지 신경을 쓴다.

7) 쇼핑

- 사전에 해당 지역의 특산물 등에 관한 정보를 수집해 둔다.
- 물품구입 후에는 영수증을 받고 금액을 확인하도록 안내한다.
  - 화폐단위의 차이 등으로 고객의 요청이 있을 경우 도움을 준다.
- 제품에 하자가 있을 경우 반품이 가능한지 확인한다.
- 시내 면세점에서 물품 구입 후 공항에서 수령하는 경우 영수증을 잘 보관하고 공항 면세물품 수령장소에서 물품을 수령하도록 안내한다.
- 수입이 금지된 물품은 구입하지 않도록 주의를 준다.
- 비행기 탑승 시 허용 중량과 입국 시 면세범위를 주지시킨다.

SECTION 07

귀국업무

01. 사전준비

- 공항까지의 거리와 소요시간을 확인한다.
- 출국에 필요한 서류(여권, 항공권, 출국신고서 등)를 확인한다.
- 고객들의 소지품 이상 유무를 확인한다.
- 개별 귀국자가 있는 경우 언제, 어디에서 단체와 이탈할지 확인한다.

02. 공항으로 이동

- 공항 도착까지 충분한 여유시간을 갖고 출발한다.
- 출국에 필요한 사항을 설명한다.
  - 여권, 항공권, 출국신고서 등을 준비한다.
  - 출국수속 및 절차에 대해 안내한다.
  - 세금환급 서류준비 및 절차에 대해 안내한다.
- 다음 관광목적지로 이동의 경우 해당 지역에 대한 안내를 한다.

03. 공항에서

- 공항에 도착하면 고객이 직접 본인의 수하물을 확인한 후 소지하도록 안내한다.
- 짐 확인 후 고객들과 해당 항공사의 수속 데스크로 이동한다.
  - 여권, 항공권과 수하물을 가지고 수속을 진행한다.
  - 개별 수속인 경우 셀프체크인 및 셀프백드랍서비스를 안내한다.
  - 항공사별, 노선별 이용정책이 상이하므로 사전에 확인하여 안내한다.
- 탑승시간과 탑승구(Boarding Gate)번호를 안내한다.
- C.I.Q에 절차에 대해 안내한다.
- 보세구역(Duty Free Zone) 이용에 대해 안내한다.
- 해당 탑승구에서 마지막 인원파악을 한 후 탑승 안내를 한다.
- 세관신고서 작성에 대해 안내한다.
  - 세관신고서는 고객이 직접 작성하는 것을 원칙으로 한다.
  - 작성방법 및 귀국 시 면세범위에 대해 안내한다.

04. 기내에서

- 지정된 좌석에 앉도록 안내한다.
- 간단한 기내 에티켓에 대해 안내한다.
- 도착 공항의 입국절차에 대해 안내한다.

05. 귀국 시

1) 인천국제공항 입국 여객 흐름도

도착	여객터미널 도착
검역(여행객)	건강상태질문서 제출 후 검역대 통과
입국심사	입국심사
짐찾기	수하물 수취대에서 수령
검역(동식물)	함께 입국한 동식물이 있는 경우
세관신고	세관신고서 작성 후 제출
입국	입국장으로 이동
귀가	교통수단 탑승위치 확인 후 탑승

2) 인천국제공항 입국 수속 절차

- 검역
  - 특별상황이나 특정지역 방문이 아닌 경우 통상적으로 생략된다.
  - 귀국 항공기 내에서 검역신고서를 나누어 주는 경우 작성하면 된다.
- 입국관리
  - 입국심사대 대기라인에 대기 → 입국심사대에 여권 제출 → 입국심사(자동/유인) → 해당 항공편 Baggage Claim앞 대기(전광판 확인) → 수하물 수취 → 귀국장 면세점 → 세관 신고 → 입국
- 수하물의 취급
  - 고객 본인의 탁송 수하물을 확인하고 찾아 세관신고대로 이동하도록 안내한다.
- 세관신고서를 제출하고 통과한다.
  - 세관통관은 고객 개인의 문제이므로 안내는 하되 개입은 피하는 것이 좋다. (면세범위 이상의 경우는 세금을 지불하여야 한다)

- 고객들에게 귀국 및 여행종료 인사를 한다.
  - 교통편이나 숙박, 이동방법 등에 대한 안내를 한다.

그림 8-7 | 검역 절차

1 도착	2 항공기검역	3 승객/승무원 검역	4 검역조치
· 항공기 도착	· 항공기 내 위생상태 조사 · 감염병 매개체 유무 조사 · 오수 적재 식품 검체 채취	· 발열감시 - 대상: 입국하는 모든 승객과 승무원 - 38℃ 이상 고열자 · 건강상태질문서 제출 - 대상: 검역감염병 발생국가에서 입국한 승객과 승무원 - 작성유의사항: 1인1매 개별 작성 및 본인인적사항 기재	· 역학조사 후 필요시 검체 채취 - 채변: 설사증상자 중 필요한 경우 - 인후도말 객담: 38℃ 이상 고열자 및 호흡기 증상자 중 필요한 경우 · 유증상자: 시/도 추적관리 · 의사환자: 중앙검역 의료지원센터 격리 · 검사결과 검역감염병 양성판정일 경우 - 환자: 국가지정입원치료병원 입원 - 해당 항공기 소독 명령 등

그림 8-8 | 세관신고 절차

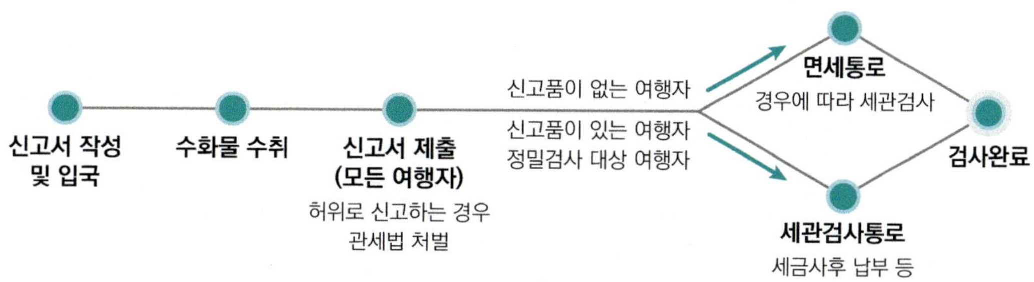

06. 귀국 후 업무

1) 행사보고 업무

- 입국 후 회사에 출근하여 행사보고서를 작성한다.

- 여행자의 불편사항과 해소사항에 대해 작성한다.
- 일정 및 호텔, 가이드 서비스 등에 대한 장·단점, 개선점 등을 작성한다.
- 일정 진행 중 사고 유무와 처리 과정을 정확하게 보고한다.
  (사고 발생 시점, 장소, 상황, 조치사항 등)

2) 정산 업무

■ 행사종료에 따른 행사정산서를 작성한다.

- 행사비, 예비비 등의 지출 내역을 작성한다.
- 행사 중 추가비용이 발생한 경우 사유와 비용, 지불관계(영수증 첨부)에 대해 작성한다.
- 선택관광 및 쇼핑 수수료 등 추가수익에 대해 작성한다.

3) 고객관리 업무

■ 전화나 이메일, SNS 등으로 고객관리를 한다.

■ 여행상품 후기를 확인하고 개선할 점이 있다면 개선방법을 찾는다.

CHAPTER 09

인바운드 업무

SECTION 01

인바운드여행의 개요

01. 인바운드여행의 개념

우리나라 인바운드 여행시장은 지리적·자연환경적 영향으로 순수관광 상품이 주를 이루었으나 K-POP, K-BEAUTY 등 세계시장에서 신한류가 다시 주목받음에 따라 최근에는 쇼핑이나 미용, 식도락 등 다양한 목적 상품이 출시되었다.

2018년 우리나라를 찾은 외국인 여행객은 약 1,535만 명으로 가까운 중국과 일본관광객들의 비중이 여전히 높지만 사드 갈등 이후 시장다변화에 노력한 결과 중화권 및 중동지역 등 전략시장의 성장이 뒷받침되고 있다. 이러한 양적 성장뿐만 아니라 외래관광객 재방문율 향상, 평균체제기간 증가, 지방방문비율 확대 등 질적인 지표 역시 개선되고 있다. 따라서 정부는 방한관광객 목표를 상향조정하고, 지역별 시장 개척활동과 언론인·여행업자 팸투어, 테마시장개발, 고급관광 육성 등 다양한 유치정책을 펼치고 있다.

인바운여행이란 종합여행업종을 취득한 여행사에서 '외국인을 대상으로 국내여행상품을 판매하여 유치한 후 여행일정을 진행하고 그 대가로 수익을 창출하는 업무'를 말한다. 통상 인바운드(Inbound Tour)라고 하며, 외화창출의 큰 역할을 한다.

02. 인바운드 여행업무의 개요

1) 인바운드 여행업무의 정의

인바운드 여행업무란 국내를 여행하는 외국인 여행객을 대상으로 여행관련 제반업무인 개인 및 단체의 여행을 수배·알선하고 관광지를 안내해 주는 대가로 일정의 수익을 창출하는 업무를 말한다. 여행사에서 외래여행 업무라 하기도 하며, 이를 담당하는 부서를 '외국인여행부' 또는 '국제관광부'라 칭했다. 현재는 인바운드부서로 운영 중이며, 몇몇 대형여행사들은 하나투어itc, 모두투어인터내셔널과 같이 법인을 분리하여 운영하고 있다.

2) 인바운드 여행의 특성

(1) 경영적 특성

외국인여행객을 국내에 유치하여 안내하고 그 대가로 일정의 수익을 창출하는 업무로서, 외국의 여행업을 대상으로 국내여행상품을 구성하여 판매한 후 외국의 여행업이 모집한 여행객이 국내를 여행할 수 있도록 국내지상을 수배하고 행사를 한다. 수많은 외국여행사가 국내 상품을 판매할 수 있도록 다양한 상품개발과 구성으로 재방문을 하도록 만족스런 상품을 개발하여야 한다.

첫째, 국내 인바운드업자는 여행상품구성능력과 판매의 역량에 대한 신뢰를 바탕으로 하여야 한다.

둘째, 외국여행업자는 국내의 많은 인바운드 여행사로부터 견적을 받아 보다 경쟁력이 있는 가격을 제시한 여행사에 자사의 단체를 판매할 수 있다.

셋째, 성수기나 주말과 같이 수요에 공급이 따라 가지 못할 경우 요구하는 상품을 어떻게 적절히 구성하여 신속하게 제공하느냐는 그 여행업 업무능력의 평가척도이다.

넷째, 신속하고 정확한 정보는 국내 패키지상품이나 주문여행상품의 구성에 필수적이며, 신속하게 상품구성으로 외국의 여행업체에 제공·제휴할 수 있는가는 중요한 문제이다.

(2) 정치·사회적 특성

① 국내의 정치와 국방치안에 민감하다.

② 외화획득률이 높아 국가경제의 안정에 공헌하고 있다.

③ 한국의 올바른 이미지를 인식시켜 국제지위를 향상시킨다.

④ 국제친선에 이바지한다.

⑤ 국위선양과 생활환경에 변화를 가져온다.

(3) 실무적 특성

① 패키지상품 또는 개인여행이 주종을 이루나 수익증대를 위한 상품개발과 선택관광 상품을 판매하기도 한다.

② 외국인 여행객의 만족은 관광통역안내사의 역할에 있다. 이는 회사 또는 국가를 대표한 안내업무 수행이 필수이다.

③ 상품판매를 위해서는 경쟁력 있는 수배업무가 중요하다.

SECTION 02

인바운드여행의 주요업무

01. 인바운드 부서별 주요 업무내용

1) 기획개발부

외국여행사의 여행상품 주문에 의한 상품개발 업무를 하며, 다양한 상품구성을 위한 계절별·자연조건별·연령별·취미별·테마별·레저형태별 등 새로운 여행상품 기획개발로 판매의 활성화를 꾀함과 동시에 기업의 수익을 극대화시킨다.

2) 판매부

외국여행사의 요청에 맞게 여행상품원가, 일정표 등 여행조건을 작성하여 여러 가지 통신수단을 통해 부단히 통고하여 상품을 판매한다. 또한 외국에 지점설립을 하여 외국소재 아웃바운드 여행사를 대상으로 지속적인 상품홍보 및 판매로 외래여행객 유치에 적극 노력을 한다.

3) 수배부

외국여행사가 의뢰한 여행의 조건인 숙박, 교통, 식사, 각종 관광지, 선택관광, 쇼핑 등의 예약 및 수배를 담당하며, 원활한 호텔 공급을 위하여 사전 시즌별 객실확보에 주력을 하여야 한다. 따라서 호텔 판촉부와의 긴밀한 협의가 필요하다.

4) 행사부

수배가 확정된 외국여행단체의 행사를 담당하는 부서로서 외래여행객이 입국시점부터 모든 일정을 마치고 자국으로 출국할 때까지의 모든 행사의 책임을 가지고 일정을 진행하는 부서이다.

5) 관리부

회사운영에 필요한 인사, 수입, 회계, 비품 관리 및 각 부서의 지원업무를 담당한다.

Tip | 우리나라 전국 관광통역안내소

문화체육관광부로부터 위탁을 받은 한국일반여행업협회에서는 전국 주요도시에 관광통역안내소 12개 소를 개설하여 내외국인 관광객들에게 관광편의 및 정보제공, 대규모 국제행사에 대비한 관광수용 태세를 완비함과 동시에 외국어 구사능력 고급인력의 취업 기회를 확대하는 목적으로 운영하고 있다.

| 관광통역안내소 및 운영시간

1	경복궁 안내소	하계 09:00 ~ 18:00 동계 09:00 ~ 17:00	서울시 종로구 사직로 161번지 경복궁	02-738-9171	영/일/중
2	명동 안내소	09:00 ~ 22:00	서울시 중구 명동길 43-1 외 1필지(명동 신한은행 옆)	02-774-3238	영/일/중
3	속초안내소	09:00 ~ 18:00	강원도 삼척시 중앙로 192 (고속버스터미널 앞	033-633-8692	영
4	삼척 안내소	09:00 ~ 18:00	경북 안동시 풍천면 하회리 290-1(하회마을 매표소 옆)	033-572-5745	영
5	안동하회마을 안내소	하계 09:00 ~ 18:00 동계 09:00 ~ 17:00	경북 안동시 풍천면 하회리 290-1(하회마을 매표소 옆)	054-852-3588	영/일
6	김해수로왕릉 안내소	09:00 ~ 18:00	경남 김해시 가락로 93번길 29 (김수로왕릉 정문앞)	055-323-8692	일
7	진주성 안내소	09:00 ~ 18:00	경남 진주시 남강로 626 (진주성 공북문 매표소 옆)	055-741-4095	영/일
8	대구역 안내소	09:00 ~ 18:00	대구시 중구 태평로 161 (대구역 광장 내)	053-660-1432	영
9	전주 덕진공원안내소	09:00 ~ 18:00	전북 전주시 덕진구 덕진동 2가 194-6 덕진공원 정문 옆	063-232-6293	영
10	광한루원안내소	09:00 ~ 18:00	전북 남원시 요천로 1447 (광한루원 정문 안)	063-632-1771	영/중
11	여수케이블카 안내소	09:00 ~ 18:00	전남 여수시 수정동 777-5번지 엠블호텔 진입로(주차타워 맞은편)	061-664-8978	영/중
12	목포자연사박물관 안내소	09:00 ~ 18:00	전남 목포시 남농로 149 (목포자연사박물관 앞)	061-273-0536	일

※ 출처 : 한국일반여행업협회, 2020.

02. 판매부서의 세부업무

1) 판매업무

(1) 자료수집

판매부서는 각종여행상품의 기획·제작·홍보·요금 책정은 보관된 자료에 근거하므로 최신자료의 수집과 보관은 대단히 중요하다.

(2) 일정표 작성

일정표는 여행상품의 원가계산과 여행조건서 등의 기초가 되므로 외국여행자, 여행업자의 의뢰사항을 최대한 반영하여 일정표를 작성하여야 한다. 또한 여행일정은 여행자의 기호와 특성을 충분히 고려하여 그들의 욕구를 충족시킬 수 있어야 한다.

(3) 원가계산

여행상품의 주요원가요소가 되는 운임, 지상경비, 기타경비 등을 바탕으로 한 원가계산을 한다. 원가계산은 여행인원수, 기간, 목적지, 교통기관, 여행시기, 내용, 목적 등에 따라 다르므로 여행상품가격설정 전에 면밀하게 해야 한다.

(4) 국외지사관리

국외지사에서는 주재국 국민의 국외여행 동향이나 여행동기 등을 시장조사를 통해 파악하고 이를 본사에 보고하여 새로운 상품개발을 촉진한다. 국외지사 근무자는 폭넓은 지식과 능력을 갖추어야 한다.

2) 판매업무의 처리과정

(1) 여행의뢰서 접수

여행의뢰서 접수는 외국여행업자로부터 여행을 의뢰받는 시점으로 단체명, 인원수, 출입국 항공편, 여행기간, 목적, 일정, 비용, 숙박시설 등 여행조건을 확인한다. 또한 여행의뢰와 동시에 접수번호를 부여한다.

(2) 수배의뢰와 확인서 접수

외국의 여행업자로부터 의뢰받은 조건에 따라 수배부서로 협조를 요청하는 대내업무와 의뢰서 작성시 객실 종류, 객실 수, 인원수 등을 정확히 기재하여야 하며, 특정 숙박시설 수배를 의뢰받았을 경우 별도의 표시로 외국여행업자의 요구 내용을 강조를 하여 이를 정확히 수배하여야 한다.

(3) 일정표 작성

일정표 작성은 아웃바운드 일정표와 동일하며, 여행목적, 여행경비 등 어느 것에 중점을 둘 것인가를 국외여행업자와 충분히 협의하여야 한다. 그리고 외국 여행자들에게 편리함과 유익함, 즐거움을 줄 수 있는 여행일정표를 보편 타당적인 일정표로 작성하여 충분히 설명할 수 있도록 작성한다.

(4) 여행경비산출

여행경비는 개인경비를 제외한 여행조건에 명시된 일정의 수행에 소요되는 지상경비를 말한다. 여행경비 산출의 근거는 일정표가 되며, 1인당 요금계산법과 전체인원요금계산법이 있다.

(5) 여행조건서 발송

국외여행업이 의뢰한 국내여행업의 최종확정통보 계약조건이 된다. 재조정 의뢰나 변경 요청시 여행조건을 다시 조정하여 여행계약을 하며 일정표를 첨부한다.

(6) 단체조건 확정 통보

외국인 단체 입국 전 거래관계의 내용을 종합한 문서로 통역안내원의 행사지시서 역할을 한다.(단체행사 취급의 지침)

(7) 안내보고서접수

단체 행사 완료시 통역안내원으로부터 안내에 대한 안내보고서를 접수하여 판매확정통보 내용과 행사진행과의 일치여부 확인 후 사후 조치를 한다.

(8) 정산서(Invoice)발송

여행경비가 후불일 경우 해당 정산서를 작성하여 국외여행업자에게 발송하고, 정산서 작성시 국외여행인솔자로부터 받은 Voucher나 후불확인서를 첨부하여 정산한다.

3) 원가구성 항목별 내역

<table>
<tr><th colspan="2">구 분</th><th>내 용</th></tr>
<tr><td rowspan="2">운임</td><td>항공운임</td><td>■ IATA에서 정하는 계산방법에 의해 산출
■ 계산방법과 규칙은 각 항공사 발행의 타리프(Tariff)를 참고
■ 단체항공요금은 목적지, 인원수, 좌석등급, 예약률 등의 조건에 따라 항공사와 협의 진행</td></tr>
<tr><td>선박운임</td><td>■ 세계 각국의 통일된 타리프(Tariff)가 없기 때문에 각 선박의 운임을 종합해서 계산
■ 등급별 예약과 등급별 운임으로 계산
■ 포괄여행으로 판매할 경우 항공사와 선박회사 상호간의 협정 여부조사 후 계산해야 함</td></tr>
<tr><td rowspan="7">지상경비</td><td>숙박비</td><td>■ 호텔의 위치, 등급, 시설, 객실 종류, 계절 등에 따라 달리 계산</td></tr>
<tr><td>식사비</td><td>■ 여행 중에 제공되는 식사수와 식사제공 장소에 따라 달리 계산
■ 기내식이 있을 경우 항공사의 시간표를 참고하여 계산</td></tr>
<tr><td>지상교통비</td><td>■ 기차, 버스, 선박, 택시, 렌트카 등 교통수단별로 계산</td></tr>
<tr><td>관광비</td><td>■ 교통수단, 입장료, 가이드 비용 등을 고려하여 계산</td></tr>
<tr><td>포트리지
(Potrage)</td><td>■ 공항, 선착장, 역에서 화물을 운반하는 포터에게 지불되는 비용</td></tr>
<tr><td>세금</td><td>■ 출국세, 공항세, 통행세 등의 각종 세금</td></tr>
<tr><td>팁(Tip)</td><td>■ 버스기사, 가이드, 호텔 직원에 대한 팁</td></tr>
</table>

4) 일정표 작성업무

(1) 기본적인 사항

■ 여행목적 : 특정한 장소, 특정한 목적지

■ 여행일수 : 일수에 제한이 있는 경우와 없는 경우

■ 여행비용 : 금액에 제한이 있는 경우와 없는 경우

(2) 일정표 작성방법

■ 목적지에 알맞은 경로와 여행지 순서를 정할 것

- 일정한 일수를 할당하여 숙박지를 정할 것
- 여행에 필요한 비용을 고려할 것
- 식사의 배분은 지방색이나 내용에 변화를 줄 것
- 고객의 희망을 적용함과 동시에 타사와의 경합을 고려할 것

(3) 일정표 작성시 유의사항

- 고객의 희망 출발시간과 도착시간 고려
- 고객의 희망 방문지, 기착지 고려
- 호텔, 숙박시설 등의 특별 희망지 고려
- 기상변화, 교통사정 고려
- 조기출발, 심야도착을 피할 것
- 장기여행시 최종일은 편안한 일정으로 할 것

5) 단체업무

(1) 단체업무의 주요내용

① 담당국가 혹은 지역의 당일 입국, 진행, 출국하는 단체의 예약, 수배사항 재확인

② 변경, 추가의뢰 사항의 처리

③ 외국인 여행자의 현지 불만 사항 처리

④ 관광통역안내사의 배정과 지휘·감독

(2) 단체업무의 진행과정

① 수배사항의 재확인

여행조건과 예약의 일치여부 확인하고 예약된 숙박시설, 식당 등의 도착예정시간, 안내원성명, 차량번호, 여행객수를 확인해야 한다.

② 준비물 점검

준비물 점검은 여권과 연락처가 기재된 여행객 명단, 일정표, 여행사 표식, 깃발, 행사보고서 등을 사전에 철저히 준비하여야 한다.

③ **행사집행**

일정표를 기준으로 외국 여행사의 국외여행인솔자와 협의하여 행사를 집행하며, 일정표 준수가 어려울 경우 국외여행인솔자와 협의하여 여행객의 불만을 최소화하는데 노력을 하여야 한다.

④ **국외여행인솔자와 관계**

행사진행에 따른 업무적 협의를 수시로 하여야 하며, 자사의 우호적 이미지 형성이 마케팅 기회로 활용될 수 있으며, 더 나아가 인간적 관계 형성으로 여행객 불만 사항 처리에 도움이 되는 것을 명심하여야 한다.

⑤ **정산**

단체 행사 후 단체 진행시 소요된 경비의 정산을 하여야 한다. 안내원의 행사 보고서 확인과 차액발생의 원인규명을 하고 행사의 마무리로 정산업무를 한다.

6) 수배업무

(1) 수배업무의 중요성

외국인 여행객의 요구사항을 예약, 수배함으로써 편의를 제공하고 여행업의 기본적 기능인 여행관련 시설의 예약, 수배사항을 통합하여 여행상품으로 조성을 해야 한다. 예약, 수배업무의 내용과 범위는 여행업의 규모, 기능, 조직에 따라 다르지만 여행업의 대외 신용도는 예약, 수배 능력에 달려 있다.

(2) 수배업무의 원칙

- 정확성 : 고객의 희망과 요구사항을 정확히 이해하여야 한다.
- 신속성 : 의뢰된 예약·수배사항에 대한 신속한 신뢰성을 증대시킨다.
- 간결성 : 수배사항의 기재는 간결, 명료하게 하여야 한다.
- 확인과 재확인 : 예약, 수배사항의 변경, 착오, 누락을 수시로 확인, 재확인해야 한다.

(3) 수배업무의 진행과정

① **수배의뢰서 접수**

판매부서로부터 의뢰받은 수배사항은 보류하지 말고 즉시 처리하는 것을 원칙으로 하며 접수 즉시 수배 순서를 정하여 예약업무에 착수한다. 또한 각종 통계자료를 작성, 대외 보고 자료를 준비한다.

② 예약업무 시작

수배의뢰서 내용을 충분히 이해하고 예약사항을 누락시키지 말아야 한다. 그리고 예약·수배 승낙 담당자의 인적사항을 기재하여 재확인시 참고 한다. 또한 요청한 예약·수배가 어려울 때 즉시 대안을 강구한다. 시간이 많이 소요될 때는 중간보고를 하여 신뢰감을 준다.

③ 수배확인서 통보

예약 확인 즉시 수배확인서를 작성하여 판매부서로 통보한 후 각 항목별(식사, 숙박, 기타)예약·수배사항을 정확히 기재한다. 부득이한 변경이 발생되면 즉시 판매부서와 협의한다.

④ 확인

확인과 재확인을 수시로 실시하여 고객에게 알리고, 이는 국외 여행업에 대한 공신력을 높이기 위해 꼭 필요하다. 일련의 확인 과정은 타사와의 경쟁 우위에 있기 위해 필요하다.

⑤ 단체조건 확정과 통보서접수

행사실시 전 판매부서로부터 단체조건에 대한 최종적인 확정서를 접수하여 조건서에 기재된 여행조건, 여행경비, 여행일정을 숙지한다.

⑥ 최종확인과 행사중 변경사항에 대한 준비

예약. 수배사항을 단체조건서와 비교하여 재확인하고 단체도착 후 갑작스런 예약, 수배 내용의 변경이 발생되면 즉시 처리할 수 있도록 대비한다.

7) 통역안내업무

(1) 관광통역안내사 개념

관광통역안내사는 관광진흥법 제38조에 따라 관광종사원의 자격을 취득하려는 자는 문화체육부장관이 실시하는 시험에 합격한 후 문화체육부장관에게 등록하여야 한다. 관광통역안내사들은 관광진흥법에 의하여 관광통역안내사의 자격을 취득한 자를 말한다. 관광통역안내사는 외국인 관광객의 국내 여행과 내국인 관광객의 국외 여행을 위한 안내 등의 업무를 수행한다.

관광도 하나의 산업으로서 국가경제에 미치는 영향이 크다고 판단되어 문화체육관광부에서 실시되는 통역분야의 유일한 국가공인자격증이다. 관광통역안내사는 관광통역안내원에서 2004년 명칭이 변경되었고 외국어시험(영어, 일본어, 중국어 등 12개국 외국어)이 공인어학성적증명서로 대체가능하며, 한국관광공사에서 한국산업인력공단으로 자격시험시행기관을 위탁하였다.

관광통역안내사의 수행직무는 국내를 여행하는 외국인에게 외국어를 사용하여 관광지 및 관광대상물을 설명하거나 여행을 안내하는 등 여행의 편의를 제공한다.

(2) 관광통역안내사 응시자격기준과 자세

관광통역안내사 응시자격기준은 학력, 연령, 경력, 국적 제한이 없으며, 관광진흥법 제38조에 따라 관광종사원의 자격을 취득하려는 자는 다음 시험방법 및 합격기준을 통하여 자격을 취득할 수 있다.

① 외국어 시험(공인외국어시험성적으로 대체, 서류 접수기간내 원본 제출)

〈영어 기준점수〉

시험명	TOEIC	TEPS		TOEFL		G-TELP (Level 2)	FLEX	PELT (main)
		구	신	CBT	IBT			
기준점수	760점 이상	677점 이상	372점 이상	217점 이상	81점 이상	74점 이상	776점 이상	345점 이상

〈일본어 기준점수 및 급수〉

시험명	JPT	일검 (NIKKEN)	FLEX	JLPT
기준점수	740점 이상	750점 이상	776점 이상	N1 이상

〈중국어 기준점수 및 급수〉

시험명	HSK	FLEX	BCT(B)		CPT	TOP
			듣기/읽기	+쓰기		
기준점수	5급 이상	776점 이상	601점 이상	181점 이상	750점 이상	5급(유리) 이상

〈다른 외국어 기준점수 및 급수〉

시험명	불 어		독 일 어		스 페 인 어		러 시 아 어		이탈리아어		태국어,베트남어,말레이-인도네시아어, 아랍어
	FLEX	DELF	FLEX	독일어능력검정시험	FLEX	DELE	FLEX	TORFL	CILS	CELI	FLEX
기준점수	776점 이상	DELF B2이상	776점 이상	Goethe-Zertifikat B1(ZD) 이상	776점 이상	B2 이상	776점 이상	1단계 이상	Livello Due-B 2이상	CELI 3이상	600점이상

② 필기시험(과목당 25문)

- 국사(40%), 관광자원해설(20%), 관광법규(20%), 관광학개론(20%)
  (합격기준 매과목 4할 이상, 전 과목 점수가 배점비율로 환산하여 6할 이상)

③ 면접시험(필기시험 및 외국어시험 합격자에 한함)

- 국가관, 사명감 등 정신자세
- 전문지식과 응용능력
- 예의, 품행 및 성실성
- 의사발표의 정확성과 논리성

(합격기준은 위 평가사항을 해당언어로 시행하며, 총점의 6할 이상)

④ 시험(과목) 면제

- ○ 「고등교육법」에 따른 전문대학 이상의 학교 또는 다른 법령에서 이와 동등 이상의 학력이 인정되는 교육기관에서 해당 외국어를 3년 이상 계속하여 강의한 자에 대하여 해당 외국어시험을 면제
- ○ 4년 이상 해당 언어권의 외국에서 근무하거나 유학을 한 경력이 있는 자 및 「초·중등교육법」에 따른 중·고등학교 또는 고등기술학교에서 해당 외국어를 5년 이상 계속하여 강의한 자에 대하여 해당 외국어 시험을 면제
- ○ 「고등교육법」에 따른 전문대학 이상의 학교에서 관광분야를 전공하고 졸업한 자(졸업예정자 및 관광분야 과목을 이수하여 다른 법령에서 이와 동등한 학력을 취득한 자를 포함한다)에 대하여 필기시험 중 관광법규 및 관광학개론 과목을 면제
- ○ 한국관광통역안내사협회에서 실시하는 60시간 이상의 실무교육과정을 이수한 경우 필기시험 중 관광법규 및 관광학개론 과목을 면제
- ○ 관광통역안내사 자격증을 소지한 자가 다른 외국어를 사용하여 관광안내를 하기 위하여 시험에 응시하는 경우 필기시험을 면제

⑤ 기본자세

관광통역안내사는 한 기업을 대표하는 국외여행인솔자와는 달리 한 국가를 대표하는 자격으로 항상 성실과 진실된 마음으로 고객과 상호 신뢰관계 구축하여야 하며, 고객들에게 휴식과 즐거움을 주기위해 친절하고 즐거움을 줄 수 있는 태도를 생활화해야 한다. 또한 단정한 복장과 몸가짐을 단정히 하여 고객들에게 밝고 깨끗한 이미지를 심어주어야 하며, 무엇보다 자국의 다양한 문화·사회·정치·경제·환경·산업적 자원에 대한 정보를 정확히 전달하여 한국의 새로운 이미지를 심어주어야 한다.

(3) 통역안내 주요업무

① 주요업무

- 한국의 역사, 문화, 문화재 안내
- 여행객 안내(숙박, 교통, 위기대처 대응)
- 통역업무 수행(현지인 수준의 상급회화)

- 산업현황 소개(해외시찰단, 산업시찰단, 해외바이어, 국내바이어 해외 출장, 국제회의, 전시회의 등 안내 업무)

② 안내 시 유의사항

민족적 자부심과 긍지를 가지고 국가의 위신이나 이익에 손상되는 행위를 하지 말아야 한다. 여행목적, 계약내용, 출입국수속, 숙박조건 등에 대한 충분한 지식을 가지고 우리나라의 역사, 문화에 대한 지식은 물론 상대국의 정치, 경제, 사회, 문화에 대해 연구하여 특별히 주의해야 될 사항을 기록해 둔다. 또한 여행자 개개인의 명예를 최대한 존중하며, 재해 및 불의의 사고에 대처할 수 있는 기초지식 겸비하여야 한다.

(4) 통역안내 업무과정

① 사전준비

행사 File을 검토하여 여행계약, 내용 등을 숙지하기 위하여 예약, 수배사항점검하고, 행사지시서, 객실배정표, 여행자용 여행일정표, 깃발, 스티커, 이름표 등을 준비한다. 요금지불 방법과 Optional Tour 요금 등을 숙지한다.

② 여행자 입국 안내

국외여행인솔자와 여행자를 만나 인사한 후 명단과 여행객의 짐을 확인한다. 차량으로 이동하여 여행일정 및 여행 중 유의사항에 대해 충분히 설명한다.

③ 호텔투숙안내

국외여행인솔자와 협의하여 객실 배정표를 작성한 후 호텔의 특징, 부대시설 이용 방법을 설명한다. 또한 외출 여행객을 위한 호텔 네임카드를 배포한다.

④ 여행안내

여행자의 성명, 직업, 취미, 성격 등 여행자 특성을 파악하고 풍부한 자료와 지식을 활용한 체계적인 안내를 한다. 고객들에게 공평하고 공정하게 대우한다.

⑤ 정산 및 안내 보고서 작성

최후에 결정된 여행조건서와 대비하면서 정산하는 것을 원칙으로 하며, 행사를 통한 수익 사항을 점검하고 개선사항을 점검한다. 최종 안내보고서를 작성하여 보고한다.

03. 인바운드 여행상품 기획업무

1) 여행상품기획 분류

상품기획업무는 회사의 사업목표 및 사업계획의 작성, 국내관광 상품개발, 각종 통계 및 정보유지, 광고 및 안내책자 발간 등의 업무를 말한다. 따라서 여행상품을 개발할 때에는 계절·교통·여행목적 등을 고려하여 여행자의 기호 변화에 알맞게 기획해야 한다.

기획업무는 여행상품기획, 통계자료분석, 시장조사, 마케팅계획, 직원교육 등을 포함한다. 일반적으로 인바운드 여행상품은 카운터판매와 판매원에 의한 판매로 이루어지며, 홈페이지나 어플리케이션 등의 온라인 판매도 늘어나는 추세이다.

(1) 모집여행기획

여행업이 사전에 여행관련요소를 대량으로 구입한 후 기획·생산하여 불특정다수의 잠재 여행자들에게 판매하는 것으로 여행상품의 생산에 앞서 잠재고객에 대한 시장조사와 이용고객에 대한 시장조사가 필수적으로 이루어져야 한다. 특히 계절별·자연조건별·연령별·취미별 등으로 여행자들의 기호에 맞게 기획되어야 한다.

(2) 주문여행상품

주문여행상품은 여행자로부터 의뢰를 받아 여행자가 희망하는 여행조건에 따라 기획·생산하는 것으로 고객의 주문에 따라 여행목적, 여행기간, 여행경비 등이 달라진다. 주로 인적판매가 주류였으나 우리나라가 매력적인 MICE개최지로 주목받음에 따라 체질이 개선되고 있다.

2) 인바운드 여행업의 기회요인과 위협요인

(1) 기회요인

정부와 업체의 인바운드 유치환경의 개선의 노력이 확연해지고 있으며, 한국을 중간 경유지로 아시아지역 항공요지(hub)로서의 가능성을 높이고 있다. 또한 중국과 일본시장에 의존하는 환경에서 벗어나 중화권, 동남아, 아랍권을 전략적으로 개발함에 따라 체질이 개선되고 있다. 평창동계올림픽 성공개최와 남북정상회담으로 인한 남북 긴장도 완화 뿐만 아니라 K-POP, K-BEAUTY 등 신한류가 세계적으로 주목받음에 따라 우리나라 이미지 제고가 기회의 요인이 되고 있다.

(2) 위협요인

우리나라의 위협이 될 수 있는 요인은 인바운드 유치를 위한 관광인프라의 전반적인 부족 및 일본시장 의존도가 매우 높다. 또한 업체간 과당경쟁과 덤핑 및 일본 여행업체와의 일방적인 관계로 수익 저하현상이 두드러지게 나타나고 있다. 또한 한국의 관광홍보 부족과 NTO의 비효율적 홍보도 문제점이자 위협요인이 된다.

APPENDIX 01

여행업 관련기구

SECTION

01 국내기구

01. 문화체육관광부 (www.mct.go.kr)

1) 관광행정 연혁

우리나라의 관광행정은 1954년 2월 17일 교통부 육운국에 관광과를 설치함으로써 국가차원에서 관광에 관한 업무를 시작하였고, 1963년 3월 11일 관광공로국에서 관광국이 분리되었으며, 1994년 12월 23일 정부조직 개편에 따라 관광국의 기능이 문화체육부로 이관되었다.

1998년 2월 28일에는 정부조직 개편으로 문화관광부로 개칭, 관광이 정부부처 명칭에 처음으로 들어가게 되었고, 2005년 3월 31일에는 관광레저형 기업도시추진기획단 직제를 신설하였으며, 2008년 2월29일자로 문화관광부에서 문화체육관광부로 직제가 개정되었다.

2) 조직과 인원

문화체육관광부 관광정책국은 관광진흥장기발전계획 및 연차별계획의 수립, 관광관련 법규의 연구 및 정비, 지역관광 콘텐츠 육성 및 활성화, 국제관광분야 정책 개발 및 중장기 계획 수립, 관광불편해소 및 안내체계 확충, 관광산업정책 수립 및 시행, 관광전문인력양성 및 취업지원, 국제회의 관련 외래관광객 유치 및 지원, 음식관광 활성화 및 서비스 개선, 관광개발기본계획 수립 등을 추진하고 있다. 관광정책과, 국내관광진흥과, 국제관광과 등 7개과와 관광산업정책관을 두고 있다.

▌관광정책국 조직도(2020년 1월 기준)

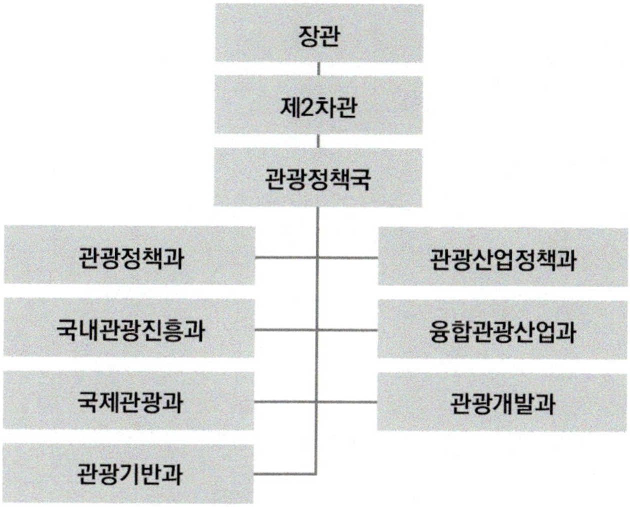

3) 주요 업무

(1) 관광정책과

- 관광진흥장기발전계획 및 연차별계획의 수립
- 관광관련법규의 연구 및 정비
- 관광진흥개발기금의 조성 및 운용
- 남북관광교류·협력의 증진에 관한 사항
- 관광종사원의 교육 및 훈련에 관한 사항
- 관광학술 및 연구단체의 육성
- 관광연차보고, 그 밖에 통계의 종합에 관한 사항
- 한국관광공사 및 한국관광협회중앙회와 관련된 업무
- 관광산업의 정보화 촉진에 관한 사항
- 관광복지 증진에 관한 사항
- 관광에 대한 인식의 개선 및 건전관광의 홍보에 관한 사항
- 국민의 국내여행 촉진에 관한 사항
- 그 밖에 국내 다른 과의 주관에 속하지 아니하는 사항

(2) 국내관광진흥과

- 지역관광 콘텐츠 육성 및 활성화에 관한 사항
- 문화·예술·민속·레저·자연·생태 등 관광자원의 관광상품화에 관한 사항
- 템플스테이 등 전통문화체험 및 지역전통문화 관광자원화에 관한 사항
- 산업시설 등의 관광자원화 및 도시 내 관광자원 개발 등에 관한 사항
- 문화관광축제의 조사·개발 및 육성에 관한 사항
- 걷기여행길 관리·활성화에 관한 사항
- 지방자치단체 시티투어 홍보 및 마케팅에 관한 사항

(3) 국제관광과

- 국제관광분야 정책 개발 및 중장기 계획 수립
- 정부 간 관광교류 및 외래관광객 유치에 관한 사항
- 한국관광의 해외광고 업무
- 관광 분야 국제협력에 관한 사항
- 관광 분야 공적개발원조(ODA) 사업
- 중국 전담여행사 관리·감독 및 활성화에 관한 사항
- 한국문화관광대전의 기획 및 실행

(4) 관광기반과

- 관광불편해소 및 안내체계 확충에 관한 사항
- 관광교통 통합 안내체계 구축에 대한 업무
- 국민의 해외여행 편익 증진에 관한 사항
- 관광특구 관련 업무
- 여행업에 관한 사항
- 관광분야 인증제 통합에 관한 사항
- 한국관광 온라인사이트 및 홍보물 제작에 관한 사항

(5) 관광산업정책과

- 관광산업정책 수립 및 시행
- 관광전문인력양성 및 취업지원에 관한 사항

- 관광종사원의 교육, 관광자격제도 운영 및 개선에 관한 사항
- 호텔업 육성지원 및 중저가관광호텔 체인화 관련 업무
- 휴양콘도미니엄업 육성·지원에 관한 업무
- 공유숙박 등 신규 관광숙박정책에 관한 사항
- 야영장 육성지원, 국민여가캠핑장 조성 및 친환경 캠핑문화 활성화에 관한 업무

(6) 융합관광산업과

- 국제회의 관련 외래관광객 유치 및 지원에 관한 사항
- 국제회의·인센티브관광·컨벤션·전시·이벤트(MICE) 등 분야의 기반 조성 업무
- 음식관광 활성화 및 서비스 개선에 관한 사항
- 의료·웰니스 관광 육성 및 지원에 관한 사항
- 한류관광·공연관광·스포츠관광 정책 수립 및 상품개발에 관한 사항
- 전통시장 관광활성화에 관한 사항
- 관광유람선업(일반관광유람선업 및 크루즈업을 말한다) 육성 및 지원에 관한 사항
- 카지노산업 육성 및 정책 수립
- 카지노 복합리조트 설립 및 관리 업무
- 카지노업 허가 및 관리·감독에 관한 사항

(7) 관광개발과

- 관광개발기본계획 수립
- 권역별 관광개발계획 검토·조정
- 관광지·관광단지의 개발
- 문화·예술·민속·레저·자연·생태·폐광·유휴자원 등 지역관광자원 개발 및 지원
- 광역관광자원개발 계획 수립 및 지원에 관한 사항
- 관광자원개발 평가 및 통합정보시스템 구축·운영, 지역관광발전지수
- 관광개발관련 관계부처·지방자치단체와의 협력 및 조정
- 지속가능한 관광자원개발
- 관광레저형 기업도시 개발
- 국내외 관광 투자유치 촉진 및 지방자치단체의 관광 투자유치 지원

02. 한국관광공사 (www.visitkorea.or.kr)

1) 연혁

한국관광공사(KTO : Korea Tourism Organization)는 21세기 관광대국을 실현해 나가는 정부투자 관광진흥 전문기관으로 우리 문화의 우수성을 세계에 알리고, 새로운 관광한국의 비전을 제시하는 업무를 관장하고 있다. 1962년 6월 26일 한국관광공사법에 의해 설립된 한국관광공사는 국가관광기구의 역할로서 국가 경제발전과 국민복지증진 기여를 목적으로 설립되었다.

2) 조직과 인원(2020년 1월 기준)

▎한국관광공사 조직도

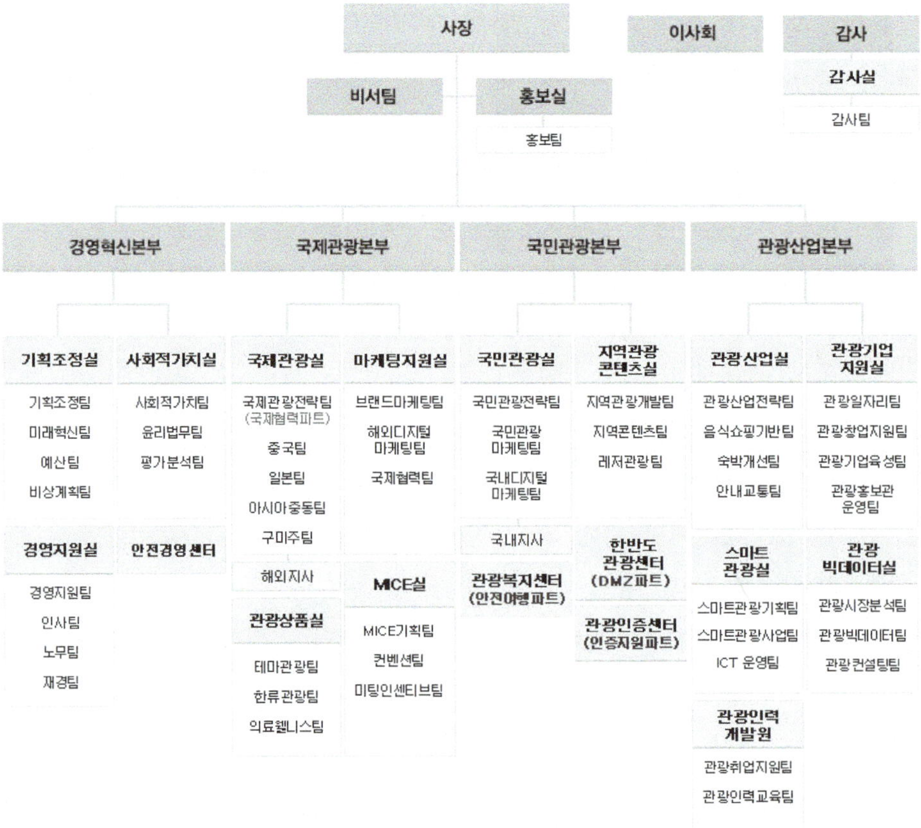

3) 주요사업

한국관광공사의 주요사업은 국제관광진흥사업, 국민관광진흥사업, 관광자원개발사업, 관광산업의 연구·개발사업, 관광관련 전문인력 양성과 훈련사업, 관광사업 발전을 위한 부대사업을 수행하고 있다. 또한 주요 사업영역은 다음과 같다.

- 해외시장 개척
- 국제회의 유치
- 국제협력
- 국제관광 이벤트마케팅
- 관광안내정보서비스
- 지자체 유관기관 협력
- 국내관광수용태세 개선
- 국내관광진흥
- 남북관광교류
- 관광자원개발
- 재원조달

03. 한국문화관광연구원 (www.kcti.re.kr)

1) 연혁

한국문화관광연구원은 21세기 문화의 시대를 맞아 문화 환경변화에 적극 대처하여, 문화예술과 문화산업 및 관광분야의 국책연구를 중심으로 유기적 연계를 통해 연구의 시너지 효과를 높이고 이 분야의 발전을 체계적으로 뒷받침하기 위하여 종전 문화관광부 산하 두 연구기관인 한국문화정책개발원과 한국관광연구원이 2002년 12월 4일 통합하면서 (재)한국문화관광정책연구원을 개원하였다가 2007년 2월 2일 (재)한국문화관광연구원으로 명칭을 변경하였다.

2) 조직구성과 수행업무

한국문화관광정책연구원은 1원장, 이사회 및 감사(비상임), 6실(연구기획조정실, 문화예술연구실, 문화산업연구실, 관광정책연구실, 관광산업연구실, 행정실)로 구성되어 있고, 각 부서의 연구원들은 기본연구, 특별연구, 수탁연구과제를 수행하고 있다.

수행업무는 문화·관광발전을 위한 정책개발 연구, 문화산업·관광산업·관광자원 육성개발을 위한 조사·연구, 문화·관광 관련 연구용역의 수탁 및 위탁 등이다.

04. 한국관광협회중앙회 (www.ekta.kr)

한국관광협회중앙회(KTA : Korea Tourist Association)는 1963년 3월 11일 관광사업진흥법 제31조에 의거 특수법인 대한관광협회 설립 이후 1999년 3월 22일 관광진흥법 제42조에 의거 한국관광협회중앙회로 개편, 우리나라 관광업계를 대표하여 업계 전반의 의견을 종합 조정하고, 국내·외 관련기관과 상호 협조함으로써 산업의 진흥과 회원의 권익 및 복리진증에 이바지함을 목적으로 하고 있다.

1) 주요 사업내용

한국관광협회 중앙회는 여행업, 호텔업 등 업종별협회와 지역별협회 대표하는 곳이다. 주요사업은 한국관광명품점, 관광공제회, 내나라여행박람회, 관광안내 인력교육, 관광진흥기금 융자선정, 통계조사 연구 등이다.

2) 조직 및 기구

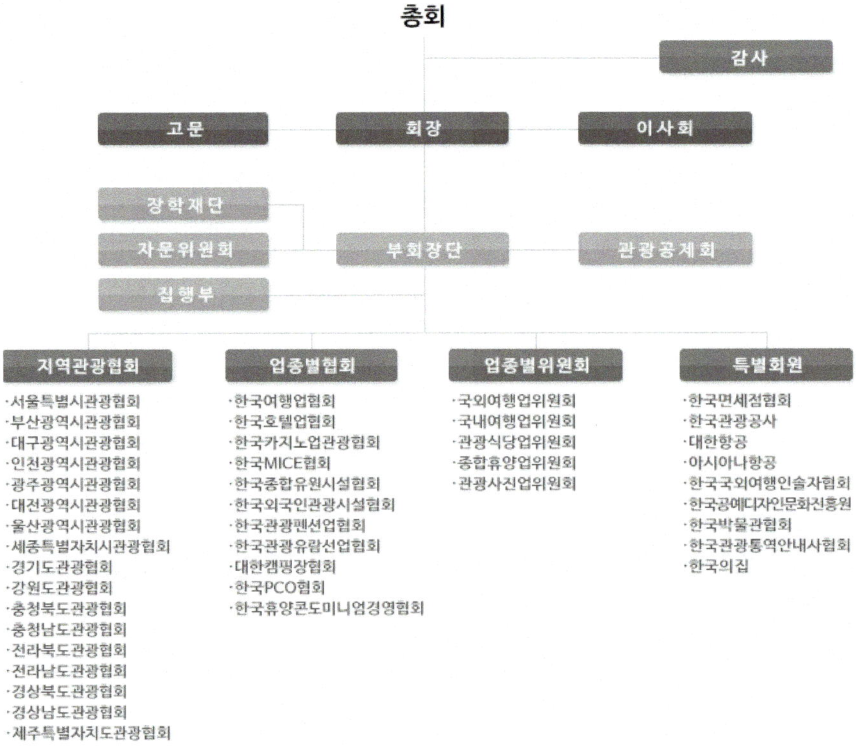

05. 한국여행업협회 (www.kata.or.kr)

한국여행업협회(KATA : Korea Association of Travel Agent)는 내외국인 여행자에 대한 여행업무의 개선 및 서비스의 향상을 도모하고 회원 상호간의 연대, 협조를 공고히 하며 활발한 조사, 연구, 홍보활동을 전개함으로써 여행업의 건전한 발전과 회원의 권익을 증진보호 함을 목적으로 설립되었다. 1991년 12월 21일 관광진흥법 제 46조와 교통부령 제 437호의 규정에 의하여 설립되었으며, 여행업의 권익을 보호하기 위한 단체이다.

1) 설립목적

- 여행업무의 개선 및 서비스향상 도모
- 관광사업의 건전한 발전과 회원 및 여행종사원의 권익증진을 위한 사업
- 여행업무에 필요한 조사, 연구, 홍보활동 및 통계업무
- 여행자 및 여행업체로부터 회원이 취급한 여행업무에 대한 진정 처리
- 여행업무 종사자에 대한 지도 및 연수
- 여행업무의 적정한 운영을 위한 지도

2) 주요 사업내용

- 관광사업의 건전한 발전과 회원 및 여행종사원의 권익증진을 위한 사업
- 여행업무에 필요한 조사, 연구, 홍보활동 및 통계업무
- 여행자 및 여행업체로부터 회원이 취급한 여행업무에 대한 진정 처리
- 여행업무 종사자에 대한 지도 및 연수
- 여행업무의 적정한 운영을 위한 지도
- 여행업에 관한 정보의 수집, 제공
- 관광사업에 관한 국내외 단체등과의 연계협조
- 관련기관에 대한 건의 및 의견 전달

- 정부 또는 지방자치단체로부터의 수탁업무
- 장학사업 업무
- 관광진흥을 위한 국제관광기구의 참여 등 대외활동
- 관광통역안내소 운영사업
- 공제운영사업

SECTION 02 국제기구

01. 세계관광기구 (www.unwto.org)

제2차 세계대전이후 평화가 정착되어지면서 국제관광사업은 급격한 발전을 가져오기 시작하여 새로운 국제관광기구의 탄생이 요청되었다. 이에 따라 1946년 런던에서 유럽 주요국의 관광국 대표로 구성된 회의가 개최되어 1947년 10월 국제 관광기구연맹(IUOTO : International Union of Tourist Organization)이 정식 발족하게 되었다. 그 후 강력한 기관으로 발돋움하기 위해 1967년 도쿄에서 개최된 제 20회 총회에서 명칭을 '세계관광기구'로 개명하기로 결의하였으며, 1970년 멕시코의 임시총회에서 현재의 비정부간 기관인 IUOTO를 세계관광기구(World Tourism Organization)라는 정부기관으로 발족시키는 규약이 채택되었다. 그리하여 IOUTO는 새로운 관광조류에 부응하기 위해 1974년 11월 1일 51개 회원국의 승인으로 현재의 세계관광기구(UNWTO : United Nations World Tourism Organization)로 개칭하게 되었다. 그리고 1975년 5월 스페인에서 제1차 총회를 개최하고 그 회의결과에 따라 본부를 스페인의 마드리드에 두게 되었으며 2010년 7월 기준 전 세계 154개 회원국을 확보하여 이 분야의 대표적인 기관으로 활동하고 있다.

우리나라는 1957년 11월 UNWTO의 전신인 IUOTO에 교통부가 정회원으로 가입하고 관광공사가 찬조회원으로 가입하고 있는데, UNWTO는 현재 정부간의 유일한 관광기구로서 각국 간의 관광 사업발전을 도모하기 위하여 다각적인 활동을 전개하고 있다.

세계관광기구의 설립목적은 국제관광의 촉진과 관광경제의 활성화, 국제간의 우호관계 증진, 국제여행과 관련된 정책조정과 여행발전에 관한 일체의 사업을 하는데 있다.

02. 아·태관광협회 (www.pata.org)

아·태관광협회(PATA : Pacific Asia Travel Association)이 협회는 1951년 하와이(Hawaii) 관광국의 제창에 따라 일본, 미국, 호주 등 태평양지역의 관광관계기관 대표자와 기타 관광관련자가 하와이 호놀룰루(Honolulu)에 모여 상호 협의한 끝에 1953년 정식으로 설립된 태평양지역의 관광기구이다. PATA는 태평양지역 전역에 걸친 관광사업의 발전을 촉진시킬 것을 목적으로 민간단체들로 구성된 기관으로 본부는 미국 샌프란시스코에 있으며 '태평양지역관광협회(Pacific Area Travel Association)'에서 현재의 명칭으로 개명되었다.

03. 동아시아 관광협회 (EATA : East Asia Travel Association)

아시아 동부지역의 한국, 일본, 대만, 홍콩, 마카오, 필리핀, 태국, 싱가폴 등 8개국이 1966년 3월에 결성하였다. 동아시아 관광협회는 회원국 및 역내 관광왕래의 촉진과 관광수용시설 및 서비스개선 기타 기술훈련의 협력 등 회원국 상호간의 긴밀한 협조 등을 위해 설립되었다.

04. 여행업자세계연맹 (UFTAA : Universal Ferderation of Travel Agents Association)

1966년 11월 설립된 각국 여행업협회의 국제기관으로 ASTA가 미국중심의 여행업자들의 대규모 조직인데 비해 UFTAA는 유럽중심의 조직이다. 이탈리아 로마에서 설립되었으며 본부는 벨기에의 브뤼셀에 두고 있다. 이 연맹의 목적은 여행업자의 이익을 위해 관광과 관련된 정부기관 및 민간국제기관과의 교섭은 물론 여행업자의 직업적 지위를 확립하고 권익의 향상을 도모하는데 있다.

유럽중심의 이 협회는 미국중심의 여행업자 조직인 ASTA와 주도권 다툼이 있었으나 결국 ASTA가 동 협회에 가입함으로써 일단락되었다. 그러나 회비 등의 문제로 마찰이 해소되지 않고 있다. 항공 회사단체인 IATA에서는 여행업자단체의 교섭상대로서 동 협회를 인정하고 있는 실정이다.

05. 세계여행업자 협회 (WATA : World Association of Travel Agencies)

1949년 여행업의 건전한 진흥·육성을 도모하기 위하여 설립한 동 협회는 세계적인 네트워크를 가진 여행업자를 위한 조직으로서 그 목적은 상업적 이익을 추구하기 위한 것이 아니라 "단결에 의한 강화"라는 원칙에 따라 회원의 이익을 위해 공헌하는데 있다. 본부는 스위스의 제네바에 두고 있다.

주요 활동은 크게 세 가지로 구분할 수 있으며, 이는 여행업자에 대한 사항, 고객에 대한 사항, WATA 회원에 대한 사항으로 나뉘어 있다.

06. 미주여행업협회 (ASTA : American Society of Travel Agents)

미국 및 캐나다의 여행업자에 의해 1931년 뉴욕에서 여행 산업향상을 목적으로 설립되었다. 당초에는 미국을 비롯하여 캐나다, 영국, 프랑스, 이탈리아 등 11개국의 여행업자들의 모임에 불과했었는데 현재는 170개국 25,500회원이 가입되어 있는 명실 공히 세계최대의 여행업자단체로 발돋움하였다. 매년 ASTA 세계대회가 개최되는데 각국은 세계 최대의 관광시장을 대표하는 미국 및 캐나다 여행업자가 다수 출석하는 이 대회의 유치를 위해 부심하고 있다. 본부는 미국의 워싱턴에 두고 있다.

SECTION 03

항공관련기구

01. 국제항공운송협회(IATA:International Air Transport Association / www.iata.or.kr)

1) 설립배경

1919년 헤이그에서 창설된 International Air Traffic Association을 전신으로 하여 제 2차 세계대전 이후 확대된 국제민간 항공질서에 대응하기 위하여 헤이그에서 58개 회원사의 서명으로 정관을 채택하고 캐나다의회의 특별법에 의해 법인인가를 받아 설립되었다. 1945년에 설립된 민간의 국제 협력기구로서 캐나다 몬트리올과 스위스 제네바에 본부를 두고 있으며 2000년 12월 기준으로 275개의 항공사가 가입하고 있다. 이 협회에서 추진한 대표적인 성과로는 표준수송약관, 항공권, 수하물표 및 화물운송장의 표준화, 복수항공기업에 의한 연대운송에 관한 협정, 총대리점 및 판매대리점과의 운송후불제도의 설정 등을 꼽을 수 있다. 조직과 활동에 있어서 ICAO와 밀접한 관련성을 맺고 있다.

2) 설립목표

전 세계적인 이익을 위해 안전하고 규칙적이며 또한 경제적인 항공운송을 촉진하고 상업 항공을 육성하여 이에 관련된 제반 문제를 연구하며 국제항공운송산업에 직·간접으로 종사하는 항공운송기업 간의 협조를 도모하고 국제민간항공기구인 ICAO 및 기타 각국 기구간 협조를 도모한다.

3) 주요역할

IATA는 정기편 항공사들 간의 조직으로서 국제항공운송을 수행하는 100여 개국이 넘는 국가의 항공사들로 구성된다. 각 항공사 측면에서 IATA는 단일항공사로서는 해결할 수 없는 문제에 대한 공동 해결을 모색하며 사무국에서는 경험과 정보를 제공하고 IATA는 회원 항공사의 협의체 기능을 수행한다. 각 정부 측면에서는 IATA가 항공산업에 있어서의 업무표준과 적정한 운임을 설정하기 위한 토론의 장을 제공하고 항공업계의 경험 및 전문 지식에 바탕을 둔 실제적 해결방안 제시 및 항공운송의 안전, 공공편익의 증진에 기여하며 일반 소비자 측면에서 IATA는 여행 절차의 간소화에 대한 기여와 편의제공 등 서비스 표준화를 도모하는 역할을 하고 있다.

4) 주요 활동내용

(1) 상업부문(Commercial Services)

약 5만여 개 이상의 여객대리점 및 4천여 개의 화물대리점망을 구축하고 항공사와 세계 각국의 대리점 간의 거래 단순화 및 비용절감을 도모하여(BSP : Bank Settlement Plan)항공사의 항공요금 조정활동과 다자간 연결되는 운송을 하고 있다.

(2) 기술부문

운항시간 및 비용절감을 위해 항로를 단축하고 운항, 정비, 소음, 통신, 항공의료 부문에 대한 연구 및 정보교환과 같은 Technical Service와 이용객의 편의를 위한 공항개선 및 지상 조업의 절차개선과 효율적이고 경제적인 공항검색방법을 개발하고, 인터폴(Interpol)과 협조하여 항공기 납치 기도에 대한 정보교환 및 위조항공권사용금지 및 검색을 실시한다.

(3) 업무 자동화 및 재무 부문

항공사 정책 결정자에게 통계 등 필요한 경영 정보를 제공하고 표준절차에 따라 1개월 단위로 항공사간 연결, 운송에 대한 채권, 채무 관계를 정산하며(clearing house) 항공사에 유리한 보험요율 협상과 새로운 보험제도 도입 및 세금의 중복을 제거하기 위한 노력을 하고 있다.

또 공항 사용료 수준에 대한 분석 및 협상과 같은 User Charges 업무를 하고 자료교환 시스템, 통계정보시스템 표준화 업무인 업무자동화 및 정보유통과 같은 일을 하고 있으며 서식, 부호, Message 방법 및 절차의 표준화 업무를 하고 있다.

(4) 대 정부 부문

IATA 등 정부간 조직과 긴밀히 협조하여 바람직한 정책결정 유도 및 개발도상국의 항공산업 발전을 지원하기 위한 활동을 하고 있다.

(5) 성격 및 운영

IATA는 자발적, 비 배타적, 비정치적이고 민주적이므로 회원자격은 ICAO에 가입자격이 있는 정부에 의해 인가된 정기편 항공 운송사 모두에게 개방되어 있다. 정기 국제선 항공사는 정회원으로 정기 국내선 항공사는 준회원으로 가입하여 활동 중이고 IATA의 예산은 주로 각 회원사가 운송실적에 비례해서 납부하는 회비로 충당되며 IATA 자체의 서비스 제공을 통한 수익 사업으로도 부분 충당한다.

회원 구성의 규모 상 국내선 위주의 소형 항공사로부터 중형, 대형의 국제선항공사에 이르며 회원사 소속국가도 저개발국으로부터 선진국에 이르기까지 다양하게 망라되어 있다.

IATA는 그 조직의 성격상, 보다 개선된 항공운송의 제공을 목표로 설립된 항공사간의 협의체로서 IATA의 활동영역도 항공산업 상호간 또는 관련 국제기구(ICAO등) 또는 대정부기관과의 정보 교환, 조정 및 협의 등이 대상이 되며 IATA의 의결(Resolution)내용도 본질상 회원사의 강제 이행을 요구하는 구속력 있는 사항보다는 선택적, 권고적 의미의 사항이 대부분이다.

02. 국제민간항공기구(ICAO:International Civil Aviation Organization / www.ucao.int)

1) 설립배경

1944년 미국이 전후 항공수송의 제 문제를 논의하기 위하여 연합국 및 중립국 55개국을 초청하여 회의를 개최하였다. 이 회의에서 국제 민간 항공조약이 채택되어 국제민간항공의 안전과 발전을 모색하고 국제항공운송업무의 기회균등주의를 기초로 확립되었으며, 건전하고 경제적으로 운영하게끔 일정한 원칙을 확정하고 26개국이 이를 비준하였다.

이 기구는 국제연합의 전문 기구 중 하나로 국제민간항공의 안전유지, 항공기술의 향상, 항공로와 항공기술의 발달 및 촉진 등을 목적으로 국제민간항공운송의 기본질서를 설정한 시카고 협약에서 ICAO의 설립을 정함에 따라 1945년 6월 PICAO(Provisional International Civil Aviation Organization)가 설립되었으며, 26개국이 시카고 협약을 비준하여 1947년 4월4일 ICAO가 정식으로 발족하였고, 1947년 UN전문기구로 편입되었다. 본부는 캐나다 몬트리올에 있고 지역사무소는 방콕, 카이로, 다카, 로마, 멕시코시티, 파리에 위치하고 있으며 우리나라는 1952년에 가입하였다.

2) 설립목적

ICAO의 목적은 다음사항을 위하여 국제항공운송의 원칙과 기술을 발전시키고 국제항공운송의 계획과 발전을 도모하기 위한 것이다.

- 전 세계적으로 안전하고 질서 있는 국제항공운송의 성장
- 항공기의 설계기술과 평화적 목적의 운항기술의 발전
- 국제민간항공을 위한 항공, 공항, 운항시설 등의 발전
- 안전하고 정확하며 능률적, 경제적인 항공운송에 대한 전 세계인의 요구에 부응
- 불합리한 경쟁으로 인한 경제적 낭비를 방지
- 체약국의 권리는 충분히 존중되며 모든 체약국이 국제항공을 운영할 수 있는 공정한 기회 확립
- 체약국 간의 차별 제거
- 국제항공운송에서 비행의 안전 증진
- 국제민간항공 모든 부분의 발전을 전반적으로 추진

3) 주요 활동내용

준 입법적기능, 예비입법적기능, 행정적기능, 준사법적 및 사법적기능 등을 수행하게

되며, 준 입법적기능으로는 항공 운송의 안전성, 정시성, 효율성에 관한 국제표준 및 권고안을 채택하여 채택된 내용은 시카고협약의 주제로 지정되어 각 체약국의 동의 절차에 따르는 준 입법적인 기능이 있고 ICAO주관 국제항공법회에서 국제항공법 초안준비와 채택된 초안은 ICAO의 의결절차를 거쳐 각 체약국의 비준절차에 따른다.

행정적 기능으로는 공항시설 설치 및 공항운영, 기타 항공운송시설에 대한 기술적, 재정적 지원을 하고, 준사법적 및 사법적 기능은 관련 당사국의 요청에 의거 국제항공운항에 대한 장애 요인 조사 및 보고서 작성과 당사국 요청에 의거 체약국의 권리, 의무에 대한 시카고협약 검토, 시카고협약 위반 사례 보고, 시카고 협약 해석 및 적용상 야기된 체약국의 분쟁 중재, 항공협정 시행 관련 체약국의 분쟁중재 등의 역할을 한다.

APPENDIX 02

소비자 피해보상 및 여행표준 약관

SECTION 01. 관광불편신고센터운영에 관한 규정

SECTION 02. 여행 표준약관에 관한 규정

SECTION 03. 소비자 피해보상 규정

SECTION 01

관광불편신고센터 운영에 관한 규정

여행객 수요는 날로 증가되고 있어 다양한 여행불편사례에 따른 고소·고발건이 증가되고 있다. 여행업 운영에 있어 전 임지원은 관계 법령을 잘 숙지하여 고객의 여행불편이 발생되지 않도록 세심한 주의를 기울여야 한다.

한국관광공사에서는 내외국인 관광객의 관광불편사항을 파악하여 이를 시정함으로서 건전하고 명랑한 관광분위를 조성하여 한국 관광의 이미지를 제고시킬 목적으로 관광불편신고센터를 설치 및 운영하고 있다. 이에 관한 규정은 다음과 같고 불편사항이 발생하였을 경우 소정의 관광불편신고용 서식을 이용하여 신고하면 된다.

관광불편신고센터운영에 관한 규정

제정 1995. 07. 27 문화체육부훈령 제50호
개정 1997. 12. 24 문화체육부훈령 제74호
개정 1999. 11. 03 문화관광부훈령 제47호
개정 2001. 02. 02 문화관광부훈령 제64호
개정 2003. 03. 18 문화관광부훈령 제92호
개정 2006. 04. 26 문화관광부훈령 제 161호
개정 2009. 09. 01 문화체육관광부훈령 제 99호
개정 2010. 03. 25 문화체육관광부훈령 제 120호
개정 2012. 11. 12. 문화체육관광부훈령 제 183호

제1조(목적)

내·외국인관광객의 관광불편사항을 파악·시정함으로써 명랑한 관광분위기를 조성하고 한국관광의 이미지를 제고시키기 위하여 관광불편신고센터(이하 "신고센터"라 한다)의 설치 및 운영요령을 규정함을 목적으로 한다.

제2조(불편신고)

① 관광을 위한 시설 또는 수단을 이용하는 자는 누구든지 관광불편신고(이하 "신고"라 한다)를 할 수 있다.

② 관광사업 및 그 종사원은 신고자에 대하여 어떠한 불이익이나 부당한 대우 또는 신고 방해를 하여서는 아니 된다.

제3조(신고센터)

① 서울특별시장·특별자치도지사·광역시장·도지사(이하 "시·도지사"라 한다) 및 한국관광공사사장은 신고센터를, 한국여행업협회장은 여행업과 관련한 신고센터를 설치·운영하여야 한다. 다만, 시·도지사는 필요한 경우에 시장·군수·구청장에 신고센터를 설치·운영하게 할 수 있으며, 지역별 관광협회에 신고센터의 설치·운영을 요청할 수 있다.

② 신고센터의 근무직원은 각 기관의 업무실정에 맞도록 구성한다.

③ 신고센터는 신고전화를 설치·운영하여야 하며, 그 전화번호는 가급적 그 지역 전화국번호의 0101번으로 통일하여야 한다.

④ 제1항의 단서규정에 의하여 시·군 또는 지역별 관광협회에 신고센터가 설치되었을 때에는 시·도지사는 즉시 설치일자·설치장소·신고센터 전화번호 등을 문화체육관광부장관에게 보고하여야 한다.

⑤ 한국관광공사 사장은 제1항의 효율적 추진을 위하여 관광안내전화, 관광불편신고센터 및 여행불편신고센터 신고전화를 1330 번호로 통합운영하며, 관광통역안내 BBB 코리아와도 상호 협의하여 공조체제를 유지하여야 한다.

제4조(신고대상)

① 신고센터에서 처리할 신고대상을 다음과 같다.

1. 여행업소·관광숙박업소·관광객이용시설업소 또는 관광편의시설업소(이하 "관광업소"라 한다)의 이용에 따른 위법·부당행위
2. 관광업소 종사원의 불친절 행위 등 관광불편사항
3. 관광관계법령·고시 및 예규 등에 관한 문의사항
4. 기타 관광행정발전을 위한 의견

② 다음 각호의 신고는 처리하지 아니할 수 있다.
1. 신고인의 주소·성명이 없거나 신고내용이 불분명하거나 허위사실인 경우
2. 단순히 특정인을 비방하거나 중상 모략할 목적의 신고사항
3. 법원의 판결에 의하여 확정되었거나 재판에 계류 중인 사항
4. 이미 수사나 감사 중에 있는 사항
5. 관광관련 행정기관에 이의신청·심사청구·심판청구·기타법령에 불복하여 신청한 동일 내용의 신고사항

제5조(신고방법)

① 신고는 다음 각호의 방법에 의한다.
1. 전화
2. 엽서
3. 서신 및 팩스
4. 방문
5. 인터넷 등

② 별지 제1호 서식에 의한 우편엽서의 경우에는 우편요금을 수취인 부담으로 한다.

제6조(접수 및 처리)

① 각 신고센터는 일체의 신고사항 접수 및 처리결과를 별지 제2호서식에 의거 기록·관리하여야 한다.

② 신고된 사항의 처리·처리기간의 계산·처리결과의 통지 등은 민원사무처리에 관한 법률에서 정하는 바에 따르며, 처리기간은 다음 각호의 기간이내에 처리한다.
1. 전화·방문 등의 신고사항중 경미한 신고사항은 즉시 처리한다.

2. 즉시 처리 사항이 아닌 신고사항은 7일 이내에 처리하여야 한다.
3. 처리기관은 부득이한 사유로 관광불편신고사항이 처리기간내에 처리하기 곤란하다고 인정되는 경우에는 당해 관광불편신고사항의 처리기간의 범위내에서 1회에 한하여 그 처리기간을 연장할 수 있다.

③ 한국관광공사가 타기관이나 단체에서 처리하여야 할 사항을 접수한 때에는 3근무시간이내에 팩스나 전자문서 등을 이용하여 타기관이나 단체에 송부하여야 한다.

④ 한국관광공사는 외국어 신고사항에 대하여는 8근무시간 이내에 번역하여 처리기관에 이송하여야하며 처리기관은 외국어신고사항에 대하여는 영어 또는 신고인의 모국어로 회신하여야 한다.

제7조(처리기관)

① 신고사항의 처리기관은 다음 각호와 같다.

1. 문화체육관광부
   가. 관할 관광사업체에 관련된 행정조치, 정책적 건의사항 등
   나. 삭제
   다. 삭제
2. 한국관광공사
   가. 감사내용 및 안내사항
   나. 전화·방문신고 사항 중 신고인이 출국이전에 조치를 요하는 사항
3. 특별시·특별자치도·광역시·도(이하 "시 ·도"라 한다) 및 시·군·구 등 행정기관 : 관할 관광사업체에 관련된 관광불편사항 처리, 행정조치 및 정책적 건의사항 등
4. 한국여행업협회 : 여행업과 관련된 불편사항

② 문화체육관광부장관, 시·도지사 및 시장·군수·구청장은 여행업과 관련된 불편사항을 한국여행업협회에 이송하여 처리하게 할 수 있다.

③ 제6조제3항, 제7조제2항의 규정에 의하여 타기관이나 단체로부터 신고사항을 이송받아 처리하는 기관은 처리결과를 신고인에게 회신하고, 그 처리내용을 별지 제3호서식에 의거 접수기관에 통보하여야 한다.

제8조(위원회 설치)

한국관광공사, 한국관광협회중앙회·한국여행업협회 및 지역별 관광협회는 신고된 사항의 공정한 처리를 위하여 업계·학계·법조계·시민단체 관계자 등으로 구성된 관광불편신고처리위원회를 설치·운영할 수 있다.

다만, 한국여행업협회장은 제7조 제1항 제4호의 기능을 수행하기 위하여 법조계, 업계, 시민단체, 학계 등으로 구성된 여행불편처리위원회를 둔다.

제9조(안내문 등의 게시)

① 공항안내소·관광안내소 또는 관광업소의 운영자는 이용자가 보기 쉬운 장소에 관광불편신고 안내문을 게시하여야 하며 10매이상의 신고엽서를 상시 비치하여야 한다.

② 여행업소의 경우에는 여행계약서 및 일정표 등에 신고센터 안내문을 반드시 삽입·인쇄하여 안내원이 그 취지를 홍보하도록 하여야 한다.

③ 시·도지사, 한국관광공사사장, 한국관광협회중앙회장 및 한국여행업협회장은 위 각 항의 규정이 준수될 수 있도록 필요한 조치를 취할 수 있다.

제10조(안내문 등 제작·배포)

① 게시용 안내문은 별표1과 같다.

② 한국관광공사는 게시용 안내문 및 신고엽서를 일괄 제작하여 시·도 및 한국관광협회중앙회와 한국여행업협회 등에 공급하고, 이를 관련 업소에 배포해줄 것을 요청할 수 있다. 다만, 필요한 경우에는 시·도 및 한국관광협회중앙회(지역별 관광협회를 포함한다)와 한국여행업협회에서도 시·도 및 한국관광협회중앙회와 한국여행업협회를 수신처로 하는 별지 제1호서식의 신고엽서를 제작하여 관련 업소에 배포할 수 있다.

③ 각 시·도 및 한국관광협회중앙회와 한국여행업협회는 신고센터 전화번호의 변경이나 기타 추가수요가 발생한 때에는 한국관광공사에 전화번호의 변경이나 게시용 안내문 및 신고엽서의 추가 공급을 요청할 수 있다.

제11조(홍보)

신고센터 운영과 관련된 기관 또는 단체에서는 내·외국인이 신고센터를 널리 이용할 수 있도록 인쇄매체·전파매체·기타수단을 통하여 신고센터의 이용에 대해 홍보할 수 있다.

제12조(보고 등)

① 처리기관의 장은 처리내용을 취합하여 별지 제4호서식,별지 제5호서식에 의거 매 분기 익월 15일까지 한국관광공사사장에게 통보하여야 한다.

② 한국관광공사사장은 별지 제6호서식에 의거 매년 관광불편신고종합분석결과를 다음연도 2월말까지 작성하여 문화체육관광부장관에게 제출하여야 한다.

제13조(지도·감독 등)

① 문화체육관광부장관은 시·도, 한국관광공사 및 관련기관과 합동으로 신고센터운영과 관련하여 관광업소 등에 대한 지도·점검을 실시할 수 있다.

② 문화체육관광부장관은 시·도지사 및 한국관광협회중앙회장과 한국여행업협회장에게 관련업소의 안내문, 신고엽서 등의 게시·부착·비치상태에 대해 지도·감독하고, 필요한 경우 적절한 조치를 취해 줄 것을 요청할 수 있다.

제14조((유효기간)

이 훈령은 「훈령·예규 등의 발령 및 관리에 관한 규정」(대통령훈령 제248호)에 따라 이 훈령을 발령한 후의 법령이나 현실 여건의 변화 등을 검토하여야 하는 2015년 8월 31일까지 효력을 가진다.

부 칙

① (시행일) 이 규정은 발령한 날로부터 시행한다.

【별지 : 1호 서식】

(前)

POSTCARD

관광불편신고(의견)엽서 Tourist Complaint(Feedback) Report

(For the Report of Tourist Complaint
觀光苦情申告用)
Name名前(Mr, Mra, Miss) :
Nationality國籍 :
Address住所 :

To : Tourist Complaint Center
KOREA NATIONAL TOURISM ORGANIZATION
觀光苦情申告
韓國觀光公社 관광불편신고센터
K.P.O. Box 903, Seoul

1 0 0 - 6 0 9

(後)

발생일자(시간) Date of Occurrence (time) 発生日付(時間) 发生日期(时间)	신고대상 Name of Establishment/Business concerned 申告の対象 申告的对象

여행불편사항과 건의내용을 구체적으로 작성해주십시오.
Please give as much information as you can.
申告の対象（店名､タクシー番号など）､場所などについて､具体的にかつ正確にご記入お願い申しあげます。
希望具体而正确地告述我们申告的对象（职种，商号名，的士车牌号等），发生日期，场所等等

【별표 1】

신고안내	여행 중 느낀 불편사항이나 건의사항이 있으시면 알려주시기 바랍니다. 쾌적한 관광환경 조성을 위해 노력하겠습니다.
NOTICE	If you have any Complaint or Suggestion about your stay in Korea, please contact us. We will do our best to foster a pleasant tourism environment.
ご案内	韓国旅行の際にご不便な点がございましたら、ご意見、クレームなどをお寄せいただければ幸いです。より快適な観光環境を目指し、改善に努めて参ります。
旅游投诉	在韩国旅行时，如有不便之处或其他意见，请与我们联系，我们将真诚地为您服务。

관광불편신고센터 Tourist Complaint Center 観光苦情申告センター 旅游投诉中心	특별자치도, 광역시, 도, 시, 군 불편신고센터 연락처 (예시 : 서울 Seoul ソウル 首尔) Phone Fax Homepage

【별표 2】

게시용액자사양서

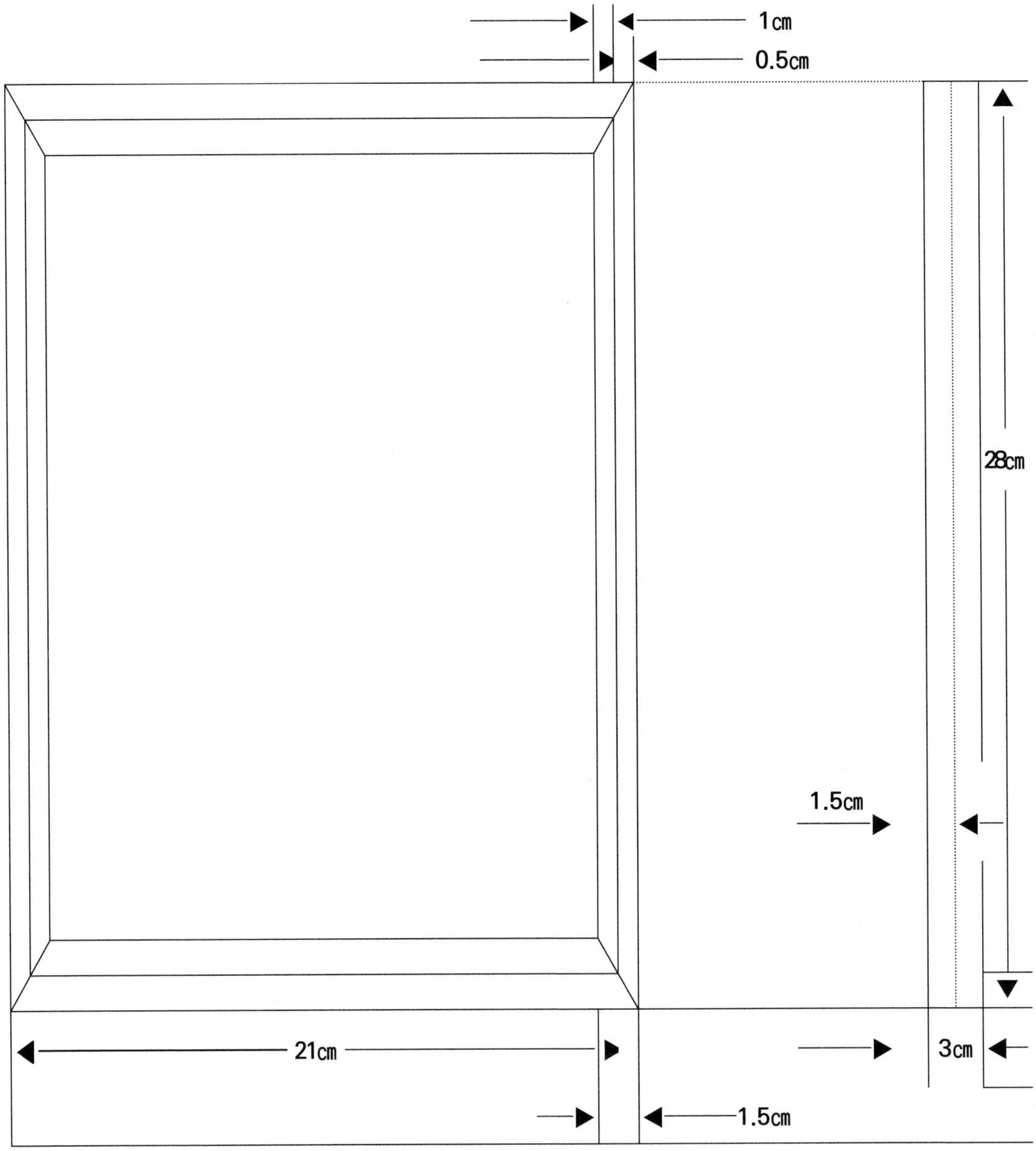

1. 규모 : 가로 21㎝ × 세로 28㎝
2. 재료 : 테-목재(백색페인트)　　전면-유리,　　후면-합판(유동식접착목재 받침대)

관광불편신고 접수처리 대장

【별지 : 2호 서식】

접수번호 접수일자	접수자	신고인 성 명	신고방법, 유형 및 신고내용	담당자	결 재	처리방법, 결과

신고사항 처리결과

【별지 : 3호 서식】

접수일자 및 번호	신고방법	구 분	신고인 성명 및 주소	신고내용	처리내용	비 고

기 관 명

(전화번호)

20 . . .

수신 :

(수신처 보존기간)

참조 :

발신명의: (인)

제목 : 관광불편신고처리 현황

【별지 : 4호 서식】

구분 유형별	접수			처리내용							
	전기 이월	당기 접수	계	기관이송		직접처리		처리불가		계	
				전기 이월	당기 접수	전기 이월	당기 접수	전기 이월	당기 접수	전기 이월	당기 접수
계											

분류기호 및
문 서 번 호 :

기 관 명

(전화번호)

수신 :

참조 :

제목 : 신고접수 및 조치결과 집계표 (별지 : 5호 서식)

구분	유형별		신고건수	신고자		신고방법					조치결과			
				내국인	외국인	전화	엽서	서신	면담	녹음	처리	기관이송	진행	처리불가
불편사항	호텔 및 여관													
	여행사	일반												
		해외												
		국내												
	쇼핑													
	음식점													
	택시횡포													
	공항 및 항공													
	유객알선행위													
	분실 및 도난													
	문의및협조													
	안내표지판													
	전세버스													
	기타													
	소계													
불편외사항	감사내용													
	여행소감													
	기타													
	소계													
계														

분류기호 및
문 서 번 호

기 관 명

(전화번호)

20. . .

(수신처보존기간)

수 신 :

참 조 :

제 목 : 관광불편신고종합분석결과

발신명의 : (인)

○ 신고사항 처리현황 (별지 : 6호 서식)

접수건수					처리결과								
전화	면담	이송	기타	계	취소	정지	경고	시정	불문	처리불가	과징금	기타	계
											건 만 원		

○ 신고다발업체 처리현황(당해년도 3회 이상)

업체	신고내용	처리내용	개선사항	대책

○ 종합평가분석결과서는 다음 사항을 반드시 포함하여야 한다.

- 총 평
- 효 과
- 문제점(운영상, 내용의 유형별, 신고사항의 증감 등)
- 개선대책
- 기타건의사항

SECTION 02

여행 표준약관에 관한 규정

01. 국외여행 표준약관

국외여행 표준약관

제1조 (목적)

이 약관은 (주)OO여행사(이하 당사라 한다.)와 여행자가 체결한 국외여행계약의 세부 이행 및 준수사항을 정함을 목적으로 합니다.

제2조(당사와 여행자 의무)

① 당사는 여행자에게 안전하고 만족스러운 여행서비스를 제공하기 위하여 여행알선 및 안내, 운송, 숙박 등 여행계획의 수립 및 실행과정에서 맡은 바 임무를 충실히 수행하여야 합니다.

② 여행자는 안전하고 즐거운 여행을 위하여 여행자간 화합도모 및 여행업자의 여행질서 유지에 적극 협조하여야 합니다.

제3조(용어의 정의)

여행의 종류 및 정의, 해외여행 수속대행업의 정의는 다음과 같습니다.

1. 기획여행 : 당사가 미리 여행목적지 및 관광일정, 여행자에게 제공될 운송 및 숙식

서비스 내용(이하 '여행서비스'라 함), 여행요금을 정하여 광고 또는 기타 방법으로 여행자를 모집하여 실시하는 여행.

2. 희망여행 : 여행자(개인 또는 단체)가 희망하는 여행조건에 따라 당사가 운송, 숙식, 관광 등 여행에 관한 전반적인 계획을 수립하여 실시하는 여행.
3. 해외여행 수속대행(이하 수속대행계약이라 함) : 당사가 여행자로부터 소정의 수속대행요금을 받기로 약정하고, 여행자의 위탁에 따라 다음에 열거하는 업무(이하 수속 대행업무라 함)를 대행하는 것.
    1) 여권, 사증, 재입국 허가 및 각종 증명서 취득에 관한 수속
    2) 출입국 수속서류 작성 및 기타 관련업무

제4조(계약의 구성)

① 여행계약은 여행계약서(붙임)와 여행약관, 여행일정표(또는 여행설명서)를 계약내용으로 합니다.

② 여행일정표(또는 여행설명서)에는 여행일자별 여행지와 관광내용, 교통수단, 쇼핑횟수, 숙박장소, 식사 등 여행실시일정 및 여행사 제공 서비스 내용과 여행자 유의사항이 포함되어야 합니다.

제5조(특약)

당사와 여행자는 관계법규에 위반되지 않는 범위 내에서 서면으로 특약을 맺을 수 있습니다. 이 경우 표준약관과 다름을 당사는 여행자에게 설명하여야 합니다.

제6조(계약서 및 약관 등 교부)

당사는 여행자와 여행계약을 체결한 경우 계약서와 여행약관, 여행일정표(또는 여행설명서)를 각 1부씩 여행자에게 교부하여야 합니다.

제7조(계약서 및 약관 등 교부 간주)

당사와 여행자는 다음 각 호의 경우 여행계약서와 여행약관 및 여행일정표(또는 여행설명서)가 교부된 것으로 간주합니다.

1. 여행자가 인터넷 등 전자정보망으로 제공된 여행계약서, 약관 및 여행일정표(또는

여행설명서)의 내용에 동의하고 여행계약의 체결을 신청한데 대해 당사가 전자정보망이나 기계적 장치 등을 이용하여 여행자에게 승낙의 의사를 통지한 경우

2. 당사가 팩시밀리 등 기계적 장치를 이용하여 제공한 여행계약서, 약관 및 여행일정표(또는 여행설명서)의 내용에 대하여 여행자가 동의하고 여행계약의 체결을 신청하는 서면을 송부한데 대해 당사자가 전자정보망이나 기계적 장치 등을 이용하여 여행자에게 승낙의 의사를 통지한 경우

제8조(여행업자의 책임)

여행업자는 여행 출발시부터 도착시까지 여행업자 본인 또는 그 고용인, 현지 여행업자 또는 그 고용인 등(이하 '사용인'이라 함)이 제2조제1항에서 규정한 여행업자 임무와 관련하여 여행자에게 고의 또는 과실로 손해를 가한 경우 책임을 집니다.

제9조(최저행사인원 미 충족시 계약해제)

① 당사가 여행참가자 수 미달로 인하여 여행계약을 해제하는 경우 여행출발 7일전까지 여행자에게 통지하여야 합니다.

② 당사가 여행참가자 수 미달로 전항의 기일내 통지를 하지 아니하고 계약을 해제하는 경우 이미 지급받은 계약금 환급 외에 다음 각 목의 1의 금액을 여행자에게 배상하여야 합니다.

가. 여행출발 1일전까지 통지시 : 여행요금의 20%

나. 여행출발 당일 통지시 : 여행요금의 50%

제10조(계약체결 거절)

당사는 여행자에게 다음 각 호의 1에 해당하는 사유가 있을 경우에는 여행자와의 계약체결을 거절할 수 있습니다.

1. 다른 여행자에게 폐를 끼치거나 여행의 원활한 실시에 지장이 있다고 인정될 때
2. 질병 기타 사유로 여행이 어렵다고 인정될 때
3. 명시한 최대행사인원이 초과되었을 때

제11조(여행요금)

① 여행계약서의 여행요금에는 다음 각 호가 포함됩니다. 단, 다음의 1~9호는 여행자 본인이 직접 여행지에서 지불하여야 할 금액이나 당사가 여행자 편의를 위하여 수탁 받아 이를 대신 지불합니다.

1. 항공기, 선박, 철도 등 이용운송기관의 운임(보통운임기준)
2. 공항, 역, 부두와 호텔사이 등 송영버스요금
3. 숙박요금 및 식사요금
4. 안내자경비
5. 여행 중 필요한 각종세금
6. 국내외 공항, 항만세
7. 관광진흥개발기금
8. 일정표내 관광지 입장료
9. 기타 개별계약에 따른 비용

② 여행자는 계 약체결시 계약금(여행요금 중 10%이하 금액)을 당사에게 지급하여야 하며, 계약금은 여행요금 또는 손해배상액의 전부 또는 일부로 취급합니다.

③ 여행자는 제1항의 여행요금 중 계약금을 제외한 잔금을 여행출발 7일전까지 당사에게 지급하여야 합니다.

④ 여행자는 제1항의 여행요금을 당사가 지정한 방법(지로구좌, 무통장입금 등)으로 지급하여야 합니다.

⑤ 희망여행요금에 여행자 보험료가 포함되는 경우 당사는 보험회사명, 보상내용 등을 여행자에게 설명하여야 합니다.

제12조(여행요금의 변경)

① 국외여행을 실시함에 있어서 이용운송, 숙박기관에 지급하여야 할 요금이 계약체결시보다 5% 이상 증감하거나 여행 요금에 적용된 외화환율이 계약체결시보다 2% 이상 증감한 경우 당사 또는 여행자는 그 증감된 금액 범위 내에서 여행요금의 증감을 상대방에게 청구할 수 있습니다.

② 여행업자는 제1항의 규정에 따라 여행요금을 증액하였을 때에는 여행개시 15일전

에 여행자에게 통지하여야 합니다.

제13조(여행조건의 변경요건 및 요금 등의 정산)

① 위 제1조 내지 제12조의 여행조건은 다음 각 호의 1의 경우에 한하여 변경될 수 있습니다.

1. 여행자의 안전과 보호를 위하여 여행자의 요청 또는 현지사정에 의하여 부득이하다고 쌍방이 합의한 경우
2. 천재지변, 전란, 정부의 명령, 운송, 숙박기관 등의 파업, 휴업 등으로 여행의 목적을 달성할 수 없는 경우

② 제1항의 여행조건 변경 및 제12조의 여행요금 변경으로 인하여 제11조제1항의 여행요금에 증감이 생기는 경우에는 여행출발 전 변경 분은 여행출발 이전에, 여행 중 변경 분은 여행종료 후 10일 이내에 각각 정산(환급)하여야 합니다.

③ 제1항의 규정에 의하지 아니하고 여행조건이 변경되거나 제14조 또는 제15조의 규정에 의한 계약의 해제, 해지로 인하여 손해배상액이 발생한 경우에는 여행출발 전 발생분은 여행출발 이전에, 여행 중 발생분은 여행종료 후 10일 이내에 각각 정산(환급)하여야 합니다.

④ 여행자는 여행출발 후 자기의 사정으로 숙박, 식사, 관광 등 여행요금에 포함된 서비스를 제공받지 못한 경우 당사에게 그에 상응하는 요금의 환급을 청구할 수 없습니다. 단, 여행이 중도에 종료된 경우에는 제16조에 준하여 처리합니다.

제14조(손해배상)

① 여행업자는 현지여행업자 등의 고의 또는 과실로 여행자에게 손해를 가한 경우 당사는 여행자에게 손해를 배상하여야 합니다.

② 여행업자의 귀책사유로 여행자의 국외여행에 필요한 여권, 사증, 재입국 허가 또는 각종 증명서 등을 취득하지 못하여 여행자의 여행일정에 차질이 생긴 경우 당사는 여행자로부터 절차대행을 위하여 받은 금액 전부 및 그 금액의 100% 상당액을 여행자에게 배상하여야 합니다.

③ 여행업자는 항공기, 기차, 선박 등 교통기관의 연발착 또는 교통체증 등으로 인하

여 여행자가 입은 손해를 배상하여야 합니다. 단, 당사가 고의 또는 과실이 없음을 입증한 때에는 그러하지 아니합니다.

④ 여행업자는 자기나 그 사용인이 여행자의 수하물 수령, 인도, 보관 등에 관하여 주의를 해태(懈怠)하지 아니하였음을 증명 하지 아니하면 여행자의 수하물 멸실, 훼손 또는 연착으로 인한 손해를 배상할 책임을 면하지 못합니다.

제15조(여행출발 전 계약해제)

① 당사 또는 여행자는 여행출발 전 이 여행계약을 해제할 수 있습니다. 이 경우 발생하는 손해액은 '소비자피해보상규정' (재정경제부 고시)에 따라 배상합니다.

② 당사 또는 여행자는 여행출발 전에 다음 각 호의 1에 해당하는 사유가 있는 경우 상대방에게 제1항의 손해배상액을 지급하지 아니하고 이 여행계약을 해제할 수 있습니다.

1. 여행업자가 해제할 수 있는 경우
   가. 제13조 제1항 제1호 및 제2호사유가 있는 경우
   나. 다른 여행자에게 폐를 끼치거나 여행의 원활한 실시에 현저한 지장이 있다고 인정될 때
   다. 질병 등 여행자의 신체에 이상이 발생하여 여행에의 참가가 불가능한 경우
   라. 여행자가 계약서에 기재된 기일까지 여행요금을 납입하지 아니한 경우
2. 여행자가 해제할 수 있는 경우
   가. 제13조제1항 제1호 및 제2호의 사유가 있는 경우
   나. 여행자의 3촌 이내 친족이 사망한 경우 (단, 여행자는 아래와 같은 입증서류를 당사에 제출하여야 한다.)
   다. 질병 등 여행자의 신체에 이상이 발생하여 여행에의 참가가 불가능한 경우
   라. 배우자 또는 직계존비속이 신체이상으로 3일 이상 병원(의원)에 입원하여 여행출발 전까지 퇴원이 곤란한 경우
   마. 제12조 제1항의 규정에 의한 여행요금의 증액으로 인하여 여행 계속이 어렵다고 인정될 경우

제16조(여행출발 후 계약해지)

① 당사 또는 여행자는 여행출발 후 부득이한 사유가 있는 경우 이 여행계약을 해지할 수 있습니다. 단, 이로 인하여 상대방이 입은 손해를 배상하여야 합니다.

② 제1항의 규정에 의하여 계약이 해지된 경우 당사는 여행자가 귀국하는데 필요한 사항을 협조하여야 하며, 이에 필요한 비용으로써 당사의 귀책사유에 의하지 아니한 것은 여행자가 부담합니다.

제17조(여행 시작과 종료)

여행의 시작은 탑승수속(선박인 경우 승선수속)을 마친 시점으로 하며, 여행의 종료는 여행자가 입국장 보세구역을 벗어나는 시점으로 합니다. 단, 계약내용상 국내이동이 있을 경우에는 최초 출발지에서 이용하는 운송수단의 출발시각과 도착시각으로 합니다.

제18조(설명의무)

당사는 계약서에 정하여져 있는 중요한 내용 및 그 변경사항을 여행자가 이해할 수 있도록 설명하여야 합니다.

제19조(보험가입 등)

당사는 이 여행과 관련하여 여행자에게 손해가 발생한 경우 여행자에게 보험금을 지급하기 위한 보험 또는 공제에 가입하거나 영업보증금을 예치하여야 합니다.

제20조(기타사항)

① 이 계약에 명시되지 아니한 사항 또는 이 계약의 해석에 관하여 다툼이 있는 경우에는 당사 또는 여행자가 합의하여 결정하되, 합의가 이루어지지 아니한 경우에는 관계법령 및 일반관례에 따릅니다.

② 특수지역에의 여행으로서 정당한 사유가 있는 경우에는 당사의 여행약관의 내용과 달리 정할 수 있습니다.

02. 국내여행 표준약관

국내여행 표준약관

제1조 (목적)

이 약관은 00여행사와 여행자가 체결한 국내여행계약의 세부 이행 및 준수사항을 정함을 목적으로 합니다.

제2조 (여행업자와 여행자 의무)

① 여행업자는 여행자에게 안전하고 만족스러운 여행서비스를 제공하기 위하여 여행알선 및 안내·운송·숙박 등 여행계획의 수립 및 실행과정에서 맡은 바 임무를 충실히 수행하여야 합니다.

② 여행자는 안전하고 즐거운 여행을 위하여 여행자간 화합도모 및 여행업자의 여행질서 유지에 적극 협조하여야 합니다.

제3조 (여행의 종류 및 정의)

여행의 종류와 정의는 다음과 같습니다.

1. 희망여행 : 여행자가 희망하는 여행조건에 따라 여행업자가 실시하는 여행.
2. 일반모집여행 : 여행업자가 수립한 여행조건에 따라 여행자를 모집하여 실시하는 여행.
3. 위탁모집여행 : 여행업자가 만든 모집여행상품의 여행자 모집을 타 여행업체에 위탁하여 실시하는 여행.

제4조 (계약의 구성)

① 여행계약은 여행계약서(붙임)와 여행약관·여행일정표(또는 여행 설명서)를 계약내용으로 합니다.

② 여행일정표(또는 여행설명서)에는 여행일자별 여행지와 관광내용·교통수단·쇼핑횟수·숙박장소·식사 등 여행실시일정 및 여행사 제공 서비스 내용과 여행자 유의사항이 포함되어야 합니다.

제5조 (특약)

여행업자와 여행자는 관계법규에 위반되지 않는 범위 내에서 서면으로 특약을 맺을 수 있습니다. 이 경우 표준약관과 다름을 여행업자는 여행자에게 설명하여야 합니다.

제6조 (계약서 및 약관 등 교부)

여행업자는 여행자와 여행계약을 체결한 경우 계약서와 여행약관, 여행일정표(또는 여행설명서)를 각 1부씩 여행자에게 교부하여야 합니다.

제7조 (계약서 및 약관 등 교부 간주)

다음 각 호의 경우에는 여행업자가 여행자에게 여행계약서와 여행약관 및 여행일정표(또는 여행설명서)가 교부된 것으로 간주합니다.

1. 여행자가 인터넷 등 전자정보망으로 제공된 여행계약서, 약관 및 여행일정표(또는 여행설명서)의 내용에 동의하고 여행계약의 체결을 신청한데 대해 여행업자가 전자정보망 내지 기계적 장치 등을 이용하여 여행자에게 승낙의 의사를 통지한 경우
2. 여행업자가 팩시밀리 등 기계적 장치를 이용하여 제공한 여행계약서, 약관 및 여행일정표(또는 여행설명서)의 내용에 대하여 여행자가 동의하고 여행계약의 체결을 신청하는 서면을 송부한데 대해 여행업자가 전자정보망 내지 기계적 장치 등을 이용하여 여행자에게 승낙의 의사를 통지한 경우

제8조 (여행업자의 책임)

① 여행업자는 여행 출발시부터 도착시까지 여행업자 본인 또는 그 고용인, 현지여행업자 또는 그 고용인 등(이하 '사용인'이라 함)이 제2조 제1항에서 규정한 여행업자 임무와 관련하여 여행자에게 고의 또는 과실로 손해를 가한 경우 책임을 집니다.

② 여행업자는 항공기, 기차, 선박 등 교통기관의 연발착 또는 교통체증 등으로 인하

여 여행자가 입은 손해를 배상하여야 합니다. 단 여행업자가 고의 또는 과실이 없음을 입증한 때에는 그러하지 아니합니다.

③ 여행업자는 자기나 그 사용인이 여행자의 수화물 수령·인도·보관 등에 관하여 주의를 해태하지 아니하였음을 증명하지 아니 하는 한 여행자의 수화물 멸실, 훼손 또는 연착으로 인하여 발생한 손해를 배상하여야 합니다.

제9조 (최저 행사인원 미 충족시 계약해제)

① 여행업자는 최저행사인원이 충족되지 아니하여 여행계약을 해제하는 경우 당일여행의 경우 여행출발 24시간 이전까지, 1박2일 이상인 경우에는 여행출발 48시간 이전까지 여행자에게 통지하여야 합니다.

② 여행업자가 여행참가자 수의 미달로 전항의 기일내 통지를 하지 아니하고 계약을 해제하는 경우 이미 지급받은 계약금 환급 외에 계약금 100% 상당액을 여행자에게 배상하여야 합니다.

제10조 (계약체결 거절)

여행업자는 여행자에게 다음 각 호의 1에 해당하는 사유가 있을 경우에는 여행자와의 계약체결을 거절할 수 있습니다.

1. 다른 여행자에게 폐를 끼치거나 여행의 원활한 실시에 지장이 있다고 인정될 때
2. 질병 기타 사유로 여행이 어렵다고 인정될 때
3. 계약서에 명시한 최대행사인원이 초과되었을 때

제11조 (여행요금)

① 기본요금에는 다음 각 호가 포함됩니다. 단, 희망여행은 당사자간 합의에 따릅니다.

1. 항공기, 선박, 철도 등 이용운송기관의 운임(보통운임기준)
2. 공항, 역, 부두와 호텔사이 등 송영버스요금
3. 숙박요금 및 식사요금
4. 안내자경비
5. 여행 중 필요한 각종 세금
6. 국내 공항·항만 이용료

7. 일정표내 관광지 입장료
8. 기타 개별계약에 따른 비용

② 여행자는 계약 체결시 계약금(여행요금 중 10%이하의 금액)을 여행업자에게 지급하여야 하며, 계약금은 여행요금 또는 손해배상액의 전부 또는 일부로 취급합니다.

③ 여행자는 제1항의 여행요금 중 계약금을 제외한 잔금을 여행출발 전일까지 여행업자에게 지급하여야 합니다.

④ 여행자는 제1항의 여행요금을 여행업자가 지정한 방법(지로구좌, 무통장 입금 등)으로 지급하여야 합니다.

⑤ 희망여행요금에 여행자 보험료가 포함되는 경우 여행업자는 보험회사명, 보상내용 등을 여행자에게 설명하여야 합니다.

제12조 (여행조건의 변경요건 및 요금 등의 정산)

① 위 제1조 내지 제11조의 여행조건은 다음 각 호의 1의 경우에 한하여 변경될 수 있습니다.

1. 여행자의 안전과 보호를 위하여 여행자의 요청 또는 현지사정에 의하여 부득이하다고 쌍방이 합의한 경우
2. 천재지변, 전란, 정부의 명령, 운송·숙박기관 등의 파업·휴업 등으로 여행의 목적을 달성할 수 없는 경우

② 제1항의 여행조건 변경으로 인하여 제11조제1항의 여행요금에 증감이 생기는 경우에는 여행출발 전 변경 분은 여행출발 이전에, 여행 중 변경 분은 여행종료 후 10일 이내에 각각 정산(환급)하여야 합니다.

③ 제1항의 규정에 의하지 아니하고 여행조건이 변경되거나 제13조 또는 제14조의 규정에 의한 계약의 해제·해지로 인하여 손해배상액이 발생한 경우에는 여행출발 전 발생 분은 여행출발이전에, 여행 중 발생 분은 여행 종료 후 10일 이내에 각각 정산(환급)하여야 합니다.

④ 여행자는 여행출발 후 자기의 사정으로 숙박, 식사, 관광 등 여행요금에 포함된 서비스를 제공받지 못한 경우 여행업자에게 그에 상응하는 요금의 환급을 청구할 수 없습니다. 단, 여행이 중도에 종료된 경우에는 제14조에 준하여 처리합니다.

제13조 (여행출발 전 계약해제)

① 여행업자 또는 여행자는 여행출발 전 이 여행계약을 해제할 수 있습니다. 이 경우 발생하는 손해액은 '소비자피해보상규정'(재정경제부고시)에 따라 배상합니다.

② 여행업자 또는 여행자는 여행출발 전에 다음 각 호의 1에 해당하는 사유가 있는 경우 상대방에게 제1항의 손해배상액을 지급하지 아니하고 이 여행계약을 해제할 수 있습니다.

1. 여행업자가 해제할 수 있는 경우
   가. 제12조 제1항 제1호 및 제2호사유의 경우
   나. 여행자가 다른 여행자에게 폐를 끼치거나 여행의 원활한 실시에 현저한 지장이 있다고 인정될 때
   다. 질병 등 여행자의 신체에 이상이 발생하여 여행에의 참가가 불가능한 경우
   라. 여행자가 계약서에 기재된 기일까지 여행요금을 지급하지 아니하는 경우
2. 여행자가 해제할 수 있는 경우
   가. 제12조 제1항 제1호 및 제2호사유의 경우
   나. 여행자의 3촌 이내 친족이 사망한 경우
   다. 질병 등 여행자의 신체에 이상이 발생하여 여행에의 참가가 불가능한 경우
   라. 배우자 또는 직계존비속이 신체이상으로 3일 이상 병원(의원)에 입원하여 여행 출발 시까지 퇴원이 곤란한 경우 그 배우자 또는 보호자 1인
   마. 여행업자의 귀책사유로 계약서에 기재된 여행일정대로의 여행실시가 불가능해진 경우

제14조 (여행출발 후 계약해지)

① 여행업자 또는 여행자는 여행출발 후 부득이한 사유가 있는 경우 이 계약을 해지할 수 있습니다. 단, 이로 인하여 상대방이 입은 손해를 배상하여야 합니다.

② 제1항의 규정에 의하여 계약이 해지된 경우 여행업자는 여행자가 귀가 하는데 필요한 사항을 협조하여야 하며, 이에 필요한 비용으로서 여행업자의 귀책사유에 의하지 아니한 것은 여행자가 부담합니다.

제15조 (여행의 시작과 종료)

여행의 시작은 출발하는 시점부터 시작하며 여행일정이 종료하여 최종목적지에 도착함과 동시에 종료합니다. 다만, 계약 및 일정을 변경할 때에는 예외로 합니다.

제16조 (설명의무)

여행업자는 이 약관에 정하여져 있는 중요한 내용 및 그 변경사항을 여행자가 이해할 수 있도록 설명하여야 합니다.

제17조 (보험가입 등)

여행업자는 여행과 관련하여 여행자에게 손해가 발생 한 경우 여행자에게 보험금을 지급하기 위한 보험 또는 공제에 가입하거나 영업 보증금을 예치하여야 합니다.

제18조 (기타사항)

① 이 계약에 명시되지 아니한 사항 또는 이 계약의 해석에 관하여 다툼이 있는 경우에는 여행업자와 여행자가 합의하여 결정하되, 합의가 이루어지지 아니한 경우에는 관계법령 및 일반관례에 따릅니다.

② 특수지역에의 여행으로서 정당한 사유가 있는 경우에는 약관의 내용과 다르게 정할 수 있습니다.

SECTION 03

소비자 피해보상 규정

01. 국내여행 피해유형 및 보상기준

소비자 피해보상 규정

1) 여행계약 해제로 인한 피해

① 여행사의 귀책사유로 여행사가 계약 해제하는 경우

(당일여행인 경우)

- ㅇ 여행개시 3일전까지 취소 통보시 ⇒ 계약금환급
- ㅇ 여행개시 2일전까지 취소 통보시 ⇒ 계약금환급 및 요금의 10% 배상
- ㅇ 여행개시 1일전까지 취소 통보시 ⇒ 계약금환급 및 요금의 20% 배상
- ㅇ 여행당일 통보 및 통보가 없는 경 ⇒ 계약금환급 및 요금의 30% 배상

(숙박여행인 경우)

- ㅇ 여행개시 5일전까지 통보시 ⇒ 계약금환급
- ㅇ 여행개시 2일전까지 통보시⇒ 계약금환급 및 요금의 10% 배상
- ㅇ 여행개시 1일전까지 통보시⇒ 계약금환급 및 요금의 20% 배상
- ㅇ 여행당일 통보 및 통보가 없는 경우 ⇒ 계약금환급 및 요금의 30% 배상

② 여행자의 귀책사유로 여행자가 계약을 해제하는 경우

(당일여행인 경우)

- ㅇ 여행개시 3일전까지 취소 통보시 ⇒ 전액환급
- ㅇ 여행개시 2일전까지 취소 통보 ⇒ 요금의 10% 배상
- ㅇ 여행개시 1일전까지 취소 통보시 ⇒ 요금의 20% 배상
- ㅇ 여행개시 당일 통보하거나 연락 없이 불참할 경우 ⇒ 요금의 30% 배상

(숙박여행인 경우)

- ㅇ 여행개시 5일전까지 취소 통보시 ⇒ 전액환급
- ㅇ 여행개시 2일전까지 취소 통보시 ⇒ 요금의 10% 배상
- ㅇ 여행개시 1일전까지 취소 통보시 ⇒ 요금의 20% 배상
- ㅇ 여행개시 당일취소하거나 연락 없이 불참한 경우 ⇒ 요금의 30% 배상

③ 여행사의 계약조건 위반으로 여행자가 여행계약을 해제하는 경우(여행전)

(당일여행인 경우)

- ㅇ 여행개시 3일전까지 계약조건 변경 통보시 ⇒ 계약금환급
- ㅇ 여행개시 2일전까지 계약조건 변경 통보시 ⇒ 계약금환급 및 요금의 10% 배상
- ㅇ 여행개시 1일전까지 계약조건 변경 통보시 ⇒ 계약금환급 및 요금의 20% 배상
- ㅇ 여행당일 계약조건 변경통보 또는 통보가 없을 시 ⇒ 계약금환급 및 요금의 30% 배상

(숙박여행인 경우)

- ㅇ 여행개시 5일전까지 계약조건 변경 통보시 ⇒ 계약금환급
- ㅇ 여행개시 2일전까지 계약조건 변경 통보시 ⇒ 계약금환급 및 요금의 10% 배상
- ㅇ 여행개시 1일전까지 계약조건 변경 통보시 ⇒ 계약금환급 및 요금의 20% 배상
- ㅇ 여행당일 계약조건 변경통보 또는 통보가 없을 시 ⇒ 계약금환급 및 요금의 30% 배상

④ 여행참가자수의 미달로 여행사가 여행계약을 해제하는 경우
(사전 통지기일 미준수)
⇒ 계약금환급 및 계약금의 100%(위약금) 배상

2) 여행사의 계약조건 위반으로 인한 피해(여행 후) ⇒ 여행자가 입은 손해배상

3) 여행사 또는 여행종사자의 고의 또는 과실로 인한 여행자의 피해 ⇒ 여행자가 입은 손해배상

4) 여행 중 위탁수하물의 분실, 도난, 기타사고로 인한 피해 ⇒ 여행자가 입은 손해배상

5) 여행사가 고의, 과실로 인해 여행일정의 지연 또는 운송 미완수 ⇒ 여행자가 입은 손해배상
※ 운송수단의 고장, 교통사고 등 운수업체의 고의, 과실에 의한 경우도 포함

02. 국외여행 피해유형 및 보상기준

1) 여행계약 해제로 인한 피해
① 여행사의 귀책사유로 여행사가 계약을 해제하는 경우
ㅇ 여행 개시 30일전까지(~ 30) 취소 통보시 ⇒ 계약금 환급
ㅇ 여행 개시 20일전까지(29 ~ 20) 취소 통보시 ⇒ 여행요금의 10% 배상
ㅇ 여행 개시 10일전까지(19 ~ 10) 취소 통보시 ⇒ 여행요금의 15% 배상
ㅇ 여행 개시 8일전까지(9 ~ 8) 취소 통보시 ⇒ 여행요금의 20% 배상
ㅇ 여행 개시 1일전까지(7 ~ 1) 취소 통보시 ⇒ 여행요금의 30% 배상
ㅇ 여행 당일 취소 통보시 ⇒ 여행요금의 50% 배상

② 여행자의 여행계약 해제 요청이 있는 경우
ㅇ 여행 개시 30일전까지(~ 30) 취소 통보시 ⇒ 계약금 환급

ㅇ 여행 개시 20일전까지(29 ~ 20) 취소 통보시 ⇒ 여행요금의 10% 배상
ㅇ 여행 개시 10일전까지(19 ~ 10) 취소 통보시 ⇒ 여행요금의 15% 배상
ㅇ 여행 개시 8일전까지(9 ~ 8) 취소 통보시 ⇒ 여행요금의 20% 배상
ㅇ 여행 개시 1일전까지(7 ~ 1) 취소 통보시 ⇒ 여행요금의 30% 배상
ㅇ 여행 당일 취소 통보시 ⇒ 여행요금의 50% 배상

③ 여행참가자 수의 미달로 여행개시 7일전까지 여행취소 통지시⇒ 계약금환급

④ 여행참가자 수의 미달로 인한 여행계약 해제 통지기일 미준수
ㅇ 여행개시 1일전까지 취소통지시⇒ 여행요금의 30% 배상
ㅇ 여행 출발당일 취소통지시 ⇒ 여행요금의 50% 배상

⑤ 천재지변, 전란, 정부의 명령, 운송·숙박기관 등의 파업·휴업 등으로 여행의 목적을 달성할 수 없는 사유로 취소하는 경우 ⇒ 계약금 환급

2) 여행사의 계약조건 위반으로 인한 피해(여행 후)
① 신체 손상이 없을 때 최대 여행 대금 범위 내에서 배상
② 신체손상 시 위자료, 치료비, 휴업손해 등 배상

3) 여행계약의 이행에 있어 여행종사자의 고의 또는 과실로 여행자에게 손해를 끼쳤을 경우 ⇒ 여행자가 입은 손해배상

4) 여행 출발 이후 소비자와 사업자의 귀책사유 없이 당초 계약과 달리 이행되지 않은 일정이 있는 경우 ⇒ 이행되지 않은 일정에 해당하는 금액을 소비자에게 환급
* 단, 사업자가 이미 비용을 지급하고 환급받지 못하였음을 소비자에게 입증하는 경우와 별도의 비용 지출이 없음을 입증하는 경우는 제외

5) 여행 출발 이후 당초 계획과 다른 일정으로 대체되는 경우(당초 일정의 소요 비용보다 대체 일정의 소요 비용이 적게 든 경우) ⇒ 차액을 소비자에게 환급

:: 참고문헌

- 김기범, "여행사의 내부마케팅이 종사원의 창의성과 직무성과에 미치는 영향", 「관광경영연구」, 78(5), 2017.
- 김대희, 도매여행사의 브랜드자산과 관계마케팅이 소매여행사의 신뢰, 관계만족 및 관계지속의도에 미치는 영향연구, 경기대학교 대학원, 박사학위논문, 2017.
- 김성년, 항공사 설립 실무, 한올, 2018.
- 김시원 외, "인센티브여행사 선택속성이 관광자만족과 장기지향성에 미치는 영향", 「관광경영연구」, 23(7), 2019.
- 김영규, 여행사실무론, 양림출판사, 2018.
- 김용상 외, 관광학, 백산출판사, 2018.
- 김천중, 현은지, 여행업 창업과 혁신경영, 2019.
- 노정철, 최신 여행사경영론, 한올, 2015.
- 문화체육관광부, ICT기반 관광플랫폼연구, 문화체육관광부, 2018.
- 문화체육관광부, 2018년 기준 관광동향에 관한 연차보고서, 문화체육관광부, 2019.
- 미래서비스아케데미, 국외여행인솔자와 함께하는 국외여행인솔실무, 새로미, 2016.
- 박시사, 관광마케팅, 백산출판사, 2018.
- 안광호, 마케팅원론, 학현사, 2018.
- 양찬열, "여행자의 온라인여행사(OTA) 선택속성과 재방문 시 선택속성에 관한 비교연구", 「경영과 정보연구」, 37(4), 2018.
- 유도재, 호텔경영론, 백산, 2019.
- 윤대순 외, 여행사경영론, 기문사, 2009.
- 윤대순 외, 여행사실무론, 기문사, 2009.
- 이봉석 외, 관광사업론, 대왕사, 2018.
- 이선희, 여행업경영개론, 대왕사, 1999.
- 이선희, 여행업실무론, 대왕사, 2004.
- 이정학, 관광마케팅, 기문사, 2019.
- 이현동, 여행항공실무, 한올, 2016.
- 이호길 외, ICT융합 호텔경영론, 한올, 2018.
- 정익준, 여행사경영론, 학현사. 2019.
- 정찬종, 새 여행사경영론, 백산출판사, 2018.
- 최승국 외 4인, 여행사경영론, 현학사, 2015.
- 최윤근, SIT상품 태도와 계획구매행동, 경기대학교 대학원, 박사학위논문, 2011.
- 최윤근 외, "여행사의 서비스지향성이 조직몰입과 직무만족에 미치는 영향 연구", 「관광경영연구」, 15(4), 2011.

- 최재우, "스마트 관광 비즈니스 확장을 위한 여행플랫폼 모델의 탐색적 연구", 「관광경영연구」, 23(1), 2019.
- 하동현 외 2인, 여행사경영론, 대왕사, 2019.

- Duglas, Norman., Douglas, Ngaire., Derrett, Ros., Special Interest Tourism, John Wiley & Sons Australia, Ltd. 2001.
- Eva Martin-Fuentes and Juan Pedro Mellinas, Hotels that most rely on Booking.com - online travel agencies (OTAs) and hotel distribution channels, Tourism Review, 73(4), 2018, pp.465-479.
- Gee, Chuck. Y. et L., The Travel Industry, VNR, 1997.
- Gee, C. Y., K, B. Boberg. J. C. Markens and D. J. L. Choy. Professional Travel Agency Management, New Jersey : Prentice Hall, 1997.
- Gerald Fuller, Travel Agency Management, South-Western Publishing Co. 1994.
- Han-Chen Huang·Pei-Ying Wu·Su-Ling Wu·Chin-Yuan Wu, Consruction of Decision-Making Model to Select Incentive Tour Travel Agencies, American Journal of Applied Sciences, 12(10), 2015, pp.714-722.
- IATA, Asia-Pacific Air Transport Forecast, IATA, 1997.
- Kotler, P., Marketing Management : Analysis, Planning and Control, 4th ed., Englewood Cliffs, NJ : Prentice-Hall, 1980.
- N, White. and P, White, Home and Away: Tourists in a Connected World. ATR, 34(1), 2007, pp.88-104.
- Schwab, k, The fourth industrial revolution. London, UK: Penguin Books, 2016.

■ 홈페이지

- 갈릴레오, http://www.galileo.co.kr
- 노랑풍선, http://www.ybtour.co.kr
- 롯데관광, http://www.lottetours.com
- 문화체육관광부, http://www.mct.go.kr
- 병무청, http://www.mma.go.kr
- 씨트립, http://www.ctrip.com
- 아시아나항공, http://www.flyasiana.com
- 여행신문, http://www.traveltimes.co.kr
- 월드스팬, http://www.worldspan.com
- 참좋은여행, http://www.verygoodtour.com
- 토파스아카데미, http://www.topasweb.com
- 한국관광공사, http://www.knto.or.kr
- 한국여행업협회, http://www.kata.or.kr
- 국토교통부, http://www.molit.go.kr
- 대한항공, http://www.koreanair.co.kr
- 모두투어네트워크, http://www.modetour.com
- 법무부, http://www.moj.go.kr
- 세계여행신문, http://www.gtn.co.kr
- 아마데우스, http://www.amadeus.com
- 아바쿠스, http://www.abacus.com
- 인천국제공항, http://www.airport.kr
- 익스피디아, https://www.expedia.com
- 프라이스라인, https://www.trvl.priceline.com
- 하나투어, http://www.hanatour.com
- 한국관광협회중앙회, http://www.ekta.kr
- 한국외교통상부 해외안전센터 http://www.0404.go.kr

| 저자약력

• **박시범**
세종대학교 대학원 경영학과 경영학 박사
전) 장안대학교 관광경영과 교수

• **이병열**
경희대학교 대학원 관광경영학과 경영학 석사
상지대학교 경영학과 박사
현) 인덕대학교 관광레저경영과 교수

• **최윤근**
경기대학교 대학원 관광경영학과 관광학 박사
현) 장안대학교 관광경영과 교수

• **김시원**
경기대학교 대학원 관광경영학과 관광학 박사수료
현) 한양여자대학교 호텔관광과 교수

Travel Agency Business Administration
여행사경영론 [개정판]

발행일 | 2020년 2월 28일
발행인 | 모흥숙
발행처 | 도서출판 새로미
저 자 | 박시범 · 이병열 · 최윤근 · 김시원

주 소 | 서울 용산구 한강대로 104 라길 3
전 화 | 02) 523-5903~4
팩 스 | 02) 2693-2437
E-mail | seromi@seromi.kr
Homepage | www.seromi.kr

ISBN | 978-89-6476-690-3 (93980)
정가 | 20,000원